제2판

Wine Encyclopedia

와인백과

강찬호 저

기문사
www.kimoonsa.co.kr

머리말

잘익은 신선한 포도를 발효시켜 만든 저알코올 음료인 와인은 프랑스에서는 뱅(Vin), 이탈리아에서는 비노(Vino), 독일에서는 바인(Wein)이라고 일컫는다. 우리나라에 와인이 들어오게 된 것은 구한말 기독교 선교사들에 의해 시작된 것으로 알려져 있으며, 1960년대 처음으로 국내산 와인이 생산되었고, 1970년대 마주앙의 생산과 함께 새로운 장을 열게 되었다. 그러나 1980년대 단계적으로 수입되기 시작한 와인이 1990년부터 완전 개방되면서 수입 와인이 주를 이루게 되었다.

초기 와인은 일반인들이 쉽게 접할 수 있는 대상이 아니었다. 그러나 이제 와인은 더 이상 특정인들만이 즐기는 것이 아니라, 대중들에게도 익숙한 기호 식품 중의 하나가 되었다. 와인의 대중화에는 여러 가지 요인이 있겠지만, 레드 와인에 함유된 폴리페놀 성분이 성인병 예방에 좋고, 와인이 피부에도 좋다는 연구결과가 나오면서 대중들의 관심이 집중 조명되었기 때문이다.

이처럼 국민건강에 대한 지대한 관심과 생활의 질적 향상으로 와인의 소비가 확산되면서 와인시장도 빠른 속도로 성장하게 되어 호텔 · 레스토랑, 일반 외식업체, 와인샵은 물론 할인점과 대형 마트 등에서도 와인코너가 생겨나 가격과 종류도 예전에 비해 상당히 다양해졌다. 이처럼 기존에 비즈니스의 일환으로 마시던 와인은 이제 우리에게도 누구나 일상생활에서 쉽게 즐길 수 있는 하나의 문화가 된 것이다.

이러한 대중적인 관심과 인기에 힘입어, 와인을 본격적으로 배우려는 사람들이 확산되면서 사설 전문교육기관은 물론 대학의 교육과정에서도 소믈리에 양성을 위한 교육프로그램이 많이 개설되었다. 자고로 아는 만큼 보고 느낄 수 있는 법이다. 와인은 일반 다른 주류에 비해 알아야 할 기본적인 요소들이 상당히 많다. 왜냐하면 그냥 마시는 술이 아니라 그 자체가 하나의 문화이기 때문에 아는 만큼 즐길 수 있고 품격도 유지할 수 있기 때문이다. 이 책은 이러한 와인의 기본을 쉽게 이해할 수 있도록 소개한 책이다.

이 책은 총 17장으로 구성되어 있으며, 와인 이론-국가별 와인-와인 실무로 대분할 수 있다. 제1장에서 제4장까지는 이론에 해당한다. 제1장 와인의 개요와 포도재배에서는 와인의 역사, 와인의 개념, 포도 재배의 조건과 환경을, 제2장 와인의 분류에서는 와인의 색, 당분, 저장기간, 발포성, 식사용도, 질감에 따른 분류를, 제3장 포도의 종류에서는 레드 와인과 화이트 와인의 품종을, 제4장 와인 양조에서는 레드 와인과 화인트 와인을 만드는 과정을 각각 소개하였다.

제5장부터 제13장까지는 국가별 와인으로 프랑스, 이탈리아, 독일, 스페인, 미국, 호주, 칠레, 아르헨티나 등 국가별 와인의 역사와 특징, 포도품종, 주요 산지 등에 대해 소개하였다. 우리에게 샴페인으로 익숙한 샹파뉴 와인은 원래 프랑스 와인에 속해 있는 것이지만 별도의 장으로 나누어 포도품종에서부터 양조과정, 샴페인의 종류 등에 대해 별도로 소개하였다.

제14장부터 제17장까지는 와인실무에 해당하는 것으로, 제14장 와인 서비스에서는 각종 와인의 기물들에 대한 소개와 와인의 저장 방법, 와인 글라스, 디캔팅을, 제15장에서는 와인의 시각, 후각, 미각, 시음 방법을, 제16장 국가별 와인 레이블에서는 프랑스, 이탈리아, 독일, 스페인 등 앞서 소개한 나라들의 와인 레이블에 대해 설명하였다. 제17장 음식과 조화에서는 전채요리에서부터 육류, 생선, 파스타, 디저트 와인에 이르기까지 각 음식과 조화를 이룰 수 있는 와인들을 소개하였다

본서는 기존에 출간된 와인서적들과 본인이 그간 강의한 자료들을 참조하여 재정리한 것임을 밝혀 둔다. 이 책의 출간은 초학자들과 일반인들이 와인을 쉽게 이해할 수 있도록 소개하고자 한데서 출발하였다. 와인의 이해에 조금이라도 도움이 되었다면 본인은 그것으로도 만족한다.

그간 이 책이 출간될 수 있도록 도움을 주신 와인전문가들과 기꺼이 출판을 허락해주신 도서출판 기문사 한인환 사장님, 그리고 처음부터 끝까지 세심하게 원고를 정리해 주신 편집부 직원들에게도 감사드린다. 그리고 나의 영원한 동반자 수화씨와 사랑스런 딸 다현이에게도 고마운 마음을 전하고 싶다.

2019년 7월 저자 씀

C·o·n·t·e·n·t·s

차 례

제1부 >> 와인의 기초이론

제1부

와인의 기초이론

Wine Encyclopedia

제1장

와인의 개요와 포도재배

1. 와인의 개념

와인은 포도의 당분이 포도 표피에 있는 효모에 의해 발효되어 만들어진 과일주이다. 와인은 사과나 체리 등 다른 과일로도 만들 수 있으나, 대부분의 와인은 포도로 만들어지기 때문에 와인을 포도주라고 한다. 또한 와인은 곡류를 원료로 하는 맥주나 청주와 달리 수분을 다량 포함하고 있는 포도로 만들어지기 때문에 포도의 품질이 와인의 품질에 미치는 영향이 다른 술보다 훨씬 크다. 따라서 와인은 다른 술보다 산지에 대한 관심이 높아 법률로 그 지역을 제한하며, 포도품종, 재배법, 수확량, 성숙도, 양조법 등을 규제하여 각 토양의 특성과 와인의 개성을 지키도록 하고 있다.

와인은 술 중에서 유일하게 알칼리성 음료로 분류된다. 우리가 통상 마시는 750㎖의 와인 한 병을 생산하는데 들어가는 포도의 양은 1kg 정도 된다. 따라서 와인 한 병을 마시는 것은 포도 1kg을 먹는 것과 같다고 할 수 있다.

지구에는 약 8,500종 정도의 포도종류가 있다. 그러나 모든 포도로 와인을 제조할 수 있는 것은 아니다. 이 중에서 와인을 만들 수 있는 양조용 포도는 약 50종 정도에 불과하다. 양조용 포도는 식용 포도에 비해 포도알이 작고 촘촘하며 껍질이 더 두껍다. 특히 당도가 높으며, 당분을 알코올과 탄산가스로 분해시킬 수 있는 천연효모의 양이 많다. 와인은 포도의 특성이 그대로 와인에 담기게 되므로 포도나무 성장에 영향을 주는 자연 조건(토양, 지형, 기후 등), 포도품종, 그리고 사람(재배, 양조기술 등)이 매우 중요하다.

와인은 알코올 함량이 적고 유기산과 무기질이 파괴되지 않고 포도성분이 그대로 살아있다. 와인의 알코올 함량은 그 종류마다 차이가 있으며, 보통 와인의 경우에는 11~13% 정도의 알코올이 함유되어 있다. 와인의 성분을 분석하면 수분이 85%이고, 나머지는 당분, 비타민, 유기산, 칼슘, 철, 나트륨, 폴리페놀 등 우리 몸속의 체액을 약알칼리성으로 유지해 주는 각종 미네랄이 함유되어 있다. 특히 와인에 함유된 수분은 모두 포도나무 뿌리가 지하에서 빨아올린 가장 깨끗하고 신선한 물을 포도송이에 저장하여 생성된 것이다.

양조는 포도와 포도즙을 포도주로 변화시키는 모든 과정을 총칭한다. 그 주요단계는 알코올의 발효이며, 이는 유기체 효모의 작용으로 포도에 함유된 당분(포도당과 과당)이 알코올로 변하는 자연현상이다. 알코올이 발효의 주산물이라면 효모에 의해 생성되거나 포도 속에 원래 함유되어 있던 부차적인 물질들은 와인의 질과 특성에 있어서 와인의 맛에도 매우 큰 영향을 미친다.

와인에 대한 분류는 매우 다양하다. 색상, 맛, 탄산가스 존재, 당도, 알코올, 도수, 숙성기간, 빈티지, 생산지, 식사순서와 어울림에 따라 분류하였다.

■ **와인의 정의** 신선한 포도를 발효시켜 만든 양조주

- **넓은 의미에서 와인** 포도즙으로 만든 알코올성 음료뿐만 아니라 모든 과일은 물론이고 꽃이나 약초를 발효시켜서 만든 알코올성 음료를 총칭한 말이다. 예를 들어, 쌀막걸리, 애플와인, 감와인, 복분자 등
- **좁은 의미에서 와인** 신선한 포도를 수확해서 그 즙을 발효시켜서 만든 알코올성분의 음료를 말한다. 물론 사과나 체리 등 다른 과일로도 만들 수 있지만 대부분의 와인은 포도로 만들어지기 때문에 포도주를 와인이라고 한다.

2. 와인의 역사

누가 최초로 곡물을 갈고 구워서 빵을 만들었는지 알 수 없는 것처럼 포도주를 최초로 발효시킨 사람이 누구인지도 정확하게 알 수 없다. 그럼에도 불구하고 고고학자와 사회학자들은 인류 최초 와인의 출현지로 지금으로부터 약 7,000년 전에 흑해의 '코카서스(Caucasus)' 지방으로 추정하고 있다. 왜냐하면, 이곳에서 포도씨앗과 줄기, 껍질, 포도주를 담은 항아리, 따뜻하고 온화한 기후, 타르타르산(Tartaric Acid)이 발견된 것과 관련하여 이와 같은 추정이 타당한 것으로 보인다. 신석기 시대에 토기가 등장하면서 고대인들은 어느 한곳에 정착해서 농사를 짓고 또 음식을 보관한 것으로 보아 필히 포도농사를 지어 그 즙으로 와인을 만들어 토기에 보관했을 가능성이 높다고 추측하고 있다.

좀 더 확실한 역사적인 근거는 고대 이집트와 그리스의 유적에서 찾아볼 수 있다. 그리스 신화에 나오는 술의 신 디오니소스는 인류에게 와인 만드는 법을 가르쳤다고 하며, 플라톤은 '와인은 신이 인간에게 내려준 최고의 선물'이라고 하였으며, 의학의 아버지라고 불리는 히포크라테스는 '알맞은 시간에 적당한 와인을 마시면 인류의 질병을 예방하고 건강을 유지할 수 있다'고 한 것으로 보아 와인은 이들의 시대 혹은 그 이전에 이미 제조되고 소비된 것으로 추정하고 있다.

로마시대에는 식민지를 넓힐 때마다 로마군의 주둔지 주위에 포도나무를 심었으며, 포도재배와 와인양조를 하게 했다. 또한 와인이 이 시대에 활발하게 제조되었던 것은 식수를 마시고 배탈이 나는 것을 방지하기 위해 식수대용으로 마시기도 했는데 이러한 이유로 유럽 여러 지역으로 포도의 재배가 확산되어 나갔다.

로마제국의 멸망과 함께 중세의 와인제조는 주로 수도원을 중심으로 이루어졌으며, 수도사들에 의해 와인제조 기술이 전수되어 이들의 노력으로 대형 와인 공장들이 생겨나기 시작했다. 또한 프랑스, 독일, 이탈리아 등으로 전파하기도 했다. 배고픔과 통증이 보편적이던 중세에 와인은 단지 음료로써만 쓰인 것이 아니라 이러한 괴로움을 없애주는 적당한 방법이었다. 이 시대에는 지역에 따라 색다른 맛을 가진 와인이 생산되기 시작했는데 호두 맛이 나는 셰리가 스페인에서, 짙은 색깔의 포트는 포르투갈에서 그리고 보르도와 부르고뉴에서는 훌륭한 레드 와인으로 그 명성을 높여 나갔다.

1789년 일어난 프랑스 혁명은 교회와 귀족 영주의 몰락과 함께 와인산업도 더욱 번창하는 계기가 되었다. 이후 나폴레옹 전쟁으로 프랑스 와인이 주춤하는 사이 포르투갈, 스페인 와인이 큰 인기를 얻었다. 하지만 전쟁이 끝나고 다시 프랑스 와인이 전성기를 누렸으며, 19세기의 산업혁명으로 와인의 생산량과 무역량이 증대하였다. 근대의 와인산업은 프랑스를 중심으로 발전해 나갔다.

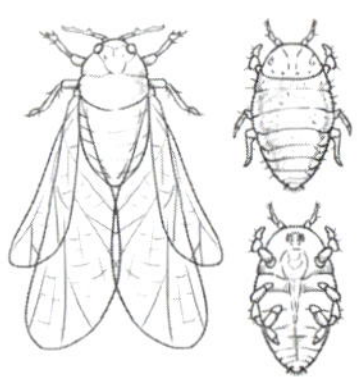

19세기 중반에는 필록셀라(phylloxera)라는 병충해의 창궐로 세계의 거의 모든 포도원이 피해를 입었으며, 턱없이 줄어든 생산량으로 인하여 원산지를 속여 파는 가짜 명산지 와인의 유행은 체계적인 관리방법이 필요하게 되었다. 이렇게 해서 생긴 것이 원산지명칭제도(AOC)이다.

프랑스에서 1935년 와인에 관한 규정을 제정하여 포도재배와 와인양조 과정을 엄격히 관리하여 좋은 품질을 유지함으로써 국제적인 명성을 얻게 되자 다른 나라에도 영향을 주었다. 최근에 농업 기술이 발달하여 포도 생산량이 늘어나고, 교통수단의 발달로 와인교역이 활발해짐에 따라 각 나라에서는 제품의 차별화와 고급화에 관심을 갖는 동시에 최근 급성장하는 개발도상국으로의 수출에 노력하고 있다.

3. 포도의 재배

1) 포도재배의 조건

- **재배지역** 북위 30~50도, 남위 20~40도에 위치한 지역
- **온도** 평균기온 10~20도(10~16도가 최적)
- **일조시간** 성장기간(4월~10월) 1,250~1,500시간
- **강우량** 연간 400~800mm
- **토양** 물이 잘 빠지는 토양

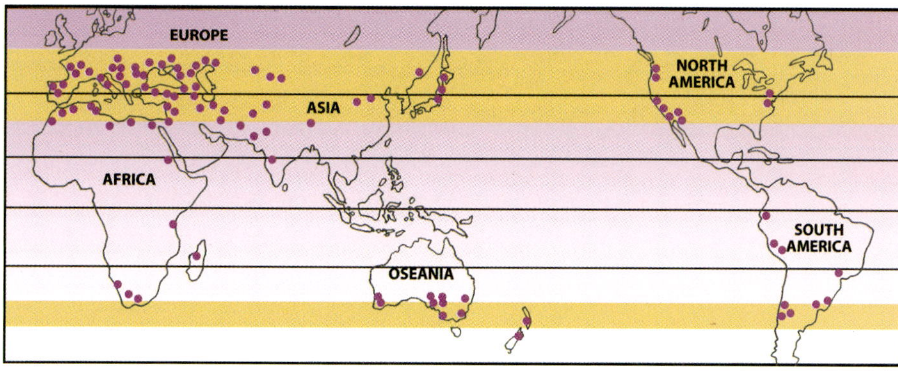

포도재배 조건

2) 포도재배의 환경

떼루아(Le Terroir)

■ 떼루아(Le Terroir)란?

포도밭의 특성을 결정짓는 자연 요소인 자연환경, 즉 토양, 햇볕, 습도, 기온, 강수량, 일조량, 바람, 지형의 지리적 위치, 고도, 경사의 방향, 경사도, 토양의 성분, 토양의 유효수분, 미생물, 포도품종, 토질의 구조, 포도밭의 방향, 위치, 포도밭이 속해 있는 미기후(Microclimate) 등에 의해서 포도재배에 영향을 미치는 모든 자연 조건을 의미한다.

■ 떼루아를 구성하는 기본 요소

햇볕, 상대 습도, 기온, 지온, 강수량, 일조량, 바람 지형의 지리적 위치, 고도, 경사의 방향, 경사도, 토양의 성분, 토양의 유효수분, 미생물, 포도품종, 배수 및 인공관수 등이 있다. 포도밭의 방향은 남향 또는 동남향을 향하고 있다.

■ 떼루아와 와인품질과의 관계

유럽지역 와인생산자들은 대부분 와인의 품질은 떼루아에 의해 결정된다고 주장해왔다. 그러나 캘리포니아를 비롯한 신세계 와인생산자들은 품종중심으로 포도재배 및 양조기술의 현대화로 품질을 개선할 수 있다는 이론적 주장을 하고 있다. 하지만 최근 신세계 고급 와인의 경우 떼루아를 고려하여 포도를 재배하고 있다.

■ **대기후**(Macro-climate)

같은 기후를 나타내는 넓은 지역의 기후를 말하는데, 보통 지중해성 기후, 해양성 기후, 대륙성 기후, 산악성 기후 등으로 분류한다.

■ **중기후**(Meso-climate)

일정한 지역의 기후로서 포도밭이 속한 지방의 기후를 말한다.
프랑스 보르도 - 해양성 기후 지역, 남프랑스 지역 - 지중해성 기후, 상빠뉴 지역 - 대륙성 기후, 쥐라 지역 - 산악성 기후로 부르고 있다.

■ **미기후**(Micro-climate)

지정된 포도밭이 가지고 있는 고유한 특징의 기후를 말하는데, 해당 포도밭 혹은 포도나무의 기후라고 말할 수 있다.

(1) 온도

온도는 포도재배의 가능성을 가늠하는 기준이 되므로 매우 중요하다. 포도나무는 늦여름부터 가을까지 자발휴면(Rest)에 들어가 타발휴면(Quiescence) 상태로 있다가 봄철기온이 10℃가 되면 나무의 생장이 시작된다. 포도가 재배되는 지역은 연평균기온이 10℃ 이상이 되어야 하고 20℃가 넘지 않아야 한다. 포도나무가 자라는데 가장 알맞은 온도는 20~25℃가 가장 좋으나 포도의 당분을 생산하는 광합성 작용은 25~30℃에서 가장 왕성하다. 너무 온도(35℃)가 높으면 포도의 착색을 나쁘게 하고 당분의 함량을 감소시킨다.

❶ 지온

뿌리를 통한 양분과 수분의 흡수는 뿌리의 호흡작용과 관계가 있다. 지온이 12~13℃로 올라가면 뿌리와 호흡량은 급격하게 증가하며 새 뿌리가 생긴다. 열매 껍질의 착생이나 당 및 산의 함량은 지온에 크게 영향을 받아 28℃ 정도의 지온이 품질을 좋게 만든다.

❷ 적산온도

포도가 잘 익으려면 자라는 동안 일정 온도의 적산 값이 필요한데, 이 적산온도는 양조용 포도의 재배적지를 선택하는데 기준이 된다.

- **적산온도** 4월부터 10월까지 일 평균기온이 10℃(50℉)를 초과하는 온도를 합한 수치를 말하는 것으로 적산온도가 2,500~3000시간이 와인용 포도재배에 이상적이다.

캘리포니아는 적산온도에 따라 지역을 5개 지역으로 구분하고 포도재배의 기준을 만들어 과학적으로 포도를 재배하고 있다.

■ 캘리포니아 적산온도 분류 내용

① Ⅰ지역 2,500시간 이하 : 일반 테이블 와인생산 가능
② Ⅱ지역 2,500~3000시간 : 레드 테이블 와인생산 가능
③ Ⅲ지역 3,501~3,500시간 : 우수한 디저트 와인생산 가능
④ Ⅳ지역 3,501~4000시간 : 보통 품질의 디저트 와인생산 가능. 산 함량이 높은 품종은 우수한 테이블 와인의 원료
⑤ Ⅴ지역 양질의 디저트 와인생산 가능. 산 함량이 많은 품종은 일반 품질의 테이블 와인생산 가능

포도의 발육을 결정하는 것은 기온뿐만 아니라 강수량, 일조시간, 낮의 길이 등의 기상요인과 토양조건 등이 복잡하게 작용한다. 그러므로 같은 품종이라도 재배지가 다르면 개화에서 성숙까지의 소요일수 및 성숙 적산온도는 상당히 달라진다.

(2) 강수량

강수량은 비, 눈, 이슬 등이 일정한 기간 일정한 곳에 내린 물의 양을 말한다. 포도 과실의 약 80%. 잎의 70%, 뿌리 줄기의 50%를 차지하는 수분은 각종 양분의 용

매로서 호흡, 이동 및 분포에 관여하고, 체내의 유기물의 합성과 분해 등 전반적인 생육과정에 필수적인 것으로 포도나무가 이용하는 수분은 대부분 비에 의존한다. 성장기 때 강우량이 너무 많으면 포도의 당도가 떨어진다. 특히 수확기에는 비가 오면 안된다. 포도나무가 연간 필요한 물의 양은 최소 400~800mm이지만 수분이 적을 때는 물의 공급(irrigation)이 필요하다. 프랑스는 급수하는 것을 금지하지만 필요하면 나라에서 허락을 해준다. 그리고 캘리포니아는 사막성 기후로 비가 거의 오지 않기 때문에 급수가 꼭 필요하다.

(3) 햇볕

햇볕은 포도가 자라는데 가장 필요한 요소이다. 광합성 작용으로 당분을 만들기 때문에 포도밭은 햇볕이 잘 드는 남향 또는 남동향이 좋다. 햇볕이 부족하면 당분 형성이 감소되며 주석산보다는 사과산의 함량이 많아진다. 특히 색깔과 떫은맛에 영향을 주는 탄닌이나 안토시안이 감소되어 와인품질을 저하시키는 가장 큰 원인이 된다. 그러나 너무 많은 햇볕은 포도의 당분과 산을 감소시키는 원인이 되기도 한다. 햇볕은 광합성으로 포도의 성숙과정에 영향을 끼치는 간접적인 영향과, 포도껍질에 직접 닿아 포도의 색깔을 변화시키는 작용을 한다. 또한 햇볕은 포도 꽃이 피기 전 약 20일부터 포도 알이 커지는 과정에 많은 영향을 미치고 있다.

독일 모젤 지방은 햇볕이 부족한 것을 막기 위해 경사진 언덕에 포도밭을 조성해서 포도를 재배하고 있고, 스페인은 강한 햇볕으로부터 포도를 보호하기 위해 포도수형을 고블렛 타입(Goblet)으로 포도를 재배하고 있다.

(4) 토양

포도나무는 척박한 토양에서도 잘 적응하여 자란다. 토양에서 가장 중요한 것은 열 유지력이다. 낮 동안 흡수한 열을 유지하고 있다가 밤에 그 열을 발산해 서리로 인한 피해를 줄일 수 있고 가을에 포도가 익는데 큰 역할을 한다.

생식용 포도는 배수가 잘되는 모래질 참흙에서 잘 자라지만 품질 면에서는 유기물이 많고 보수력이 뛰어난 찰흙땅에서 더 좋은 포도를 재배할 수 있다. 양조용 포도는 생식용 포도와는 달리 토양이 척박하고 배수가 잘되는 자갈이 많고 거친 토양환경에서 품질이 우수한 포도가 생산된다.

생식용 포도와 양조용 포도의 생산목적이 다른데 생식용은 수확을 많게 하는 것이 재배목적 중에 하나이고, 양조용은 수량보다는 품질을 중시하는 것이 다르다.

3) 포도재배 지역 토양의 종류

(1) 점토(Clay)

진흙땅을 말하는데 프랑스 보르도 Pomerol 지역이 대표적이다. 토양입자가 작고 수분흡수력이 뛰어나 배수가 잘 안 되어 병해의 발생이 쉽고, 포도의 품질이 좋지 못하다. 점토의 토양은 차갑고 침수 가능한 산성질이다.

(2) 양토(Loam)

모래와 점토로 구성된 토양으로 유기물을 많이 함유해 경작에 가장 적합한 토양이다. 또한 찰흙은 균형이 잘 잡혀 있어 비옥한 토양으로 생식용 포도재배에 적합한 토양이다.

(3) 모래땅(sandy soil)

모래땅 토양은 배수는 잘 되나 보수력이 떨어져 가뭄을 타기 쉽고, 양분이 적고 비료성분의 흡수력이 낮아 포도알이 작아지며, 열매는 잘 열리나 생산량은 떨어진다. 모래땅은 약한 산성토양이다. 생식용 포도품질은 좋은 토양이지만 양조용 포도는 품질이 좋지 못하다.

(4) 자갈땅(Graves Soil)

자갈이 많이 섞인 토양은 배수가 좋고 열의 복사작용이 커서 포도나무 재배에 이상적이다. 그래서 프랑스의 보르도 지역과 그라브(Graves), 샤토뇌프 뒤 파프(Châteauneuf-du-pape), 칠레 Aphalta 지역에서 좋고 우수한 와인이 많이 나온다.

(5) 석회질 땅(Calcareous soil)

석회암이 많이 함유된 토양으로 프랑스 부르고뉴 지역이 대표적이다. 칼슘이 많이 함유되어 있고, 통풍이 좋고 배수가 잘되는 우수한 구조를 가진 토양이다. 우수한 품질의 와인이 생산된다.

(6) 백악질 땅(Chalky soil)

엷은 회색토양으로 알칼리성 토양으로 싸늘하고 촉촉한 기후인 Champagne 지역, Cognac의 일부 지역이 대표적이다. 외부로부터 받은 열과 수분을 잘 유지하는 토양으로 우수한 품질의 포도를 생산한다.

(7) 충적토양(Alluvial deposits)

강가의 퇴적물인 자갈, 모래, 진흙으로 구성되어 있으며, 보르도 메독과 그라브 지역이 대표적이다. 배수가 잘되고 유기물도 풍부한 편이다.

(8) 사적토양(Granite soil)

풍화된 자갈과 토양의 잔해로 경사면의 가장 낮은 지역에 퇴적된 유사적 토양으로 버건디와 마콩 지역이 대표적이다.

(9) 화강암 토양(Granite soil)

화강암의 결정체들과 점토가 섞여 있는 토양으로, 프랑스 보졸레(Beaujolais) 지역과 북부론 헤르미타지(Hermitage) 지역이 대표적이다. 배수력이 좋고 열을 많이 반사하여 포도의 성숙에 도움을 준다.

(10) 이회토(Marl soil)

점토와 석회석이 섞여 있는 침적토양으로 이탈리아 피에몬테, 바롤로 지역이 대표적이다. 부드럽고 무른 지층으로 배수가 잘되기 때문에 양질의 포도를 생산한다.

(11) 침적토(silt soil)

모래보다는 잘고 진흙보다는 거친 토양으로 미국 나파 밸리 지역이 대표적이다. 물을 잘 흡수하고 비옥하다.

(12) 점판암 토양(Slate Soil)

이판암과 점토에서 나오는 토양으로 독일 모젤 지방이 대표적이다. 토양구성은 매우 척박하지만 열을 유지하여 나무성장에 좋은 환경을 제공한다. 미네랄향이 많은 포도가 생산된다.

(13) 떼라로사(Terra rossa)

지중해 기후의 토양으로 호주의 쿠나와라(Coonawarra) 지역이 대표적이다. 알칼리 성분이 산화되어 흙이 붉어진 것으로 미네랄, 철분 등 다양한 성분을 함유하고 있어 특성 있는 포도를 생산한다.

■ 토양의 특징에 따라 생산되는 와인특성 내용

1. 자갈과 모래가 적당히 섞인 진흙 토양에서는 구조가 단단하고 깊은 맛을 내는 와인을 생산한다.
2. 자갈이 많은 토양에서는 가볍고 아로마가 풍부한 와인을 생산한다.
3. 석회질 토양에서는 부드럽게 조화를 이루는 와인을 생산한다.
4. 점토질 토양에서는 구조가 단단하게 느껴지는 와인을 생산한다.

■ 주요 포도산지의 토양 현황

1. 진흙 토양의 대표적인 지역은 Pomerol, 와인의 구조가 견고하다.
2. 석회암 토양의 대표적인 지역은 Burgundy. 와인이 섬세한 느낌을 준다.
3. 화강암 토양의 대표적인 지역은 Rhone 지방의 Hermitge 지역과 Beaujolais 지역이다.
4. 이회암 토양의 대표적인 지역은 이탈리아 삐에몬데 지방의 Barolo 지역이다.
5. 자갈 토양의 대표적인 지역은 보르도 Graves 지역과 칠레 Aphaota 지역이다.
6. 점판암 토양의 대표적인 지역은 Moselle 지역이다.
7. 충적 토양의 대표적인 지역은 Médoc 지역이다.

제2장

와인의 분류

1. 색에 의한 분류

1) 레드 와인(Red Wine)

붉은 빛이 감도는 레드 와인은 양조과정 중 전 발효단계에서 붉은 색소 추출은 물론이고 씨 또는 껍질에 포함되어 있는 탄닌 성분이 제대로 우러나와 떫은맛을 느끼게 한다. 그러므로 2차 발효가 꼭 필요하다. 일반적으로 레드 와인은 화이트 와인보다 탄닌 함량이 많아 상대적으로 거칠거나 무거운 느낌의 와인이 주로 생산되며 저장기간도 길다.

레드 와인은 프랑스를 비롯해 와인생산국 대부분이 많이 생산하고 있기 때문에 우리가 쉽게 구입할 수 있다. 주요 포도품종으로는 카베르네 소비뇽, 메를로, 시라, 피노누아, 산지오베제, 말벡 등이 있다.

2) 화이트 와인(White Wine)

일반적으로 엷은 연두색 또는 노란색을 띠는 화이트 와인은 양조과정에서 레드 와인과 달리 전 발효과정을 거치지 않고 바로 압착 후 발효시켜 만든 와인으로 일반적으로 오래 숙성하지 않고 탄닌 성분이 적어 맛은 상큼하고 부드러우며 과일향이 풍부하다. 일반적으로 화이트 와인의 산도는 레드 와인보다 더 높고 알코올 함량은 더 낮다. 화이트 와인은 차게 해서 마시므로 여름에 많이 즐기는 와인으로 드라이한 맛부터 스위트한 맛까지 다양하게 생산되고 있다. 주요 포도품종으로는 세계적으로 잘 알려진 샤르도네가 유명하며, 리슬링, 소비뇽 블랑, 세미용 등이 있다.

3) 로제 와인(Rose Wine)

포도 껍질을 발효 초기부터 분리되기 때문에 빛깔이 짙지가 않고 연한 핑크색을 띤다. 제조방법은 일반적으로 레드 와인과 화이트 와인을 섞거나 생산자의 의도에 따라 발효과정에서 어느 정도 색이 우러나오면 껍질을 제거한 후 과즙을 가지고 와인을 생산하는 것을 말한다. 보존기간이 짧으며 오래 숙성을 하지 않고 마시게 되는 로제 와인은 오히려 화이트 와인에 가깝다.

차게 해서 마시는 것이 좋으며 분위기 있는 색과 부드럽고 신선한 맛으로 주로 야외에서 마시기 좋은 와인이다.

2. 당분에 의한 분류

유럽(EU) 와인법 규정에 의하면 당분의 양이나 산과 당의 차이에 의해 맛을 표현하는데, 레드 와인은 색깔이 짙을수록 드라이한 경향이 있고, 화이트 와인은 색깔이 엷을수록 드라이한 성향을 띤다. 일반적으로 와인 1L당 17g의 당분은 1도의 알코올을 만든다.

와인은 당분 함량에 따라 크게 세 가지 스타일로 구분할 수 있는데 당분에 의한 분류는 다음과 같다.

1) 스위트 와인(Sweet Wine)

단맛이 나는 화이트 와인이 이에 속한다. 와인 발효과정에서 자연적 또는 인위적인 방법으로 당분함량을 높여 달콤한 와인을 생산한다. 주로 식사 후 디저트와 잘 어울리며 소화촉진에도 도움을 주는 와인이다. 포트 와인이 대표적이지만 프랑스 소테른 지역의 샤토 디켐, 헝가리의 토카이, 독일의 트로켄베렌아우스레제 등의 와인 역시 대표적인 스위트 와인이다.

2) 미디엄 드라이 와인(Medium Dry Wine)

약간의 당분을 포함한 와인을 의미하며, 주로 드라이 와인과 스위트 와인의 중간 정도의 맛을 나타내는 것을 말한다.

3) 드라이 와인(Dry Wine)

포도즙을 발효시키는 과정에서 포도당이 완전히 발효되어 단맛이 없는 와인을 의미하며, 식사 전에 식욕을 촉진하기 위하여 주로 마시는 와인이다.

3. 저장기간에 의한 분류

국가별 와인산지와 포도품종에 따라 와인의 저장기간이 많은 차이가 나고 있다. 화이트 와인과 레드 와인은 저장기간을 통해 좋은 품질의 와인이 만들어지고 있으며, 생산국에 따라 다양한 등급 분류를 통해 저장기간을 법으로 정해 품질관리를 하기도 한다. 다음과 같이 숙성 정도에 따라 세 가지로 분류할 수 있다.

1) 영 와인(Young Wine)

가장 짧은 기간 숙성하는 와인을 말하며, 오래 숙성하지 않고 병입하여 생산과 동시에 소비되기도 한다. 생산국에서 주로 소비되는 와인이 이에 속한다. 주로 1년~2년 또는 5년 미만의 숙성 과정을 거치는 와인을 의미한다.

2) 에이지드 와인(Aged Wine)

장기간 숙성시키는 와인으로 올드 빈티지 와인이라고 하며, 주로 5년에서 15년 미만의 숙성과정을 거치는 와인을 의미한다.

3) 그레이트 빈티지 와인(Great Vintage Wine)

장기 숙성용 와인으로 보통 병입 후 15년 이상 보관하거나 숙성 과정을 거치는 와인을 말하며, 생산지에 따라 포도수확이 좋은 해에 생산된 와인은 고가로 판매되기도 한다.

4. 발포성과 비발포성에 의한 분류

발포성 와인은 탄산을 포함하고 있는 와인을 말하는데 스파클링 와인의 대표적인 것이 샴페인이다. 샴페인은 프랑스 샹파뉴 지역에서 생산되는 발포성 와인을 의미하지만, 그 외 지역의 대표적인 발포성 와인은 독일의 젝트 이탈리아의 스푸만테이다. 그리고 탄산을 포함하고 있지 않는 모든 와인을 비발포성 와인이라고 한다.

1) 발포성 와인 : 스파클링 와인(Sparkling Wine)

주로 프랑스의 샹파뉴 지역에서 생산되는 발포성 와인을 샴페인이라고 부르고, 그 외 지역 또는 다른 국가에서 생산되는 발포성 와인을 샴페인과 구별하기 위해서 스파클링 와인이라고 한다. 스파클링 와인은 주병단계에서 설탕과 효모를 적당량 넣고 혼합한 후 시원한 곳에 6~12주 정도 두면 발효가 진행되어 병에 탄산가스가 가득하게 된다. 일반적으로 스파클링 와인이라면 3기압 이상의 와인을 말한다.

2) 비발포성 와인 : 일반 와인(Still Wine)

우리가 마시는 일반적인 와인을 말하는데 식사 중에 마시기 때문에 테이블 와인이라고도 한다. 탄산가스의 유무에 따라 크게 두 가지로 분류하는데 주로 스파클링 와인을 제외한 모든 와인을 일반 와인이라고 한다.

5. 식사 용도에 의한 분류

우리나라 식사문화와 서양의 식사문화는 많은 차이가 있다. 와인을 생활화하는 서양 식사문화에서 와인은 식욕을 촉진시키거나 분위기를 좋게 만들며, 음식의 맛을 한층 더 맛있게 만들어 주는 역할을 한다. 일반적으로 서양요리는 가벼운 음식부터 무거운 음식 순으로 서브가 이루어진다. 식사 용도는 다음과 같이 분류할 수 있다.

1) 식전 와인(Aperitif Wine)

식욕촉진을 위해 제공되는 와인으로 일반적으로 드라이 셰리 와인이나 드라이 화이트 와인, 샴페인 등을 주로 많이 마신다. 달지 않은 음료라면 모두 식사 전에 마실 수 있다.

2) 테이블 와인(Table Wine)

식사 중 제공되는 음식의 종류에 따라 다르다. 전채요리는 가벼운 화이트 와인 육류요리에는 무거운 느낌의 장기 숙성용 레드 와인이 잘 어울린다. 생선요리에는 주로 화이트 와인을 많이 마시지만 최근에는 메인요리 소스에 어떤 와인을 사용하느냐에 따라 혼용하여 마시기도 한다. 일반적으로 테이블 와인이라고 하면 화이트 와인과 레드 와인을 의미한다.

3) 디저트 와인(Dessert Wine)

식사를 마무리하는 디저트 음식과 함께 주로 마시는 와인으로 달콤한 느낌의 와인이나 알코올 도수가 높은 주정강화 와인을 주로 마신다. 식후 입안에 남아 있는 음식 냄새나 소화촉진을 위해 주로 마신다. 주로 디저트 와인으로는 스위트 와인이나 아이스 와인 샴페인 및 포터 와인 등을 마시면 좋다.

6. 질감(Body)에 따른 분류

와인이 입안에서 느껴지는 질감에 따라 무게감 또는 점성에 의해 여러 가지 다양한 와인이 존재한다. 그러므로 질감에 따라 입안에서 감지되는 와인의 무게와 와인의 스타일을 결정해 주는 요소는 다음과 같이 세 가지 형태로 분류할 수 있다.

1) 라이트 바디(Light Bodied Wine)

입안에 머금었을 때 물처럼 가볍고 경쾌한 느낌을 말한다.

2) 미디엄 바디(Medium Bodied Wine)

입안에 머금었을 때 우유를 마시는 듯한 느낌을 말한다.

3) 풀 바디(Full Bodied Wine)

입안에 머금었을 때 꿀물을 마시는 듯한 느낌을 말한다.

제3장

포도의 품종

포도밭의 환경을 구성하는 여러 요인 중 온도, 햇볕, 강수량 등의 기상환경이 가장 중요한데, 이들은 포도나무의 재배 환경과 분포를 결정하며, 포도와 와인의 품질에 영향을 끼치기 때문에 기상에 적합 여부는 포도나무 재배에 가장 큰 기준이 된다.

■ **유럽종 포도**

따뜻한 온대지방이 원산지로 생육기간이 길고 따뜻하며 건조할 때 잘 자란다. 여름에 비가 많이 오면 병충해의 피해가 크고, 일반적으로 추위에 약하다.

예) Vites vinifera

■ **미국종 포도**

주로 Vitis labrusca와 그 잡종으로 유럽종보다는 추위에 강하며 생육 동안에 비가 와도 잘 자란다.

예) 콩코드(Concord)

1. 레드 와인 품종

보르도 적포도주에 사용되는 포도품종에는 카베르네 소비뇽, 메를로, 카베르네 프랑의 3가지 품종과 소량으로 쓰이는 쁘띠 베르도와 말벡이 있다. 떼루아에 따라 다양한 품종을 재배하는 포도원들은 각기 고유의 품종 조합 방식을 갖고 있다. 메를로를 주로 사용하는 포도원이 있는가 하면 카베르네 프랑이나 카베르네 소비뇽을 더 선호하는 포도원이 있기도 하고 쁘띠 베르도의 비율이 더 높은 곳도 있다. 배수가 잘되며 자갈 토양으로 구성된 메독 지역의 적포도주는 일반적으로 카베르네 소비뇽(60~65%), 카베르네 프랑(10~15%), 메를로(20~25%)와 적은 양의 쁘띠 베르도(3~8%) 순으로 구성되어 있다.

뽀이약 와인은 대체로 카베르네 소비뇽이 주성분을 이루고 있고, 반대로 쌩떼쓰떼프 원산지는 좀 더 두꺼운 진흙층의 토양으로 구성되어 메를로의 비율이 높다. 카베르네 소비뇽과 메를로는 메독 지역에서 질 좋은 와인을 생산하는데 가장 적합한 품종이다. 카베르네 소비뇽은 탄닌 성분이 많고 단단하며 진한 색깔을 띠고 있어 메를로를 배합하면 텁텁한 질감을 부드럽고 유연하며 육감적인 성질로 중화시켜주기 때문에 최근 들어 많은 샤토들이 메를로를 더욱 선호하고 있다.

메독 지역에서 적게 사용하는 카베르네 프랑은 카베르네 소비뇽이나 메를로처럼 풍부한 색깔을 띠진 않지만 와인에 섬세함을 가져다 주며 민트향, 허브향 특히 향신료향 같은 복합적인 향을 제공하고 있다. 지롱드 강 우안에 위치하고 있는 리부르네(Livournais) 지역의 생떼밀리옹과 뽀므롤의 토양은 대부분 진흙으로 되어 있어 배수도 잘 안 되며 좀 무거운 편이다. 이러한 토양에서는 메를로와 카베르네 프랑이 주요 품종이며 이런 유형의 토양에 맞지 않는 카베르네 소비뇽은 배수가 잘 되는 자갈토양이 있는 특정한 곳을 제외하곤 이 지역에선 거의 재배하지 않는다.

생떼밀리옹 지역의 가장 보편적인 조합 비율은 메를로 50%와 카베르네 프랑과 카베르네 소비뇽 50%이다. 뽀므롤 지역의 포도가 메독 지역보다 빨리 숙성되며 더 과즙이 많고 유연할 뿐 아니라 기름지다고 해서 전혀 놀랄 필요는 없다.

그라브 지역은 자갈토양이기 때문에 배수가 문제되지 않아 메독에서처럼 카베르네 소비뇽이 재배되지만 메를로와 카베르네 프랑의 혼합비율이 메독 지역보다 더 높다. 이곳 와인은 좀 가볍다.

1) 카베르네 소비뇽(Cabernet Sauvignon)

레드 와인을 만드는 최고 포도품종으로서 보르도 지역의 메독(Médoc)과 그라브(Graves) 지역의 대표적인 품종이지만 최근에는 이탈리아, 스페인, 캘리포니아에서도 최고의 레드 와인을 만들고 있다. 배수가 잘되는 자갈 토양에서 잘 자란다.

이 포도품종은 포도알이 적고 껍질이 두꺼워 병충해에 강하고 수확기에 비가 오더라도 부패에 잘 견디는 장점이 있다. 또한 풍미가 강하고 탄닌 성분이 많은 것이 특징이고 과실의 성숙이 늦은 편이다.

카베르네 소비뇽은 색깔이 진하고 탄닌이 강한 와인을 만든다. 햇와인일 때는 탄닌 성분이 느껴지는 와인이며, 시간이 흐를수록 생산연도와 크뤼에 따라 다르지만 와인은 전체적으로 부드러운 탄닌이 되며 복합적인 향이 생긴다. 숙성된 와인은 까시스, 삼나무, 향신료 내음이 난다. 메독 지역의 와인 배합에 이 품종의 비율은 카베르네 소비뇽(60~65%), 메를로(20~25%), 카베르네 프랑(10~15%)과 적은 양의 쁘띠 베르도(3~8%) 순으로 구성되어 있다. 이 품종을 주로 하여 생산하는 메독 와인은 장기 숙성용으로 고급스러우며 매우 깊은 맛을 낸다. 까시스 향에 가죽 향의 부케가 있고 오크통 숙성 과정에서 생긴 약간의 바닐라, 감초, 주로 붉은 과일, 피망, 파프리카 향 및 태운 향이 함께 난다. 햇와인일 때는 텁텁하지만 시간이 흐르면서 맛이 원만해지며 부인할 수 없는 섬세함을 얻는다.

2) 메를로(Merlot)

메를로는 색깔이 좋고 부드러우며 원만한 맛을 내기 때문에 카베르네 소비뇽에

블렌딩하는 품종으로 사용했는데, 요즘에는 단일 품종으로 많이 사용하면서 재배면적이 증가하고 있다. 이 품종은 여름에 충분히 습기가 있는 선선한 땅을 좋아한다. 매우 건조한 언덕에서는 불리한 여건으로 송이가 잘 익지를 않으며 포도알이 작다. 메를로는 과실의 성숙이 빠른 편으로 카베르네 소비뇽보다 1주~2주 먼저 포도가 익는다. 포도껍질이 얇아 탄닌 성분이 적은 편이고 병충해에 민감하다.

메독 지역에서 메를로는 경사지 아래 부분의 선선하고 배수가 잘 되지 않는 촘촘한 찰흙, 석회질 토양에서 재배된다. 생떼밀리옹 떼루아는 찰흙, 석회질 토양을 구성한다. 또한 뽀므롤에서는 자갈이 전 지역에 깔려 있으나 찰흙이 섞여 있어 메를로가 완벽하게 기량을 발산하며, 최고급 와인인 페트뤼스의 주요 품종이다. 일반적으로 메를로를 사용한 와인은 색의 농도가 높으며 2~3년이 지난 다음에 바로 마실 수 있다.

향은 잘 익은 붉은색 과일, 향신료 향이 나며 포도가 매우 잘 익었을 때는 말린 자두향도 난다. 탄닌이 많아 텁텁하고 거칠게 느껴지는 카베르네 소비뇽과 적은 탄닌으로 부드러운 맛을 가지고 있는 메를로가 합해지면 블렌딩 시 유연함을 주어 마시기에 부담이 없다.

메를로를 주 품종으로 하는 뽀므롤 와인은 오래 숙성될 수 있는 잠재성을 가지고 있지만 유연하고 부드러운 탄닌 덕분에 햇와인일 때도 마실 수 있는 장점이 있다. 석류 빛이 나는 붉은색의 뽀므롤 와인은 힘 있고 복합적이며, 메를로 전형의 제비꽃 향이 나며, 붉은색 과일향, 가죽냄새, 동물냄새가 약간씩 가미되어 있다.

3) 카베르네 프랑(Cabernet Franc)

보르도에서 카베르네 프랑은 카베르네 소비뇽과 메를로 블렌딩을 보완한다. 재

배는 따뜻한 보래, 사갈 토양과 최고의 떼루아를 형성하는 리부른느 지역의 도르돈뉴와 지롱드의 우안에서 집중적으로 이루어지고 있다. 따라서 이곳에서 생산된 와인은 섬세하게 구조가 잡혀 있다.

카베르네 프랑은 비교적 일찍 익고 카베르네 소비뇽과 비슷하지만 색이 연하고 탄닌과 산도가 약하며 가볍고 부드럽다. 포도가 백토나 찰흙, 모래 토양에서 자란 경우 와인은 산딸기, 제비꽃, 감초의 복합적인 진한 향을 발산한다. 반대로 좀 더 차가운 토양의 경우 카베르네 프랑은 아주 연한 색상과 고추향과 같은 야채 향이 나타난다.

4) 피노 누아르(Pinot Noir)

프랑스 부르고뉴 지방에서 재배되는 품종으로 최고의 레드 와인을 만들고 샹파뉴 지역에서는 고급 샴페인을 만드는데 사용된다. 부드러운 맛에 복합적인 향이 매력적인 피노 누아르는 비교적 서늘한 지역에서 잘 자라지만 껍질이 얇아 병충해에 약하고 재배조건이 까다롭기 때문에 항상 좋은 와인이 만들어지지는 않는다.

프랑스에서는 루아르, 샹파뉴, 알자스 지방에서 주로 분포되어 있고, 독일에서는 슈페트부루군더(Spatburgunder)라고 불리며, 이탈리아에서는 피노 네로(Pinot Nero)라고 한다. 산도가 보르도에 비해 많지만 탄닌은 카베르네 소비뇽보다 적다. 좋은 빈티지인 경우에는 체리, 라스베리, 딸기, 흑후추 등 붉은 과일 향이 나지만 숙성이 되면서 버섯, 흙냄새, 초목, 과일잼 등의 향기가 난다. 부르고뉴 지역에서 생산되는 로마네 콩티(Romanee-Conti)는 이 포도품종으로 만든 세계에서 가장 비싼 와인 중의 하나이다. 모든 육류요리와 잘 어울릴 뿐만 아니라 참치, 연어 같은 생선요리와도 잘 어울린다.

5) 말벡(Malbec)

꼬뜨(Cot)라 불리기도 하고, 생떼밀리옹과 뽀므롤에선 프레싹(Pressac)이라고 부르는 말벡은 보르도나 스페인 등에서 주로 재배되며 풍부하고 강한 색깔과 탄닌 함유로 블렌드용으로 사용한다. 그러나 최근에는 아르헨티나에서 이 품종과 떼루아가 잘 맞아 좋은 와인을 생산하고 있어 아르헨티나의 레드 와인 대표품종이 되었다.

말벡 와인의 색은 짙고, 탄닌 성분도 적당히 있으며, 와인의 구조가 어느 정도는 튼튼하나 향미가 부족한 게 단점이다.

6) 시라(Syrah)

프랑스 론의 북부지역에서 주로 재배하는 품종으로 색깔이 진하고 맛과 향 또한 강하고 진하며 탄닌이 풍부한 맛과 특히 후추와 같은 매콤하고 가죽냄새가 나기도 하며 알코올 도수가 높다. 요즘 한국 와인 애호가들 사이에서 이 품종이 점점 인기가 높아지고 있다.

스파이시한 맛 때문에 우리가 흔히 먹는 일상의 음식들, 특히 맵고 짠 한국음식과 가장 잘 어울린다. 호주에서는 쉬라즈(Shiraz)라고 하는데 호주의 레드 와인 대표품종이 되었다. 뾰족하고 예리한 맛을 내는 품종으로 검정올리브, 흑후추, 야생 나무딸기 향을 풍긴다.

7) 가메(Gamay)

프랑스 보졸레 지방의 주 품종으로 보졸레 와인과 보졸레 누보를 만드는 품종으로 껍질이 얇아 흠이 생기기 쉽고 자색을 띤 적색이며 딸기나 카시스 및 신선한 포도향기로 붉은 과일 향이 풍부하다. 탄닌이 약하며 신선하고 가벼운 맛의 레드 와인을 만들어내며 신맛을 기본으로 한 상쾌한 맛의 가벼운 레드 와인이다.

8) 산지오베제(Sangiovese)

이탈리아에서 네비올로와 더불어 가장 많이 재배되는 품종으로 이탈리아 와인을 대표하는 토스카나, 키안티, 비노 노빌레 몬테풀치아노, 브루넬로 디 몬탈치노의 주 품종이며 다양한 특성의 레드 와인을 만든다. 산도가 풍부하고 체리 향과 자두 향이 전반적으로 강한 와인이다. 탄닌은 약하지만 신맛이 강하고 알코올 도수가 높은 편이며 장기 숙성이 가능하다. 지역에 따라 가벼운 와인에서 묵직한 와인까지 다양한 와인을 만들 수 있다.

9) 네비올로(Nebbiolo)

이 품종으로 바롤로와 바르바레스코 와인을 만들며 이탈리아 피에몬테 최고의 와인을 만든다. 탄닌도 많이 함유하고 있고 산도 또한 프랑스 보르도나 부르고뉴보다 강하다. 영 와인 때는 탄닌이 강하지만 숙성시킬수록 진하고 묵직하고 섬세한 와인으로 변화면서 강한 탄닌과 산도, 높은 알코올 도수가 잘 조화를 이루어 부드럽고 힘 있는 와인이 된다. 이 품종이 가지고 있는 성질은 카베르네 소비뇽과 비슷하여 이탈리아의 카베르네 소비뇽으로 불리고 있지만 재배조건이 까다로워 피에몬테 지역을 벗어나서는 좋은 와인을 만들지 못하고 있다. 뚜렷한 정체성을 가진 품종으로 힘과 개성이 있다. 송로버섯, 향신료, 동물의 가죽, 버섯, 젖은 땅 등의 향을 드러내려면 숙성이 필요하다.

10) 템프라니요(Tempranillo)

이 품종은 스페인 리오하, 페네데스, 발데페냐스의 주 품종으로 색깔이 진하고 탄닌이 적어 떫은맛이 약하기 때문에 입안의 감촉이 부드러우며 알코올 도수가 높고 약간 신맛도 느낄 수 있다. 잘 익은 과일 향을 내며 스타일은 미디움에서 풀 바디하다.

11) 진판델(Zinfandel)

미국 캘리포니아 메도시노(Mendocino) 지역에서 좋은 품질의 진판델 와인을 만들어내고 있다. 이 품종으로 가벼운 와인에서부터 진한 레드 와인까지 만들 수 있는 다재다능한 포도품종이지만 미국에서도 가격이 저렴하고 대중화되어 있어 어디에서나 쉽게 볼 수 있는 와인이다. 향은 나무딸기 향이 느껴지고 맛은 담백하면서 약간 묽은 맛을 느낄 수 있다.

2. 화이트 와인 품종

1) 샤르도네(Chardonnay)

프랑스 부르고뉴 지방 특히 샤블리(Chablis)와 몽라쉐(Montrachet) 지역 와인이 유명한 이곳에서 세계 최고의 화이트 와인을 만들어낸다. 특유의 맛과 풍부한 향을 가지고 있으며 보통 오크통에서 숙성시킨다. 거의 달지 않은 드라이 타입으로 다른 품종으로 만든 와인보다 숙성기간이 길며 좋은 것은 병 속에서 10년 가까이 보관하면서 숙성된 맛을 즐길 수 있다.

샤르도네는 환경을 가리지 않고 잘 자라지만 일반적으로 시원한 기후를 좋아하고 알코올 함량이 높고 산도가 강하며 단맛이 거의 없는 드라이한 화이트 와인을 만들어낸다. 영 와인 때는 맛이 날카롭지만 숙성되면서 부드러워진다. 복숭아, 버터, 빵, 헤이즐넛, 아카시아, 풋사과, 자몽, 모과, 살구 잼 등의 나무열매 향이 풍부하며 오크통 속에서 숙성이 된 것은 바닐라 향이 나기도 한다.

캘리포니아를 비롯한 신세계의 미국, 호주, 칠레에서도 좋은 품질의 와인을 만들고 있으며 샹파뉴 지역에서 샴페인 제조는 물론이고 이탈리아, 스페인 등 남부 유럽에서도 전통 품종보다는 샤르도네를 선호하여 이 품종으로 대체하고 있다.

샤르도네 품종으로 만든 와인은 무색에서 황금색에 이르는 다양한 색과 산뜻함에서부터 부드러움 맛과 깊이까지 느껴지는 다양한 개성을 가지고 있다. 이 와인은 강한 소스향의 요리와 고기류를 제외하고는 모든 음식과 무리 없이 잘 어울리는데 특히 굴, 새우, 연어, 가재 등 해산물과 잘 어울린다.

2) 소비뇽 블랑(Sauvignon Blanc)

개성이 뚜렷한 품종으로 일명 퓌메 블랑(Fume Blance)이라고 하며 프랑스 보르도의 그라브와 소테른 그리고 루아르 지역에서 많이 사용하는 품종이다. 최근에는 뉴질랜드의 화이트 와인이 세계적으로 인정을 받고 있어 뉴질랜드 대표 품종이다. 포도재배 시 이 품종은 일반적으로 잘 자라지만 낙과가 자주 일어나는 경향이 있고, 질병에 매우 약하다. 보르도 지방 특히 소테른(Sauternes), 바르싹(Barsac), 루삐약(Loupiac) 등에서는 세미용과 블렌딩하여 묵직한 화이트 와인을 만든다.

영 와인 때 마시면 신선하고 강한 맛을 즐길 수 있으며, 샤르도네에 비해 색깔이 엷은 편이다. 또한 그라브 지역에서는 드라이한 백포도주를 생산하며 이때 소비뇽으로만 생산하는 곳도 있지만 일반적으로 세미용, 뮈스까델과 함께 블렌딩하여 만든다.

소비뇽 블랑은 신선하고 풀향이 있으며 때때로 짜릿한 향과 톡 쏘는 맛을 와인에 제공한다. 지역에 따라 이 품종으로 만든 와인은 신선한 과일, 바질, 타임, 청피망, 소나무, 토마토 잎, 민트 등의 향이 난다. 연한 금빛 색상과 레몬같은 과일향과 꽃향이 가미되기도 한다. 샤르도네 와인이 이상적인 맛이라면 소비뇽 블랑은 독특한 향으로 인상적이다. 소테른에서 일반적으로 블렌딩의 10~20%를 차지한다.

3) 세미용(Semillon)

보르도에서 재배되는 세미용은 활기차고 생산적이다. 보르도의 그라브 지역에서는 소비뇽 블랑과 섞고 호주, 미국에서는 소비뇽 블랑이나 샤르도네를 섞어 좋은 품질의 드라이한 화이트 와인을 생산하고 있다.

포도재배업자들은 고급품질과 당분이 풍부한 와인을 얻기 위해 생산성을 제한하고 있으며 소테른 지역은 더욱 그러하다. 보르도 고급 스위트 와인을 생산하는 소테른, 바르싹, 쎄롱 등 지역에서는 아직 주포도 품종으로 남아있다. 세미용 품종은 과피가 얇아 귀부병(Botrytis)을 만드는 품종이다. 아침에 안개가 있고 오후에는 햇볕이 쨍쨍한 유리한 기후 조건으로 세미용 포도에는 귀부현상이 발생한다. 선별작업으로 포도 내 당분이 놀라울 정도로 증가하게 되며 이를 사용하여 스위트 와인을 생산한다.

세미용은 블렌딩 동반자인 소비뇽보다는 산도가 낮다. 몇 년간 숙성이 된 후 꿀, 건과 향 등을 감지할 수 있으며 입안에

서 원만함을 느낄 수 있어 소비농의 신선함과 균형을 이룬다. 세미용으로 만든 대표적인 소테른 스위트 와인은 햇와인일 때 황금빛이 있으며 숙성되면서 호박빛 색상을 띤다. 귀부현상으로 얻어진 와인은 구운 향이 특징이며 아몬드, 개암, 꿀, 살구, 익은 배, 아카시아 꽃 향을 느끼게 한다. 입안에서는 진하고 부드러우며 매혹적인 달콤함을 느낄 수 있다.

4) 리슬링(Riesling)

독일을 대표하는 품종으로 독일의 모젤 지방 그리고 프랑스의 알자스 지방이 유명하다. 같은 품종이라도 산지에 따라 차이가 많이 나며 비교적 시원한 지방에서 생산되는 화이트 와인의 대표적인 품종이다. 이 품종은 세균에 의한 귀부현상이 잘 일어나며 귀부포도를 사용하여 드라이에서 스위트까지 여러 가지 타입으로 독특한 맛을 낸다. 풍부한 미네랄과 알코올 함량이 대체로 낮으며 강한 산도와 과일 향이 풍부하다.

이 리슬링 와인은 신선하고 향이 섬세하고 독특하며, 보통 서양자두, 자몽, 라임, 감귤, 사과, 벌꿀, 잘 익은 복숭아, 멜론 향이 은은하게 느껴지며 가볍고 부드러운 느낌을 주는 와인이다. 달고 가벼운 리슬링 와인은 초보자가 마시기에 가장 적합한 와인이라고 할 수 있으며 닭고기, 야채, 생선 등과 잘 어울린다.

5) 뮈스까델(Muscadelle)

꽃 내음이 가득한 알자스와 론 지방의 뮈스까델이 유명하며, 프랑스 남부, 이탈리아에서는 모스카토(Moscato) 라고 부르며 거의 전 지역에서 재배되고 있다. 너무 신맛의 포도를 가려내기 위해 선별 작업이 필요하다.

뮈스까델은 보르도와 부근 지방에서 재배되고 있지만 단일 품종으로 쓰이지 않는다. 뮈스까델은 세미용, 소비뇽과 함께 보르도 지방의 스위트 와인에 사용하기 위해 가론 강 지역에 소량 재배되고 있다. 또한 뮈스까델은 엉트르 드메르 지역에서 드라이 와인생산에도 사용된다. 산도가 적고 부드러우며 잘 익었을 때는 진한 꽃 향기를 제공해 준다.

6) 게뷔르츠트라미너(Gewuztraminer)

독일의 팔츠가 원산지이며 프랑스 알자스 지방을 비롯한 독일, 오스트리아에서 많이 재배하고 있지만 프랑스 알자스 지방의 와인이 가장 유명하다. 이 품종으로 만든 와인은 꽃 향기가 가득하고 알싸한 향미가 강해서 양념이 많은 우리나라 음식과 잘 어울린다.

드라이 와인부터 스위트 와인까지 만들 수 있는 다재다능한 것 또한 이 품종의 특징이다. 리슬링과 함께 재배되고 있는 품종으로 여러 가지 특성이 리슬링과 비슷하지만 리슬링보다는 조금 더 자극적이다.

7) 슈냉 블랑(Chenin Blanc)

프랑스 루아르 지방에서 가장 많이 재배되는 품종으로 신선하고 매력적인 부드러움이 그 특징이다. 껍질이 얇고, 산도가 좋으며, 당분이 높고, 색이 투명에 가깝고 과일향이 많이 난다. 드라이부터 세미 스위트 타입까지 다양한 타입이 있으며, 주로 식전주로 많이 이용한다.

루아르 지방에서는 복합적인 향을 가진 장기간 보관할 수 있는 와인을 만들고 있다. 스위트 와인을 만들기도 하며, 좋은 스파클링 와인도 만든다. 이 품종의 포도는 빨리 익으며 좋은 빈티지의 와인은 벌꿀이나 멜론, 사과, 복숭아와 같은 달콤한 향기가 난다.

8) 피노 블랑(Pinot Blanc)

샤르도네와 비슷하여 혼동되는 품종이지만 향이 좀 덜하다. 알자스, 독일, 오스트리아 등지에서 재배하며, 부드럽고 부담이 없다. 최근에는 캘리포니아, 오리건에서도 재배한다. 오스트리아에서는 '바이스부르군더', 이탈리아 북부에서는 '피노 비앙코' 라고 한다.

9) 피노 그리(Pinot Gris)

알자스의 고급 품종으로 풍부한 맛을 내며 처음에는 복숭아, 자두의 맛을 내다가 익어갈수록 "꿀처럼 달콤한 와인을 만든다."하고 다양한 향을 지닌 와인을 만들며, 피노 누아르 변종으로 알자스에서는 '토카이 달자스' 라고 하며, 이탈리아에서는 '피노 그리조' 라고 한다.

10) 비오니에(Viognier)

프랑스 론 지방이 원산지이지만 미국 캘리포니아로 건너가 재배하기 시작했다. 알코올 도수가 상당히 높으면서 향기로운 품종이다. 세계적으로 재배면적이 넓지는 않지만 풍부한 맛과 진한 와인 향이 일품이다. 특히 맑고 섬세한 분위기로서 제비꽃, 바나나, 살구, 메론, 복숭아 등의 향이 미묘하게 섞여 매력적인 와인이다.

론 지방에서 단독으로 화이트 와인을 만들지만, 시라 등과 함께 수확하여 레드 와인을 만드는 경우가 많다.

11) 보트리리티스 시네리아(Botrytis Cinerea : 귀부현상)

밤과 낮의 기온 차이로 아침에는 자욱한 안개로 습해 있지만 햇볕이 나면 습기를 모두 증발시키면서 습한 시간과 건조한 시간이 반복되면서 포도알에 생기는 회색 곰팡이를 말한다. 즉 습기가 많고 햇볕이 잘 드는 강가의 포도밭에서 곰팡이가 잘 생긴다.

포도를 늦게까지 수확하지 않고 과숙시킨 후 포도열매의 수분이 증발해 과피가 수축되어 건포도 같이 복잡하고 미묘한 단맛을 가지게 된 후 수확을 하는데, 이렇게 해서 만든 와인이 디저트 와인이다. 세계적으로 유명한 3대 귀부 와인은 프랑스 보르도 소테른, 독일 라인과 모젤 지방, 헝가리 토카이 지방에서 생산되는 와인을 말한다.

제4장

와인양조

양조에 대해 정의를 한다면, "술을 만드는 과정"이라고 할 수 있다. 정확하게 설명을 하자면, 화이트 와인의 양조법, 레드 와인의 양조법, 스파클링 와인의 양조법, 로제 와인의 양조법이 있다. 화이트 와인(White Wine)은 주로 청포도로 만들며, 레드 와인(Red Wine)과 로제 와인(Rose Wine)은 적포도로 만든다는 것이 일반적이다.

■ 레드 와인 제조과정

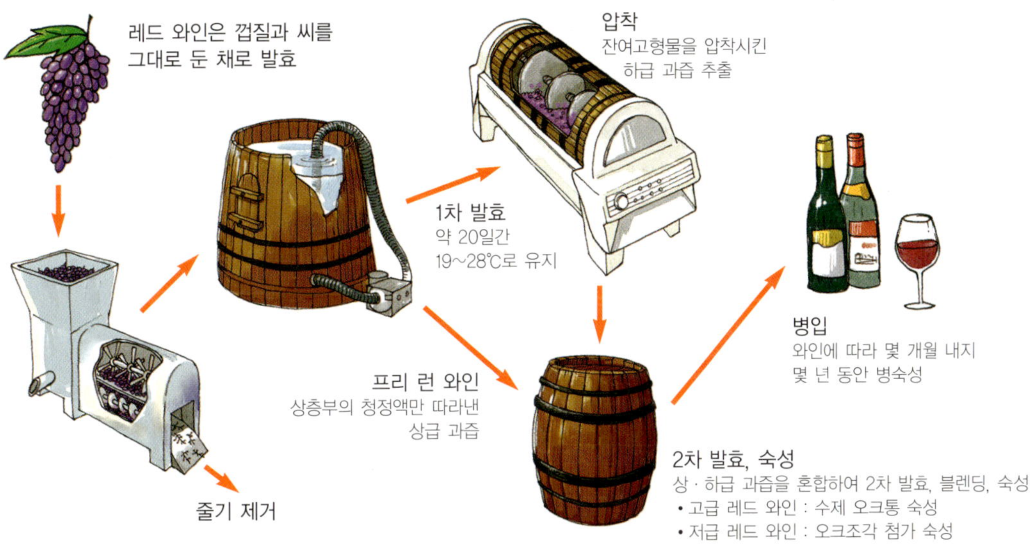

1. 레드 와인 양조과정

1) 포도수확

와인양조에서 가장 중요한 결정은 포도수확을 언제 시작할 것이냐 하는 것이다. 포도가 충분히 익었을 때 따야지 그렇지 않으면 너무 시거나 풀향이 강해서 마실 수 없는 와인을 생산하게 된다.

최근에 포도수확은 기계로 이루어지고 있으나 그랑 크뤼를 생산하는 포도원들은 더 좋은 와인을 얻기 위해 사람이 포도송이를 선별하여 잘 익은 포도만을 골라내어 수확하기도 한다. 드라이 백포도주를 만드는 포도가 가장 빨리 익고 제일 먼저 수확된다. 그 다음이 적포도주 품종인 메를로, 카베르네 프랑, 카베르네 소비뇽 마지막으로 쁘띠 베르도 순이다. 양조의 첫 단계인 포도수확은 포도원의 구획별, 품종별로 수확하여 양조장에 도착한 후 떼루아와 품종별로 각각 동시에 양조단계에 진입한다.

2) 제경(Destemming, Égrappage)

이 작업은 포도송이에 남아 있는 포도알을 줄기로부터 분리하는 작업이다. 고급 와인을 만들려면 포도알을 꼼꼼하게 선별해야 하기 때문에 제경이 꼭 필요하며, 곰팡이가 낀 포도송이나 포도알이 신선하지 않으면 제경을 할 수 없기에 선별 작업을 해야 한다.

3) 파쇄(Crushing, Foulage)

포도알들을 와인으로 만들기 위해 가볍게 으깨면서 포도즙이 흘러나오게끔 하는 것이다. 즉, 와인을 으깨는 작업을 말하는데 옛날에는 전통적인 방법으로 맨발로 밟아서 포도알을 으깨었는데 지금은 기계에 의존하는 경우가 많다. 맨발로 밟는 것이 좋은 이유는 씨나 껍질에 손상을 주지 않기 때문인데, 씨나 껍질이 갈라지면 쓴맛과 풋내가 나기 때문에 조심해야 한다. 그리고 이 과정으로 얻어진 즙, 껍질과 씨앗은 산화작용의 위험을 피하기 위해 바로 양조 통으로 옮겨진다.

4) 알코올 발효(1차 발효)

압착된 포도즙은 발효를 위해 발효 통으로 옮겨진다. 발효 통은 보통 스테인리스 탱크 또는 나무로 된 양조 통을 많이 사용하고 있다.

발효 통으로 옮겨진 포도즙은 자연 효모에 의해 알코올 발효가 시작되는데 이때 효모(Yeast)를 넣기도 하고, 와인의 변질과 산화방지, 살균작용, 갈변방지 등을 위하여 아주 작은 양의 SO_2(아황산)을 첨가하기도 한다. 아황산을 너무 많이 사용하면 맛에 나쁜 영향을 주고, 적게 사용을 하면 재발효나 오염될 우려가 있기 때문에 적당한 양을 사용해야 한다.

발효는 효모가 포도즙 안에 있는 당분을 먹고 이산화탄소와 알코올을 만들어내는 과정을 말하는데 이때에 양조통의 온도변화를 주의 깊게 관찰해야 한다. 왜냐하면 온도가 너무 높거나 낮으면 이스트가 활동하지 못해 발효가 정지된다. 이스트가 생육하는 범위 내에서 높은 온도를 유지하면 발효 속도가 빨라지지만 와인의 질은 좋지 않다. 그러므로 적정한 선을 유지하여 서서히 발효시키는 것이 좋은 방법이다. 효모가 알코올 1도를 만드는데 필요한 당분의 양은 리터당 17.5g이며 모든 당분이 없어지면 발효는 중단된다.

5) 껍질관리(Cap management)

발효되는 동안에 포도 껍질, 꽃자루, 씨와 같은 고형성분이 위로 떠오르게 된다. 그러면 색소 추출이 어렵고 장기간 두면 흰 곰팡이가 끼는 수가 있으므로 떠오르는 껍질을 가라앉혀야 한다. 양조자들은 탄닌 성분과 포도껍질의 색깔을 충분히 우려내고 또한 박테리아 번식도 막기 위해선 발효조 아래 쪽에 있는 와인을 펌프를 이용하여 위에서 계속 뿌려주어야 한다. 이러한 과정을 르몽따쥬(Remontage)라고 부른다.

6) 마쎄라씨용(Maceration)-침용

이렇게 당분이 알코올로 변했을 때 1차 발효가 끝난 것이며, 이어 두 번째 중요한 과정은 포도껍질과 씨앗을 포도즙에 담가두는 기간이며 이를 마쎄라씨용(침용)이라

한다. 1차 발효가 시작되고, 진행되는 동안에 페놀성분인 탄닌과 안토시안을 추출하고 방향성분을 얻으며, 이어서 이 작업을 통해 와인의 색깔과 다양한 향, 와인의 구조를 얻게 된다. 대부분 침용 기간을 2~3주 정도로 하고 있다.

7) 압착(Pressing, Pressurage)

원하는 색깔이 나오면, 고형물을 분리시키는 작업을 한다. 분리에 의해 얻어진 자연 액체의 와인 즉, 힘을 가하지 않고 자연적으로 유출되는 와인을 프리 런 와인이라고 하고, 프레스를 이용하여 남아있는 고형물을 압착시켜 나오는 액을 프레스 와인이라고 한다. 이 프레스 와인은 텁텁하고 탄닌 성분이 많고 색깔이 아주 진하다. 이 압착한 와인은 먼저 유출한 와인과 섞어 배합하는데 지방마다 그 비율이 다르다.

탄닌 성분이 강하지 않은 와인을 선호하면 프리 런 와인을 많이 사용하고, 좀 더 힘 있고 짜임새 있는 와인을 원한다면 10~20%의 프레스 와인을 섞는다. 대부분 고급 와인은 프리 런 와인만을 사용하기도 한다.

8) 2차 발효

유산발효 또는 젖산발효라고 불리는 2차 발효는 포도에 있는 사과산이 박테리아에 의해서 젖산으로 변하면서 와인의 맛이 부드러워지고 향기도 변하여 훨씬 세련되어진다. 즉, 포도에서 오는 1차 향과 1차 발효 과정 중에 형성된 2차 향이 다소 감소되며 새로운 향이 발생하는데 대표적인 향이 버터 향이다. 그리고 산도의 감소, 유산의 발생, 텁텁하고 까칠까칠한 느낌이 감소되며 맛이 훨씬 부드러워진다.

레드 와인에는 이 발효가 필수적이지만, 화이트 와인이나 로제 와인 등은 신선한 맛 때문에 이 발효를 생략하기도 한다.

9) 와인 정제

이 작업을 통해서 작은 불순물 입자들이 제거되면서 와인은 더 맑고 깨끗하게 된다. 예전에는 경험적으로 우유나 계란 흰자를 풀어 오크통에 넣어 불순물을 제거했으나 최근에는 계란 흰자 대신 벤토나이트나 젤라틴, 알부민, 카세인과 같은 물질을 사용하기도 한다.

첨가량을 너무 많이 넣으면 청징제 자체가 혼탁을 일으킬 수 있어 와인 고유의 성향을 잃어버리게 되기 때문에 많은 주의가 요구된다. 그리고 온도가 낮을수록 효과가 크기 때문에 겨울에 하는 것이 좋다.

10) 블렌딩

와인은 복합성, 균형감, 단점 보완 등 맛을 개선하기 위해서 블렌딩을 한다. 포도밭에서 시작하는 경우에는 포도밭에 몇 가지 품종을 사이사이에 심어서 같이 수확하여 파쇄하거나 오래된 포도밭과 생성된 지 얼마 안 된 포도밭을 구분해 포도를 수확한다. 오래되지 않은 포도밭에서 생산된 와인은 색깔은 진하지만 오래된 포도밭에서 나온 와인보다 깊은 맛, 풍부한 질감, 농축도가 떨어진다. 이 과정은 매우 까다롭기 때문에 상당한 경험과 기술이 필요하다.

블렌딩을 할 때에는 잔당 함량, 오크 향, MLF(2차 발효) 효과 등의 특성이 조화를 이루도록 해야 한다. 이 과정에서 와인 메이커들은 최종제품을 가져야 할 특성을 확실히 하고 그 결과를 얻기 위해 최선을 다해서 테이스팅을 해야 한다. 예를 들어, 카베르네 소비뇽은 메를로와 블렌딩을 하면 탄닌 구조를 강화시켜 장기 보존이 가능하도록 도와주고, 반면에 메를로는 카베르네 소비뇽에 부드러움과 유연성을 제공하여 완벽한 조화를 이루게 된다.

오랜 경험을 갖고 있는 전문가의 이 배합을 통해 복합적이고 균형 있으며 조화로운 와인으로 탄생하게 되어 본래 품종의 개별적인 특징을 넘어 그 이상의 품질로 거듭 태어나는 것이 블렌딩의 효과이다.

11) 와인 숙성

발효가 막 끝난 와인은 효모의 냄새나 탄산가스 등이 섞여 있어서 향이나 맛이 거칠기 때문에 바로 마실 수 없다. 그래서 와인을 오크통에서 숙성시키는데 보통

12~24개월 심지어 30개월까지 장기간 숙성하기도 한다. 그러나 최근에는 이 기간이 점점 짧아지고 있는 추세인데 그 이유는 와인이 산화되고 건조화가 진행되며 나무 향이 강하게 나는 것 등을 최대한 억제하고 과일 향의 와인을 신선하게 보관하기 위해서이다. 하지만 고급 와인들은 장기숙성을 선호하기도 한다.

탄닌이 강하고 풍부할수록 오크통 속에서 오랫동안 와인이 변질되지 않고 견딜 수 있는 힘이 있지만, 탄닌을 적게 함유하고 있으면 오크통 속에서 쉽게 변질될 수 있기 때문에 포도품종에 따라 와인 숙성기간도 조금 차이가 있다고 할 수 있다.

12) 와인 병입

완성된 와인이라도 박테리아 번식을 일으키는 위생 불량 상태 등이 발생하지 않도록 미생물 등을 완전히 제거하여 곧바로 오크통에서 스테인리스 발효조로 옮겨진다. 이 양조 통에서 병입 바로 전에 마지막으로 불순물을 가라앉게 하는 작업이 이루어지고 그 이후 병입한다. 병입 후에도 한동안의 안정화 과정이 필요하며 동시에 꺄브에서 와인은 천천히 더욱 숙성된다. 그리고 병뚜껑은 고급와인일수록 코르크 마개를 사용한다.

■ 화이트 와인 제조과정

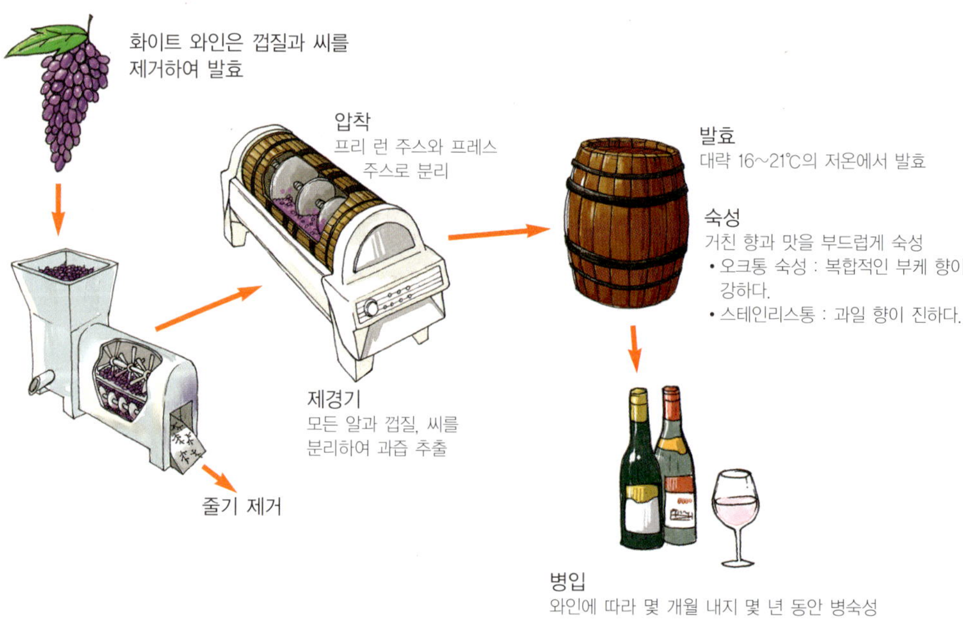

2. 화이트 와인 양조과정

대부분 모든 화이트 와인은 백포도품종에서 생산되지만 적포도를 가지고도 화이트 와인을 만들 수 있다. 만약 적포도로 화이트 와인을 만들 때에는 조심스럽게 압착을 해서 포도 껍질에 있는 색소가 나오지 않도록 해야 한다. 적포도주와는 다르게 침용 과정을 거치지 않기 때문에 어떤 색깔과 탄닌도 추출되지 않는다.

드라이 화이트 와인은 무엇보다도 신선함과 활기가 있어야 하며 가볍고 산뜻한 맛을 느껴야 하므로 화이트 와인양조는 이러한 특성들을 고려하여 이루어져야 한다. 그래서 포도수확도 약간 덜 익었을 것 같다고 판단되는 때가 적절한 향과 산도를 유지하고 있으며, 무엇보다도 신선한 포도를 사용하는 것이 중요하다.

1) 포도수확

화이트 와인은 2차 부케보다 1차 아로마를 가지고 있어야 한다. 즉 품종의 특성이 잘 나타나야 한다. 보통 포도수확은 적포도와는 다르게 전반적으로 완전히 익기 전에 일찍 수확을 하는 편이다. 백포도만이 가지고 있는 아로마를 잘 살리기 위해서이다. 그렇다고 너무 일찍 수확을 하면 풋내가 나고 향이 강하며, 오히려 포도가 너무 많이 익어버리면 화이트 와인의 특징인 신선도가 떨어져 와인의 균형이 깨져버릴 수 있다.

2) 압착

포도수확 후 양조장에 도착하자마자 바로 즙과 껍질을 구분하기 위해서 자루제거와 압착을 해야 한다. 이렇게 해야 혹 일어날 수 있는 침용 과정을 피할 수 있다. 압착은 가벼운 충격으로 껍질이나 씨에서 유출되는 성분을 최소화하고 풀 향이 거칠게 나지 않도록 살짝 하는 것이 좋다. 그리고 포도즙이 산화되지 않고 잡균오염이 되지 않도록 신속하게 이루어져야 한다.

3) 알코올 발효

불순물을 제거하여 착즙을 마친 포도즙은 온도조절이 자동으로 되는 발효 통으로 옮겨져 발효에 들어간다. 발효는 효모가 포도즙 안에 있는 당분을 먹고 이산화탄소와 알코올을 만들어내는 과정을 말하는데 화이트 와인은 씨와 껍질이 없이 정제된 와인만 가지고 일어난다. 적포도주보다 신선미와 청량감을 잃지 않기 위해 저온발효를 하는데 보통 18~20℃에서 시킨다.

화이트 와인은 산도가 있는 햇와인을 신선하고 산뜻하게 마시기 때문에 아황산 처리만 하고 2차 발효를 하지 않는 것이 일반적이다. 장기 숙성용 화이트 와인의 경우에는 2차 발효를 거치면서 와인이 더 부드러워지고 진하고 균형감과 안정성을 갖게 되지만 잘못하면 와인의 산도가 너무 낮아지기 때문에 프랑스 부르고뉴 지역을 제외하고는 하지 않는다.

4) 와인 정제 및 산화방지

압착에서 얻어진 와인에 찌꺼기를 제거하면 와인이 더 신선하고 깨끗한 맛이 나며 아로마가 더 안정된다. 이 작업을 통해서 와인은 더 맑고 깨끗해지며 작은 불순물 입자들이 제거되면서 맑고 깨끗하게 된다. 예전에는 경험적으로 우유나 계란 흰자를 풀어 오크통에 넣어 불순물을 제거했으나 최근에는 계란 흰자 대신 벤토나이트나 젤라틴, 알부민, 카세인과 같은 물질을 사용하기도 한다.

산화방지를 위해 아황산 처리를 거쳐 발효조에 채워진다. 발효조에 채워진 와인은 온도관리가 중요한데 20℃가 넘지 않아야 최상의 화이트 와인이 된다. 온도가 너무 높으면 포도 고유의 아로마와 잡균에 오염되기가 쉽다.

5) 와인 숙성

숙성을 거치는 것은 와인을 정제하고 안정화시키기 위해서이다. 햇와인에 있는 결점을 완화시키고 와인의 복합적인 장점을 활짝 피어나게 하기 위함이다. 숙성이 진행되면서 레드 와인의 색깔은 진보라에서 루비색, 진한 벽돌 색으로, 화이트 와인은 엷은 노란색에서 황금빛과 갈색으로 변하며, 거칠고 쓴맛이 부드럽게 변한다. 또 향기도 원료 포도에서 우러나오는 아로마가 점점 약해지고 원숙한 부케가 새로 형성된다. 그러나 화이트는 너무 오래 두면 갈색으로 변하면서 신선도를 잃게 된다.

향기가 좋은 화이트 와인은 2~3년 후 맛이 풍부해지지만 그 이상 되면 향이 없어진다. 프랑스 보르도나 부르고뉴, 미국 나파밸리 지역 같은 고급 와인들은 대개 1년 6개월에서 2년가량 숙성을 시킨다.

6) 와인 병입

병입은 말 그대로 양조 통에 담아두었던 와인을 병에 옮기는 과정이며 양조의 마지막 작업이다. 숙성이 끝난 와인을 눈에 보이지 않는 미세한 불순물이나 미생물까지 완벽하게 제거하는 여과 과정을 거쳐 병입을 한다.

와인의 좋은 상태를 유지하기 위해 저온 상태에서 병입이 이루어지며 와인의 신선도를 간직하기 위해 일반적으로 수확한지 3~6개월 사이에 병입 단계로 들어간다. 그리고 병뚜껑은 고급와인일수록 코르크 마개를 사용한다.

코르크 마개

17세기 포르투갈 포트에서 최초로 사용했다는 주장과 프랑스 샹파뉴 지방의 수도승인 돔 뻬리뇽(Dom Perignon)에 의해서 시도되었다는 주장들이 있다. 코르크나무는 우리나라 굴피나무와 같은 참나무 계통의 나무로서 나무의 껍질을 벗겨서 만든다는 것이 특징이다.

코르크 껍질을 마개로 만들어 사용하는 이유는 수축성과 통기성이 좋고 가볍고 탄력이 뛰어나며 압착이 가능하여 좁은 병목에 쉽게 삽입할 수 있고, 최소한의 산소 공급만을 허용하여 와인 숙성에 도움을 주기 때문이다.

코르크 마개는 와인의 종류와 알코올 도수, 용기에 따라 재질과 모양 길이가 다르지만 장기 숙성을 요구하는 고급 와인인 경우 천연 코르크 마개가 필수적이다.

최근에는 가격 상승과 와인대비 마개 비용으로 인하여 가격이 저렴한 플라스틱 코르크(Plastic cork)와 신세계중심으로 유행하고 있는 스크류 캡(Screw cap)을 많이 사용하고 있다.

오크통

오크통은 와인의 저장과 운반에 가장 적합하다. 일반적으로 프랑스 리무진(Limousin) 오크통을 가장 많이 선호하고 있다. 세계적으로 가장 많이 사용되는 것이 화이트 오크나무이다. 왜냐하면 나뭇결이 친밀해서 공기접촉이 서서히 이루어져 와인이 숙성에 필요한 공기를 제공해 주기 때문이다. 그리고 적당한 탄닌을 함유하고 있고 냄새가 좋기 때문에 많이 사용하고 있다.

오크통은 미생물의 침투가 가능하기 때문에 항상 깨끗이 씻고 멸균작업도 해야 하며 빈 통으로 보관하기 보다는 물을 채워서 건조해지는 것을 방지해야 한다. 구세계에서는 오크통에 숙성을 하는 경우가 많지만 신세계에서는 스테인리스 탱크 안에 오크나무의 조각들을 넣어서 숙성을 시키기도 한다.

제2부

국가별 와인

Wine Encyclopedia

제5장

프랑스 와인

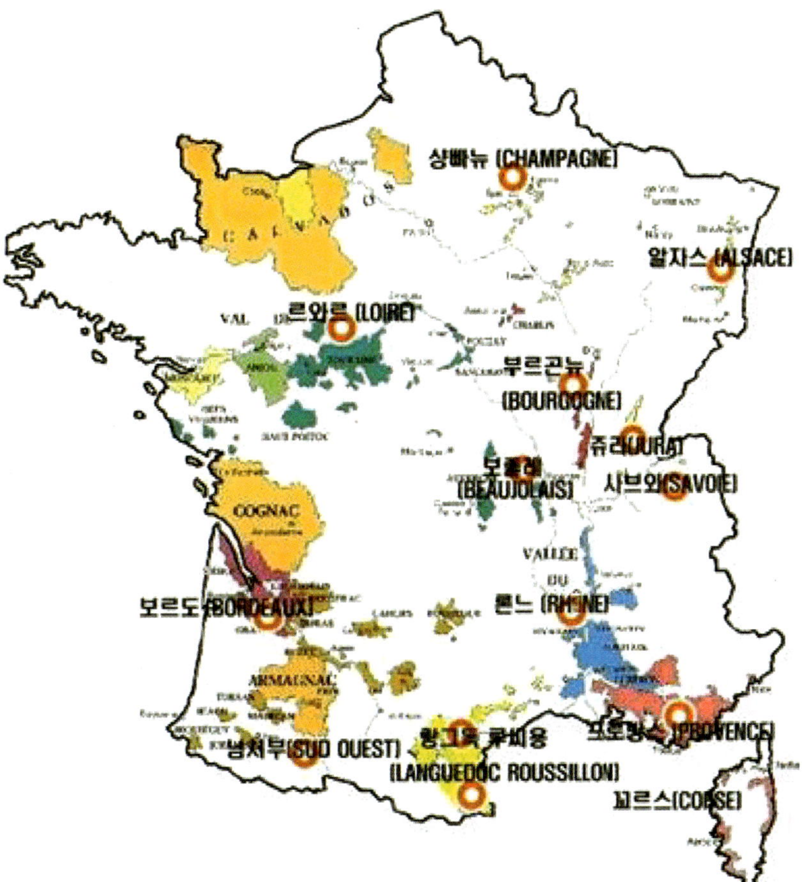

hppt://cafe.nave.com/hwtgs/24.

1. 프랑스 와인의 역사와 특징

국토의 57%가 경작지로 유럽에서 가장 좋은 농경지를 많이 가지고 있는 프랑스는 서유럽에 위치하고 있다. 동쪽으로는 이탈리아 · 스위스 · 독일, 서쪽으로는 영국, 남쪽으로는 스페인, 북쪽으로는 벨기에 · 룩셈부르크와 국경을 마주하고 있다. 기후는 대서양의 기후로 여름에는 덥지 않고 겨울에는 춥지 않으며 기온차가 크지 않다. 남부 지중해 연안은 일조량이 많고 온난하고 건조한 기후로 여름이 비교적 길다. 그리고 지역에 따라 여름은 짧고 겨울은 아주 추운 반면 서늘하고 온난한 기후를 가지고 있어 떼루아에 맞는 포도품종을 재배할 수 있어 와인하면 누구나 프랑스 와인을 떠올리며 세계와인의 중심국가로 우뚝 서 있다. 프랑스는 국토 대부분이 포도재배가 가능한 연평균 10~20℃의 따뜻한 온도를 유지하고 있다.

프랑스 와인의 역사는 구석기 시대부터 시작하여 기원전 2세기부터 로마의 지배에 들어가 로마의 영향을 많이 받았다. 그래서 프랑스에서 와인생산이 본격적으로 시작된 시기는 로마제국시대로 볼 수 있다. 이러한 프랑스의 오랜 와인생산 전통으로 현재는 레드 와인, 화이트 와인, 로제 와인, 샴페인, 스파클링 와인 등 양적인 면은 물론이고 질적인 면에서도 고급 와인을 가장 많이 생산하는 국가로 주목받고 있다.

2. 프랑스 와인의 품질체계

AOC(Appellation d' Origine Contrôlée, 아펠라시옹 도리진 콩트롤레) 유래 및 규정

프랑스는 일찍부터 와인생산에 대한 법적 통제장치를 마련하고 엄격한 와인 품질관리를 해 왔기 때문에 세계적으로 유명한 와인을 만들 수 있었다. 프랑스의 와인 제조는 지방행정부의 법률에 의해서 규제를 받는데 이것이 AOC(Appellation d' Origine Contrôlée) 제도이다. 첫 번째 법률은 세관에 관한 권고사항으로 1899년도에 포도원 원산지 명칭(Appellation d' Origine)을 위한 것이었고, 그 뒤 원산지 명칭(Appellation d' Origine)에 통제 개념인 콩트롤레(Contrôlée)를 더 붙이게 된다. 그리고 이 제안을 계기로 AOC 제도는 1935년부터 확립이 되어 현재 프랑스의 고급 와인은 거의 이 규제를 받고 있다.

포도의 재배장소, 위치와 명칭을 지방별로 관리함으로써 전통적으로 유명한 고급 와인의 명성을 보호하고 그 품질을 유지하기 위해 원산지별로 엄격한 생산조건을 규정해 놓고 이를 충족시켜야 만 AOC를 레이블에 표기하여 시장에 출하하도록 허락하는 제도이다. 이렇게 함으로서 소비자들은 엄격하게 적용되는 이러한 제도를 통해 와인을 안심하고 구입을 하고 품질이 좋고 나쁨에 대한 믿음을 주어 소비자에게 올바른 와인을 선택할 수 있도록 안내하는 역할을 하고 있다.

AOC를 레이블에 붙일 수 있는 국립원산지명칭연구소(INAO)가 설립되어 관리하고 있다. 이를 농림부 산하 국립원산지연구원이 이를 공인해주고 생산과 유통에 대한 전반에 걸쳐 통제와 확인 그리고 감시활동을 하면서 전국적으로 와인의 원산지와 품질에 대한 규제 시스템을 확립한다. AOC 승인을 위해서는 각 포도원은 그들이 속해 있는 생산자 조합의 협조 아래 엄격한 생산 조건을 준수해야 한다.

각 포도재배 지역의 지리적 경계와 그 명칭을 정하고 사용하는 포도의 품종, 포도나무 수와 밀도, 재배방법, 단위면적당 최대수확량, 양조방법과 최저 알코올 함유량, 숙성조건, 시음과 분석 등을 규제하고 그 이후 와인의 성분 검사와 INAO가 주도하는 시음회를 통과해야만 Appellation(아펠라시옹) ○○○(지역명) Contrôlée(콩트롤레)라고 상표에 표기할 수 있다. 예를 들어 보르도(Bordeaux) 지역에서 생산된 와인이라면 Appellation Bordeaux Contrôlée라고, 메독(Médoc) 지역에서 생산된 와인이라면 Appellation Médoc Contrôlée라고 상표에 표기할 수 있다.

AOC 명칭을 가진 와인도 원산지(d' Origine)에 따라 다시 세분화되는데 보르도 지방을 예로 들어 보면, AOC의 원산지(d' Origine) 자리에 보르도(Bordeaux)가 쓰여 있으면 지방급 와인으로 Appellation Bordeaux Contrôlée라고 보르도 지방에서 생산되는 포도만 사용한 것을 말하며, 이보다 작은 지역들, 예를 들면, 메독, 오 메독, 그라브 등은 준 지방급 와인으로 Appellation Médoc Contrôlée라고 메독 지방에서 생산되는 포도만 사용한 것 또는 Appellation Haut Médoc Contrôlée라고 오 메독 지방에서 생산되는 포도만 사용한 것을 말한다. 이보다 더 작은 마을로 축소한다면 마고, 뽀이약, 생떼밀리옹, 뽀므롤 등은 마을단위 급의 와인으로 Appellation Margaux Contrôlée라고 마고 지방에서 생산되는 포도만 사용한 것을 말한다.

여기서 대체로 지역의 크기가 작아질수록 와인의 품질이 우수하다. 왜냐하면, 지명이 세분화되고 더 작은 지역(마을)일수록 포도생산지의 범위가 좁고 따라서 더 특색있고 개성 있는 고급 와인으로 만들어지기 때문이다.

- **생산지의 면적크기 순위** Bordeaux 〉 Médoc 〉 Haut Médoc 〉 Margaux
- **와인의 품질의 순위** Bordeaux 〈 Médoc 〈 Haut Médoc 〈 Margaux

3. 프랑스 와인의 등급

프랑스 와인은 크게 4가지 범주로 구분하고 있다. 피라미드의 가장 위쪽인 AOC 등급이 가장 우수한 품질의 와인이다.

■ 프랑스 와인등급

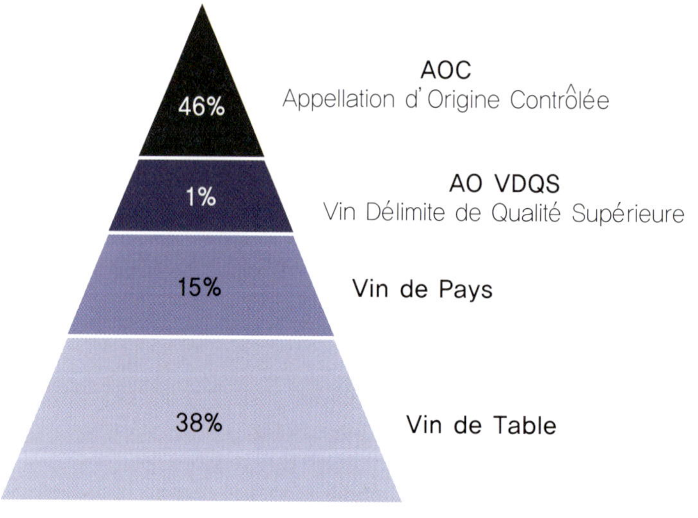

1) 뱅 드 타블(Vins de Table) : 테이블 와인(V.D.T)

이 와인은 특별한 규제가 없기 때문에 원산지, 품종, 빈티지를 표시할 의무가 없다. 와인의 품질 저하를 막기 위해 이 와인에만 알코올 도수를 의무적으로 표시하였으나 현재는 모든 와인에 알코올 도수 표시를 의무화하고 있다. 만약에 프랑스 여러 지역의 포도주를 섞었을 경우에는 Vins de Table de France이라 표기한다.

이 와인은 보통 영 와인(Young Wine) 때 마시기 때문에 가격이 저렴하고 맛이 일정해 일상적으로 식사 때 많이 소비한다.

2) 뱅 드 페이(Vins de Pays) : 지방명 와인(V.D.P)

지방명 와인들은 원산지를 표기할 수 있다는 점에서 테이블 와인과 구별된다. 이 와인은 상표에 생산지명이 표시되며 생산자와 용량 및 알코올 도수, 빈티지, 포도품종 두 가지 이상을 표시하며, 단일 품종일 경우 100% 그 품종으로 한다. 그러나 상표에 샤토(Château), 클로(Clos) 등의 용어는 사용하지 못하지만 도멘(Domaine)은 사용할 수 있다.

3) 뱅 델리미테 드 칼리테 쉬페리외(Vin Délimite de Qualité Supé rieure) : 우수품질 원산지 한정와인(V.D.Q.S)

이 와인은 AOC 와인보다는 못하지만 우수한 와인에 대해 생산지역, 최저알코올 도수, 포도품종, 1헥타르당 최대 수확량, 포도나무 경작법, 양조법을 규정해 놓고 조건에 부합하는 와인에만 VDQS 와인을 교부하는 등 AOC에 준하는 엄격한 통제를 받는다.

이 와인은 알코올 도수가 낮고 전반적으로 품질이 뛰어나지는 않지만 대개 AOC가 되기 위한 준비단계이다.

4) 아펠라시옹 도리진 콩트롤레(Appellation d' Origine Contrôlée) : 원산지 통제명칭 와인(A.O.C.)

AOC 승인을 위해서는 각 포도원은 그들이 속해있는 생산자 조합의 협조 아래 엄격한 생산 조건을 준수해야 한다. 이 AOC 등급은 프랑스 와인의 최고 단계로 포도재배, 양조와 생산된 와인의 심사까지 검사를 승인하는데 그 내용을 살펴본다.

- **AOC를 생산할 수 있도록 엄격히 지정된 떼루아를 지켜야 한다.** 지역 내에 위치한 떼루아에서 AOC 와인을 생산하는데 적절하다고 인정되는 마을, 지역을 뜻한다.
- **품종선별로 반드시 그 와이너리에 알맞은 고급품종들로만 구성된다.** 오랫동안 한 포도원의 떼루아에는 고유의 품종이 존재한다. 그에 따라 AOC마다 한 개 또는 여러 품종을 지정한다.
- **재배와 포도주 양조기술 및 숙성기술에 인간의 수작업을 거쳐야 한다.** 양조과정은 법규도 규정되어 있는데 예를 들어 보당작업과 SO_2(아황산) 첨가, 압착기계 등이 있다.
- **수확량을 지켜야 한다.** 과잉 생산은 양질의 포도를 생산하지 못하므로 법적으로 수확량을 제한한다.

4. 프랑스 와인의 주요 산지

1) 보르도 와인

보르도가 세계적인 포도원이 될 수 있었던 것은 이 지역이 자연의 혜택을 많이 받고 있을 뿐 아니라 역사적 사건과도 연관되어 있다. 보르도 와인이 널리 알려지고 번영하기 시작한 시점은 1152년 보르도 지방 옛 이름인 아끼뗀느(Aquitaine) 왕국의 공작 딸인 알리에노르(Alienor)가 앞으로 영국의 왕이 될 앙리 플랑타즈네(Henri Plantagenet)와 결혼하면서이다. 이 결합은 막강한 앵글로 갸스꽁(Anglo-Gascon) 공

국의 탄생을 알리며 중대한 세력이 되었다. 그때부터 매우 중요한 교역이 시작되는 영국은 보르도 지방의 와인을 선명한 색상을 갖고 있다고 하여 클래레(Clairet)라 부르고 수입하기 시작했다.

17세기에 들어와 네덜란드가 새로운 고객으로 출현하면서 교역의 새로운 시대가 시작되었다. 이들은 프랑스 남서 지방산 와인의 중요한 구매자였을 뿐 아니라 상업적, 기술적 혁신으로 구매를 촉진시켰다. 18세기에는 아메리카 섬들, 쌩도미니끄와 서인도제도 작은 섬들이 보르도 와인 수출에 크게 기여하였다.

19세기 중반에 위협적인 오이듐(Oidium)균의 질병이 포도원을 덮쳤으나 1857년 황 살포로 이 병균의 확산을 막을 수 있는 새로운 길을 발견하게 된다. 1855년 지롱드 지방 내 메독, 소테른 크뤼들 그리고 그라브 지역의 샤토 오브리옹(Haut-Brion)이 크뤼 클라쎄 등급이 매겨지는 영광도 갖게 된다. 또한 그 당신 유럽의 산업혁명은 네고씨앙과 와인생산업자들과의 관계를 자연스럽게 동반자적인 인식을 갖게 하였고 더불어 보르도 와인 산업의 번영에 크게 기여하였다.

1936년, 프랑스 국립원산지명칭연구소(INAO)의 출범으로 원산지 범위가 완전히 이루어졌고 상세한 생산조건을 기술하고 적용해야 하는 "통제법령"에 의한 원산지 통제 명칭(AOC)이 탄생하게 되었다.

이렇듯 20세기는 규정을 마련하는 시기로 시작하면서 새로운 크뤼 클라세 등급이 그라브 지역에 이어 1955년 쌩떼밀리옹에도 시작되었다. 이후 양조기술은 비약적인 발전을 이룩하였고, 전 세계 수요증가 덕분에 와인생산량이 놀랄 정도로 성장하였다. 더불어 오크 통에서의 와인 숙성과 샤토에서 와인 병입이 일반화되는 등 와인품질 향상은 지속적으로 이루어졌다.

(1) 메독(Médoc)

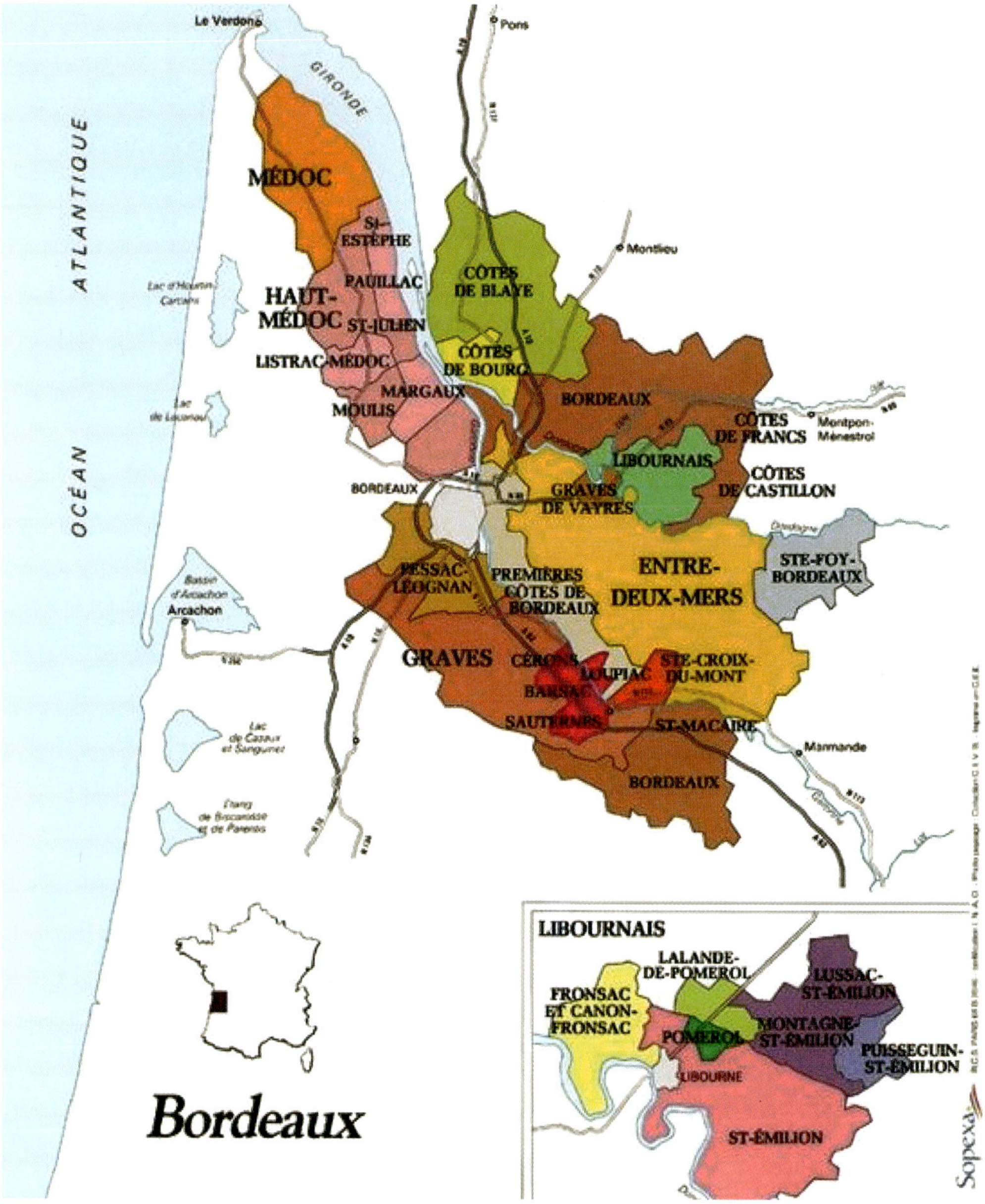

자료 : http://tiotiti.blog.me/90098665565

메독은 보르도 북서쪽에 위치한 삼각형의 넓은 반도로 남북으로 길게 80km에 걸쳐 조성된 세계 최고의 레드 와인 명산지이다. 서쪽에는 소나무 숲, 연못, 사구와 해변으로 이어지는 대서양이 있고, 동쪽은 지롱드 강 하구의 좌안을 이룬다. 약 15,700ha 포도밭들은 지롱드 강가에 접하고 있어 대서양과 지롱드 강에서 부는 바람이 온도조절을 하기 때문에 포도재배에 이상적인 조건을 가지고 있다.

메독의 행운이라는 것은 척박한 땅 위에서 풍요로운 포도재배가 이루어진다는 데서 유래된다. 여름은 덥지 않고 겨울은 춥지 않으며 가을에는 햇볕이 길다. 그리고 지롱드 강에 굵은 광물들이 퇴적하여 이룬 언덕은 최고의 포도를 생산하여 최상의 산지로 꼽힌다. 사실 크기가 다양하고 각양각색인 자갈들이 여러 이유로 포도재배에 중요하지만 이중에서 배수가 가장 잘되는 것이 핵심이라 하겠다.

메독의 포도밭은 따뜻하고 일조량이 많은 기후의 혜택을 받고 있다. 그리고 바다와 하구가 만나 만드는 물줄기 사이에 위치하고 있어 연중 부드럽고 통풍이 잘되며 일사량이 좋다. 물가에 근접해 있어 봄의 서리도 적은 혜택을 가진다.

자갈은 척박한 땅으로 포도재배나 숲 이외에 다른 작물의 재배에는 부적합하다. 하지만 배수가 잘되기 때문에 포도재배에 유리하며 포도나무 뿌리를 깊게 하여 물과 성장에 필수적인 요소들을 흡수하도록 하여 좋은 품질의 포도나무가 자랄 수 있게 한다.

메독은 아래쪽의 뜻을 가진 바 메독(Bas-Médoc)과 위쪽의 뜻을 가진 오 메독(Haut-Médoc)으로 나누어져 있다. 바 메독(Bas-Médoc)보다는 오 메독(Haut-Médoc)에서 품질 좋은 고급 와인을 생산하는데 오 메독(Haut-Médoc) 내 생테스테프(Saint-Estèphe) 와인은 바디가 있고 풍미가 강하며 숙성에 적합하다. 포이약(Pauillac)은 풍부하며 기품이 있어 메독 와인의 최상과 전형성을 잘 나타낸다. 생줄리앙(Saint Julien) 와인은 메독의 북쪽과 남쪽 지방 와인과의 연관성을 잘 드러내고 있다. 그러면서도 고유의 특징을 잘 갖추고 있다. 오랜 숙성은 이 와인에 더욱 좋다.

리스트락(Listrac)은 쌩떼스떼프와 유사한 와인 바디와 짜임새를 느낄 수 있다. 여기에 매력과 부드러움까지 곁들여져 있다. 물리스(Moulis) 와인은 다른 자갈류 토양에서 생산된 와인보다 가볍지만 부케가 있고 생산이 꽤 일정한 것이 특징이다. 마르고(Margaux) 와인은 섬세함, 복합성, 매력 그리고 전통성으로 구분한다. 위의 세 지역 와인보다 더 우아하며 부드럽다. 이렇게 각 지역의 특성들이 반영된 6개의 AOC가 있다.

포도의 품종은 카베르네 소비뇽이 주 품종을 자리 잡고 있다. 카베르네 소비뇽은 바디가 강하면서 다양한 부케를 선사하고 강한 탄닌 성분으로 장기간 숙성이 가능한 와인을 생산한다. 메를로 품종은 카베르네 소비뇽 품종보다 와인에 유연함과 부드러움을 가져다주기 때문에 블렌딩을 하게 되면 와인 품질이 배가 된다. 카베르네 프랑은 색깔이 연하고 탄닌이 적지만 복합적인 진한 향을 부여한다. 쁘띠 베르도는 적은 비율이지만 와인에 바디와 색을 만든다.

크뤼-포도원

메독 지역에는 세계적으로 유명한 샤토와 AOC가 존재하는데 1등급 5개, 2등급 14개, 3등급 14개, 4등급 10개, 5등급 18개의 크뤼 포도원을 가지고 있다.

1등급(Premiers Crus, 5개)

분류	샤 토	AOC	소유자
1등급	Château Haut-Brion (샤토 오 브리옹)	Pessac-Leognan (Graves)	Dne Clarence Kiooion S.a.
1등급	Château Lafite-Rothschild (샤토 라피트 롯쉴드)	Pauillac	Rothschild family
1등급	Château Latour (샤토 라투르)	Pauillac	Francois Pinault
1등급	Château Mouton-Rothschild (샤토 무통 롯쉴드)	Pauillac	BaronneP.de Rothschild
1등급	Château Margaux (샤토 마르고)	Margaux	S.C.A Ch. Margaux

(2) 오 메독(HAUT-MEDOC)

메독 지역은 크게 바 메독(Bas-Médoc)과 오 메독(Haut-Médoc) 두 지역으로 나누는데 이 경계는 오래 전부터 전해 오는 지역의 분류로 하나는 지롱드 강 상류 지역을 "위"의 뜻을 가진 오(Haut)로 나누고, 다른 하나는 하류 지역을 "아래"의 뜻인 바(Bas)로 나타내고 있다. 오 메독이 지역 AOC로서 인정을 받게 된 것은 18세기에 시작한 품질 향상 노력의 결과이기도 했다.

오 메독 지역은 보르도 북쪽에 갸론 강과 지롱드 강의 좌안에 위치한다. 마르고, 물리스, 리스트락, 쌩줄리엥, 뽀이약과 쌩떼스떼프 같은 6개의 마을 단위 원산지 외에도 눈여겨 볼 만한 포도 산지들이 포함되어 있다. 하층토양은 매우 다양하고 꽤 굵은 자갈, 순수 모래 또는 철분 내지는 석회질, 진흙의 모래로 구성되어 있다.

적포도주를 주로 생산하며 주요 품종으로는 카베르네 소비뇽, 메를로, 카베르네 프랑 순으로 구성되어 있다. 이 오 메독 AOC 적포도주들은 매우 생동감 있고 윤기가 흐르며 조화롭게 균형이 잡혀 있는 것이 특징이다.

크뤼-포도원

오 메독 AOC 지역에는 1855년 등급 분류된 5개의 크뤼 클라쎄를 포함하고 있다. 3등급(1개), 4등급(1개)과 5등급(3개)이 있다.

분류	샤 토	AOC	소유자
3등급	Château La Lagune (샤토 라 라귄)	Haut Médoc (Ludon)	J.-M & A.Ducellier
3등급	Château La Tour Carnet (샤토 라 투르 카르네)	Haut Médoc	G.F.A. Ch.La Tour Carnet
5등급	Château Camensac (샤토 카멍싹)	Haut Médoc	G.F.A. du Ch. Belgrave
	Château Belgrave (샤토 벨 그라브)	Haut Médoc	G.F.A. du ch. Camensac
	Château Cantemerle (샤토 캉트메를)	Haut Médoc	Groupe S.M.A.B.T.P

❶ 쌩떼스떼프(SAINT-ESTEPHE)

쌩떼스떼프는 18세기와 19세기에 대규모의 포도원들이 많이 생겼다. 메독의 모든 종류의 와인이 소개되는 지역으로 오 메독의 마을 명칭 중 가장 북쪽에 있으며 지롱드 강가에 위치하여 특별한 여건을 누리고 있다.

쌩떼스떼프에서 특급 와인을 만드는 떼루아 산지는 지롱드 강 하구에 인접한 메독 중심에 위치하고 있다. 땅의 기복이 심하고 자갈이 많으며 모래가 있는 땅과 섞인 언덕이지만 점토질 성분이 많아 배수가 잘 되지 않는다. 기후가 덥고 일반적으로 강한 햇빛이 많은 해에 이곳에서는 뛰어난 와인을 생산한다. 포도품종 중에 특히 메를로가 완전한 성숙에 도달한다. 그러나 배수가 잘 안 되기 때문에 비가 많이 왔던 해에는 쌩줄리엥이나 뽀이약보다 좋은 빈티지를 얻지 못한다.

쌩떼스떼프 와인은 내용이 풍부하고 견고한 특징을 갖고 있어 신선한 상태를 유지하면서 장기적으로 숙성이 가능하다. 거칠고 탄닌 성분이 많아 단단한 골격이 있어 섬세함이 공존하며 풍부한 향과 조화로움을 이루고 있다.

크뤼-포도원

1855년에 크뤼 등급 분류에 2등급(2개), 3등급(1개), 4등급(1개), 5등급(1개)이 포함된다.

분류	샤 토	AOC	소유자
2등급	Château Montrose (샤토 몽로즈)	Saint-Estephe	J-Louis Charmolue
	Château Cos d' Estournel (샤토 코스 데스투르넬)	Saint-Estephe	Domaine Prats
3등급	Château Calon-Segur (샤토 칼롱 세귀르)	Saint-Estephe	Capbem-Gasqueton
4등급	Château Lafon-Rochet (샤토 라퐁 로셰)	Saint-Estephe	G.F.A. Ch. Lafon-Rochet
5등급	Château Cos-Labory (샤토 코스 라보리)	Saint-Estephe	S.C.E. Dom. Audoy

❷ 뽀이약(PAUILLAC)

보르도에서 가장 유명한 원산지로 지롱드 강 하구와 보르도 중간에 위치하고 있다. 이러한 지리적 여건으로 오래 전부터 20세기 초까지 뽀이약은 왕성한 항구로서의 역할을 하였다.

북쪽으로는 브뢰의(Breuil) 개울의 늪지대와 남쪽으로는 쥐이약(Juillac) 개울의 작은 계곡으로 구분되어 있다. 모래와 자갈이 꽤 있는 산지의 특징으로 아주 척박한 토양은 뽀이약 와인의 풍부함의 바탕이 된다. 배수가 잘되기 때문에 포도나무 뿌리가 제대로 뻗어 자리를 잡을 수 있다.

카베르네 소비뇽을 주 품종으로 하는 뽀이약 와인은 메독의 가장 유명한 와인 중의 하나이다. 풍미가 강하고 짜임새가 있고 균형적이며 또한 바디가 풍부하고 섬세하며 기품이 있다. 이처럼 복합적인 향을 가진 와인은 장기숙성이 더욱 제격이다.

크뤼-포도원

1등급 크뤼(3개), 2등급(2개), 4등급(1개)과 5등급(6개)으로 분류한다.

분류	샤 토	AOC	소유자
1등급	Château Lafite Rothschild (샤토 라피트 롯쉴드)	Pessac	Rothschild family
	Château Latour(샤토 라투르)	Pauillac	Francois Pinault
	Château Mouton-Rothschild (샤토 무통 롯쉴드)	Pauillac	Baronne P. de Rothschild
2등급	Château Pichon Longueville Comtesse de Lalande (샤토 피숑 롱그빌 콩테스 드 랄랑드)	Pauillac	May-Eliane de Lencquesaing
	Château Pichon-Longueville-Baron (샤토 피숑 롱그빌 바롱)	Pauillac	AXA Millesimess
4등급	Château Duhart-Milon Rothschild (샤토 뒤아르 밀롱 롯쉴드)	Pauillac	Rothschild family

분류	샤 토	AOC	소유자
5등급	Château Batailley(샤토 바타이)	Pauillac	Heritiers Casteja
	Château Clerc-Milon (샤토 클레르 밀롱)	Pauillac	Baronne P.de Rothschild
	Château Croizet-Bages (샤토 랭쉬 바주)	Pauillac	Cazes family
	Château Lynch-Moussat (샤토 랭쉬 무사스)	Pauillac	Heritiers Casteja
	Château Pedesclaux (샤토 페데스클로)	Pauillac	G.F.A. du Ch. Pedesclaux
	Château Pontet-Canet (샤토 퐁테 카네)	Pauillac	G.F.A Ch. Pontet-Canet

❸ 쌩줄리엥(SAINT-JULIEN)

쌩줄리엥의 포도원은 보르도에서 뽀이약 방향으로 약 35km 떨어진 곳에 있으며, 남쪽에는 마르고 지역이 있고 전반적으로는 메독 지역의 중간에 위치하고 있다. 뽀이약 와인과 마르고 와인에 비해 과소평가를 받고 있는 지역이다

이 마을 중앙의 포도재배 지대는 평지를 이룬다. 이회암, 갈색의 사암, 자갈로 되어 있어 배수가 잘되며 자갈토양의 이점을 더욱 발휘하고 있어 포도재배에 완벽한 조건이 형성되어 있다. 이곳의 토양이 자갈이 많은 마르고의 토양과 비슷하며 점토 성분으로 구성되어 있어 진한 농도의 와인을 생산하게 한다.

이 지역 와인은 색깔과 골격, 짜임새, 그리고 농도가 진하지만 실크처럼 부드럽고 조화로우며 매우 섬세한 특징을 가지고 있다. 그리고 특징적인 부케를 가지고 있어 아주 오랫동안 숙성할 수 있는 와인이다.

크뤼-포도원

1855년 등급 분류된 2등급(5개), 3등급(2개), 4등급(4개)의 샤토가 있다.

분류	샤 토	AOC	소유자
2등급	Château Ducru-Beaucaillou (샤토 뒤크뤼 보카이유)	Saint-Julien	Borie family
	Château Leoville Poyferre (샤토 레오빌 푸아페레)	Saint-Julien	G.F.A. Dne de St-Juilien
	Château Leoville Barton (샤토 레오빌 바르통)	Saint-Julien	Anthony Barton
	Château Leoville-Las Cases (샤토 레오빌 라스카스)	Saint-Julien	S.C.Ch.Leoville-Las Cases
	Château Graud Laros (샤토 그뤼오 라로즈)	Saint-Julien	S.A.Ch. Graud Larose
3등급	Château Lagrange (샤토 라그랑주)	Saint-Julien	S.A.Ch. Lagrange
	Château Langoa-Barton (샤토 랑고아 바르통)	Saint-Julien	Anthony Barton
4등급	Château Beychevelle (샤토 베이슈벨)	Saint-Julien	Grands Millesimes de France
	Château Branaire-Ducru (샤토 브라네르 뒤크뤼)	Saint-Julien	S.C. Ch. Branaire-Ducru
	Château Saint-Pierre (샤토 쌩피에르)	Saint-Julien	Francoise Triaud
	Château Talbot (샤토 탈보)	Saint-Julien	Rustmann-Cordier & Bignon-Cordier

❹ 마르고(MARGAUX)

마르고 지역의 포도나무는 로마시대에 심어져 아주 고급 와인을 만들어내고 있지만, 1855년 크뤼 등급 결정에서 마르고 지역의 21개 샤토가 크뤼 클라쎄가 됨으로써 유명해지기 시작했다.

가론 강 자갈이 지배적인 마르고 지역은 낮은 대지와 비탈진 구릉지로 대서양의 바람을 잘 막아주는 덕분에 포도재배에 이상적이다. 또한 이 지역 자갈들은 적당한 크기의 자갈들과 잘 배합되어 이루어져 있고 높고 완만한 경사를 이룰 뿐 아니라 마고의 척박하고 많은 자갈과 조약돌로 인해 배수가 완벽하게 이루어져 포도나무가 깊숙이 뿌리를 내릴 수 있는 최고의 조건을 가지고 있어 훌륭한 와인을 많이 생산하고 있다.

마르고 와인은 아름다운 루비색을 띠고 있으며 섬세하고 우아한 과일 향의 부케 발산은 물론이고 우아하고 부드러우며 과일향이 섬세하여 메독에서 가장 여성스런 와인이다.

크뤼-포도원

1855년 등급 분류된 1등급(1개), 2등급(5개), 3등급(9개), 4등급(3개)과 5등급(2개)의 샤토가 있다.

분류	샤 토	AOC	소유자
1등급	Château Margaux (샤토 마르고)	Margaux	S.C.A Ch. Margaux
2등급	Château Brane-Cantenac (샤토 브란 캉트냑)	Margaux	Lucien Lurton
	Château Durfort-Vivens (샤토 뒤포르 비벙)	Margaux	Gonzague Lurton
	Château Lascombes (샤토 라스콩브)	Margaux	Groupe Basse
	Château Rauzan-Gassies (샤토 로장 가시)	Margaux	S.C.Ch. Leoville-Las Cases
	Château Rauzan-Segla (샤토 로장 세글라)	Margaux	Ch. Rauzan-Segla
3등급	Château Boyd-Cantenac (샤토 부아드 캉트냑)	Margaux	G.F.A. Ch. Boyd-Cantenac
	Château Cantenac-Brown (샤토 캉트냑 브라운)	Margaux	AXA Millesimes
	Château D' Issan (샤토 디상)	Margaux	Cruse family
	Château Ferriere (샤토 페리에르)	Margaux	S.A. Ch. Ferriere
	Château Giscours (샤토 지스쿠르)	Margaux	G.F.A. Nicolas Tari

분류	샤 토	AOC	소유자
3등급	Château Kirwan (샤토 키르완)	Margaux	Schyler family
	Château Malescot-st-Exupery (샤토 말레스코 셍텍쥐페리)	Margaux	G.F.A. Ch. Malescot-Saint-Exupery
	Château Marquis d' Alesme Becker (샤토 마르퀴 달렘 베케르)	Margaux	Jean-Clauds Zuger
	Château Palmer (샤토 팔메르)	Margaux	S.C.I. Ch. Palmer
4등급	Château Marquis de Term (샤토 마르키 드 테름)	Margaux	S.C.A. Ch. Marquis-de Terme Seneclauze
	Château Pouget (샤토 푸제)	Margaux	G.F.A. Ch.Pouget
	Château Prieure-Lichine (샤토 프리외레 리쉰)	Margaux	L. & A. Ballande
5등급	Château Dauzac (샤토 도작)	Margaux	M.A.I.F
	Château du Tertre (샤토 뒤 테르트르)	Margaux	S.C. du Ch. du Tertre

⑤ 리스트락(LISTRAC)

리스트락은 1855년 등급 분류된 크뤼가 하나도 없다. 가장자리를 뜻하는 리스트락(Listrac) AOC 원산지는 이 마을 명칭의 AOC 지위를 갖기 위해 이 지역 와인의 평판을 잘 알고 있는 와인 전문가들과 협력에 의해서 이루어졌다.

리스트락 AOC는 동쪽으로 세 개의 자갈 언덕이 있으며 서쪽으로는 한 개 구릉지가 형성되어 있으며 석회질 형태의 떼루아를 형성하고 있다. 토양은 표층 토양과 같이 자갈로 구성되어 있으며 자갈 언덕에는 카베르네 소비뇽이, 석회질 고원에서는 메를로가 주종을 이루고 있다.

와인은 강한 탄닌과 진한 루비색을 가지고 있으며 여기에 섬세함, 부케도 이상적이며 맛은 벨벳처럼 부드러우면서 풍만한 바디가 특징이다.

⑥ 물리스(MOULIS)

물리스는 1855년 등급 분류된 크뤼가 없다. 물리스 AOC 마을은 메독에서 가장 작은 곳이다.

산지는 자갈 언덕들로 구성되어 있으며 찰흙, 석회질, 이회암으로 구성되어 있다. 자갈 토양에서 생산된 와인은 매력적이고 전통성이 있으며 기품이 있다. 또한 관대하고 바디한 느낌이 있으면서도 섬세한 조화를 이룬다. 와인은 농도가 진하며 아름다운 루비색의 외관, 우아한 부케, 복합적인 아로마 향을 느끼게 한다.

(3) 그라브(GRAVES)

보르도 가론 강 서쪽에 위치해 있는 포도밭으로 경계가 확실하게 구분되지 않았다. 그라브 지역은 남북의 길이가 60km이며 동서로는 약 10km에 걸쳐 조성되어 있다. 1960년대에는 화이트 와인 생산이 더 많았지만 지금은 레드 와인을 더 많이 생산하고 있다. 그라브 북쪽 지역 포도원들은 햇볕이 잘 비치는 자갈 토양 언덕에 위치해 있다.

포도 산지는 나무 숲과 함께 배경을 이루고 있고 갸론 강의 비탈길을 따라 흘러내리는 포도나무들로 골짜기들을 만들었다. 그라브 북쪽 지역의 지질과 미기후는 매우 특별한 전형적인 와인을 생산하고 있으며 대체적으로 일정한 양의 백포도주와 함께 적포도주를 항상 생산하고 있다. 기후는 메독과 비슷하나 메독보다 더운 편이며 강우량도 조금 많다. 포도재배에 적합하나 숲 인근에 위치하여 습기가 높아 종종 서리가 내리기도 한다. 토양은 매우 다양하여 굵은 자갈 성분이 많다는 것이 특징이다. 그래서 그라브(Graves : 프랑스어로 자갈이라는 의미)라고 부르고 있다. 자갈이 모래로 섞여 있고 석회석과 점토로 구성되어 있다.

레드 와인은 카베르네 소비뇽, 카베르네 프랑, 메를로 등의 품종을 사용하며, 화이트 와인은 세미용, 소비뇽 블랑 그리고 뮈스카델을 주로 사용하고 있다.

그라브 와인의 샤토 등급은 1953년에 첫 등급 분류가 승인되었고, 등급 분류와 관련하여서는 샤토 오브리옹이 메독 와인과 1855년 등급 분류되었고, 1959년 다른 그라브 크뤼들 중 7개 크뤼가 적포도주로, 2개 크뤼는 백포도주 그리고 6개 크뤼는 동시에 적, 백포도주로 분류되었다. 가장 유명한 샤토 오브리옹(Haut-Brion)은 1855년 메독의 그랑 크뤼 클라세에서 1등급으로 매겨졌다.

그라브의 적포도주는 메독과 같이 아름다운 색깔이 있으며 바디가 있고 메독 와인보다 더 부드럽고 숙성된 맛을 풍긴다. 또한 강하고 진한 부케향이 있으며 매우 섬세하다.

그라브의 백포도주는 보르도의 전통적인 포도품종인 깊고 풍부한 맛을 내는 세미용과 신선하고 산미가 강한 소비뇽 브랑 그리고 뮈스까델로 만든다. 대체적으로 백포도주는 드라이하고 생동감이 있으며 섬세하고 부케가 있다. 초기에 조개, 갑각류, 생선과 함께 마시면 좋다.

샤 토	AOC
Château Bouscaut(부스코)	Pessac-Leognan(Cadaujac) 레드, 화이트
Château Haut-Brion(오 브리옹)	Pessac-Leognan(Pessac) 레드
Château de Fieuzal(피우잘)	Pessac-Leognan(Leognan) 레드
Château Haut-Bailly(오 바이)	Pessac-Leognan(Leognan) 레드
Château Couhins(쿠앵)	Pessac-Leognan(Villenave-d' Ornon) 화이트
Château Smith Haut Lafite(스미스 오 라피트)	Pessac-Leognan(Martillac) 레드
Château Couhins-Lurton(쿠앵 루르통)	Pessac-Leognan(Villenave-d' Ornon) 화이트
Château Carbonnieux(카르보니유)	Pessac-Leognan(Leognan) 레드, 화이트
Château Laville Haut-Brion(라빌 오 브리옹)	Pessac-Leognan(Talence) 화이트
Château Olivier(올리비에)	Pessac-Leognan(Leognan) 레드, 화이트
Château Pape Clement(파프 클레멍)	Pessac-Leognan(Pessac) 레드
Château Malartic-Lagraviere (말라르틱 라그라비에르)	Pessac-Leognan(Leognan) 레드, 화이트
Château de Chevalier(도멘 드 슈발리에)	Pessac-Leognan(Leognan) 레드, 화이트
Château La Mission Haut-Brion(라 미시옹 오 브리옹)	Pessac-Leognan(Talence) 레드
Château La Tour Haut-Brion (라 투르 오 브리옹)	Pessac-Leognan(Talence) 레드
Château La Tour-Martillac(라 투르 마르티약)	Pessac-Leognan(Martillac) 레드, 화이트

(4) 소테른(SAUTERNES)

세계적으로 뛰어난 스위트 화이트 와인을 생산하는 지역으로 잘 알려져 있다. 사용하는 포도품종은 세미용이 80%를 차지하고 나머지는 소비뇽 블랑이다. 이 스위트 화이트 와인의 가장 큰 특징은 포도를 늦게까지 수확하지 않고 과숙시킨 후 곰팡이가 낀 다음에 수확하여 와인을 만드는 방법이다. 19세기 초 '보트리티스(Botrytis)' 라는 곰팡이를 발견한 것인데 이 곰팡이는 포도껍질에 붙어 포도열매의 수분을 증발시켜 건포도와 같은 상태로 당분을 농축시키기 때문에 아주 스위트한 화이트 와인을 생산할 수 있는 것이다. 아주 특별한 상황에서만 생기는 보트리티스 시네레아(Botrytis cinerea)라는 균에 의해 생기는 귀부(귀족스러운 부패) 현상 효과로 화이트 와인이 매우 달콤해진다.

소테른 지역은 시롱 강과 가론 강이 합쳐지는 곳이기 때문에 안개가 많고 고온다습한 지역이다. 그렇기 때문에 곰팡이가 침투할 수 있는 좋은 환경을 가지고 있다고 할 수 있다. 포도수확기에도 역시 아침에 안개가 많고 밤에는 기온이 내려가 이슬이 많이 내리고 안개가 많이 낀다. 그리고 낮에는 강한 햇볕으로 습기를 모두 증발시키는 이러한 기후에서 곰팡이가 잘 생기는데 곰팡이의 침투를 받은 포도는 포도알의 일부를 제외하고 모든 수분을 증발시키므로 과육은 건조되고 당도가 농축되며 산과 글리세린 등의 변화가 이루어져 포도 고유의 맛은 없어지고 꿀과 같은 단맛을 만들게 된다. 이러한 귀부 현상은 모든 포도송이에 동시에 나타나지는 않는다. 포도알의 상황에 따라 선별 작업을 해야 하기 때문에 같은 포도송이일지라도 여러 차례 작업해야 한다.

가장 유명한 곳은 샤토 뒤켐(Château d' Yquem)으로 세계에서 가장 비싸고 품질 좋은 고급 화이트 와인을 만드는 곳이다. 그리고 소테른 지역은 메독과 그라브의 오브리옹의 화이트 와인과 함께 최고급으로 인정된 유일한 보르도 지방의 백포도주였다. 샤토 뒤켐을 둘러싼 자갈 섞인 훌륭한 언덕들이 연속적으로 형성하여 뛰어난 떼루아를 소유하고 있다.

소테른 지역 와인은 생산량이 제한적이며 엄격한 선별작업을 하고 있다. 일반적으로 포도나무 한 그루에서 와인 한 병 분량을 수확하지만, 소테른 스위트 와인의 경우 한 잔 정도 생산한다는 표현을 하기도 한다.

크뤼-포도원

1855년 소테른과 바르싹 지역에 스위트 화이트 와인을 생산하는 26개 크뤼 등급을 부여했는데 특1등급인 프리미에 크뤼 쉬뻬리외르(Premier Cru Supérieur) 1개와 1등급 크뤼(Premier Cru) 11개 그리고 2등급 크뤼(Deuxième Cru) 14개로 분류한다.

1등급(Premiers Crus급)

샤 토	AOC
Château Climens(클리멍)	Barsac(Barsac)
Château Clos Haut-Peyraguey(클로 오 페라궤이)	Sauternes(Bommes)
Château Sigalas Rabaud(시걀라 라보)	Sauternes(Bommes)
Château Rieussec(리우섹)	Sauternes(Fargues)
Château Suduiraut(쉬뒤로)	Sauternes(Preignac)
Château La Tour Blanche(라 투르 블랑슈)	Sauternes(Bommes)
Château Coutet(쿠테)	Barsac(Barsac)
Château Guiraud(귀로)	Sauternes(Sauternes)
Château Rabaud-Promis(라보 프로미)	Sauternes(Bommes)
Château de Rayne-Vigneau(드 렌 비뇨)	Sauternes(Bommes)
Château Lafaurie-Peyraguey(라포리 페라궤이)	Sauternes(Bommes)

2등급(Deuxièmes Crus급)

샤 토	AOC
Château Lamothe-Despujols(라모스 데스퓌욜)	Sauternes(Sauternes)
Château Lamothe-Guignard(라모스 귀냐르)	Sauternes(Sauternes)
Château de Malle(드 말르)	Sauternes(Preignac)
Château de Myrat(미라)	Barsac(1976년 없어짐)
Château Nairac(네락)	Barsac(Barsac)
Château Chateau Romer du Hayot(로메르 뒤 애요)	Sauternes(Fargues)

샤 토	AOC
Château Suau(쉬오)	Baesac(Barsac)
Château D' Arche(다르슈)	Sauternes(Sauternes)
Château Broustet(브루스테이)	Barsac(Barsac)
Château Caillou(카이유)	Barsac(Barsac)
Château Doisy Daene(두아지 다엔)	Barsac(Barsac)
Château Doisy Dubroca(두아지 뒤브로카)	Barsac(Barsac)
Château Doisy-Vedrines(두아지 베드린)	Barsac(Barsac)
Château Chateau Filhot(피요)	Sauternes(Saternes)

(5) 생떼밀리옹(SAINT-EMILION)

리부른느 시 마을 동쪽으로 몇 킬로 안 떨어져 위치한 생떼밀리옹은 유네스코가 시정한 문화유산 지역이다. 이곳의 와인은 4세기경부터 알려지기 시작하였다. 생떼밀리옹은 중세 도시로서 볼거리가 많고 독특하며 흥미롭다. 생떼밀리옹 AOC 포도재배 지역은 북쪽으로는 바르반느(Barbanne) 개울이 경계를 이루고 있고, 동쪽으로는 꺄스띠용(Castillon) 언덕이 그리고 남쪽과 동남쪽은 가스띠용에서 리부른느까지 펼쳐 있는 도르돈뉴 평야가 있다. 약간 대륙성 기후이며 하루 중 기온변화가 심한 지역이다. 봄에도 비가 약간 내리며 여름과 겨울에는 비가 많이 오지 않는다.

생떼밀리옹 포도산지는 서쪽과 북서쪽으로 경사가 완만하며 샤토 피작(Figeac)과 슈발 블랑(Cheval Blanc)은 고도 35~40m에 위치하고 있으며 가장 유명한 지역이다. 반면에 남쪽으로는 대부분 도르돈뉴 강에 위치한 언덕들로 경사가 매우 급격하다. 침식으로 인해 토양과 지하토양이 다양하기 때문에 각 샤토에 따라 토양의 성질을 다르게 표현할 정도이다.

포도품종은 메를로가 전체의 70% 정도이며, 카베르네 프랑, 카베르네 소비뇽 위주로 하여 와인의 맛 또한 온화하고 부드러운 것이 특징이다. 또한 와인이 바디가 있으며, 아름다운 색깔, 상쾌한 향, 매우 특별한 부케를 가지고 있어 흰후추, 붉은색 과일 잼, 향신료, 커피 향이 난다.

크뤼-포도원

1954년 첫 등급 분류를 시작으로 정기적으로 재검토하며 제품 품질을 보장하고 있다. 그랑 크뤼 클라쎄(Premier Grand Cru Classe) 11개와 그랑 크뤼 클라쎄(Grand Cru Classe) 63개가 있다.

샤 토	
Château Ausone(오존)	Clos Fourtet(클로 푸르테)
Château Cheval-Blanc(슈발 블랑)	Château La Gaffeliere(라 갸플리에르)
Château Figeac(퓌작)	Château Pavie-Macquin(파비 마캥)
Château Beau-Sejour-Becot(보세주르 베코)	Château Pavie(파비)
Château Beausejour(보세주르)/ Beausejour-Duffau-Lagarrosse(보세주르 뒤포 라갸로스)	Château Trottevieille(트롯트비에이)
Château Magdelaine(마그들랜)	Château Troplong-Mondot(트롤롱 몽도)
Château Canon(캬농)	Château Angelus(앙젤루스)
Château Belair(벨레르)	

(6) 뽀므롤(POMEROL)

뽀므롤은 보르도 시에서 동쪽으로 약 40km 떨어진 곳에 위치한 지역이며 면적이 좁고 오랫동안 소작농이 관리해 왔기 때문에 소유지가 여러 군데로 분산되어 있다.

북쪽과 중앙 지역은 진흙이 많고 동쪽으로는 자갈이 많기 때문에 카베르네 소비뇽은 잘 자라지 못하므로 토양에 적합한 메를로(80%), 카베르네 프랑(15%)을 재배에 성공하였다. 이 진흙 토양은 메를로를 너무 빨리 익지 않게 하며 거친 성격을 온순하게 하여 향의 섬세함을 더 부드럽게 해 준다. 뽀므롤 지역에 진흙이 있어 충적토 평야처럼 와인 품질에 부정적인 요소로 보일 수 있으나 최고급의 크뤼는 진흙땅에서 나온다.

이곳은 대륙성 기후에 가까워 하루 중 기온 변화가 심하다. 봄에도 비가 약간 내리며 여름과 겨울에는 비가 적게 내린다.

현재 뽀므롤 명칭의 공식적인 크뤼 등급 분류는 없지만 1차 대전이 끝나고 페트뤼스(Petrus)를 선두로 그 명성이 알려지기 시작하였다.

이곳 와인은 해가 거듭할수록 맛있는 송로 향을 나게 한다. 부르고뉴의 풍부함, 메독의 섬세함과 생떼밀리옹의 유연함을 동시에 지니고 있다. 또한 숙성된 지 얼마 되지 않아도 좋은 맛을 지니지만 장기숙성이 이루어지면 뽀므롤 와인은 매력을 배가하게 된다. 부드럽고 진한 밀도감과 붉은 과일 향 그리고 송로버섯과 제비꽃의 훌륭하고 섬세한 향과 맛에 실크 같은 부드러움과 원만함을 느낄 수 있다.

샤 토	
Château Beauregard(보르갸르)	Château Latour a Pomerol(라투르 아 포므롤)
Château Beauregard(보르갸르)	Château L' Eglise-Clinet(레글리제 클리네)
Château Certan-De May de Certan (세르탕 드 메이 드 세르탕)	Château L 'Evangile(레방질)
Château Certan-Giraud(세르탕 지로)	Château Nenin(네냉)
Château Clinet(클리네)	Château Petit-Village(프티 빌라주)
Château de Sales(드 살르)	Château Trotanoy(트로타누아)
Château Gazin(가쟁)	Clos-Rene(클로 르네)
Château La Conseillante(라 콩세이얀트)	Le Pin(fm 팽) : 게라쥐 와인으로 유명
Château La Croix-De-Gay(라 크루아 드 가이)	Petrus(페트뤼스)
Château Lafleur-Gazin(라플뢰르 가쟁)	Vieu Chateau-Certan(비유 샤토 세르탕)
Château La Fleur-Petrus(라 플뢰르 페트뤼스)	

2) 부르고뉴(Bourgogne) 와인

보르도와 함께 프랑스 와인의 양대 산맥을 이루는 지역인 부르고뉴 지방은 영어로 버건디(Burgundy)로 불리기도 한다. 샤블리(Chablis)에서 시작해서 동남쪽으로 140km 떨어진 디종(Dijon) 시와 본(Beaune) 시를 거쳐 마콩(Macon) 시에 이르기까지 약 250km에 걸쳐 펼쳐져 있다. 북쪽은 샹파뉴와 인접해 있고 동쪽은 프랑슈 콩테와 남쪽은 중앙산지를 중심으로 서쪽은 르와르(Loire) 지역과 접해 있다. 서부의 구릉지대에서 생산되는 와인을 우리는 부르고뉴 와인이라고 한다. 이 부르고뉴 지역은 1000년경 베네딕트 수도승들에 의해 이 지역 떼루아를 반영하여 우수한 와인을 만들기 시작하면서 부르고뉴 와인을 최고 수준으로 만들었다.

1789년의 프랑스 혁명 이후 교회 세력이 약해지면서 수도원에 속한 대규모 포도원을 일반인들에게 나누어줘 포도원의 규모가 작아지게 되었다. 이 때문에 부르고뉴 포도밭은 밭이랑을 사이에 두고 주인이 다른 경우도 있고 심지어 같은 이름의 포도밭이라도 여러 명이 공동으로 소유하고 있는 곳이 많다. 그래서 중간상인인 네고시앙이나 도멘의 역할이 크게 차지한다.

부르고뉴 와인은 보르도 와인과 비교할 때 색상이 좀 더 투명하고 맛과 향기가 복합적이며 부드럽다. 레드 와인은 부드러우면서 맛과 향, 풍미가 가득 차 있고 화이트 와인은 강한 바디와 신선한 과일향이 입안에서 풀 바디한 남성다운 힘이 느껴지기도 한다.

부르고뉴 주요 와인생산 지역은 크게 샤블리(Chablis), 꼬트 도르(Cote d' Or), 코트 샬로네즈(Cote Chalonnaise), 마꼬네(Maconnais), 보졸레(Beaujolais) 등 5개 지역으로 구성돼 있다. 샤블리는 화이트 와인을 생산하고 꼬트 도르(Cote d' Or) 지역은 부르고뉴에서 가장 고급 와인을 많이 생산하는 지역으로 최고급 적포도주로 유명한 꼬트 드 뉘(Cote de Nuits) 지역과 레드 와인과 최고급 화이트 와인을 생산하는 꼬트 드 본(Cote de Beaune) 지역으로 나눈다. 코트 샬로네즈(Cote Chalonnaise)는 80% 이상 레드 와인을 생산하고 있고, 마꼬네(Maconnais)는 샤르도네와 가메 품종으로 화이트 와인을 많이 생산하고 있다. 보졸레(Beaujolais)는 가메 품종을 사용하여 가벼운 레드 와인을 생산하고 있다.

(1) 샤블리(Chablis)

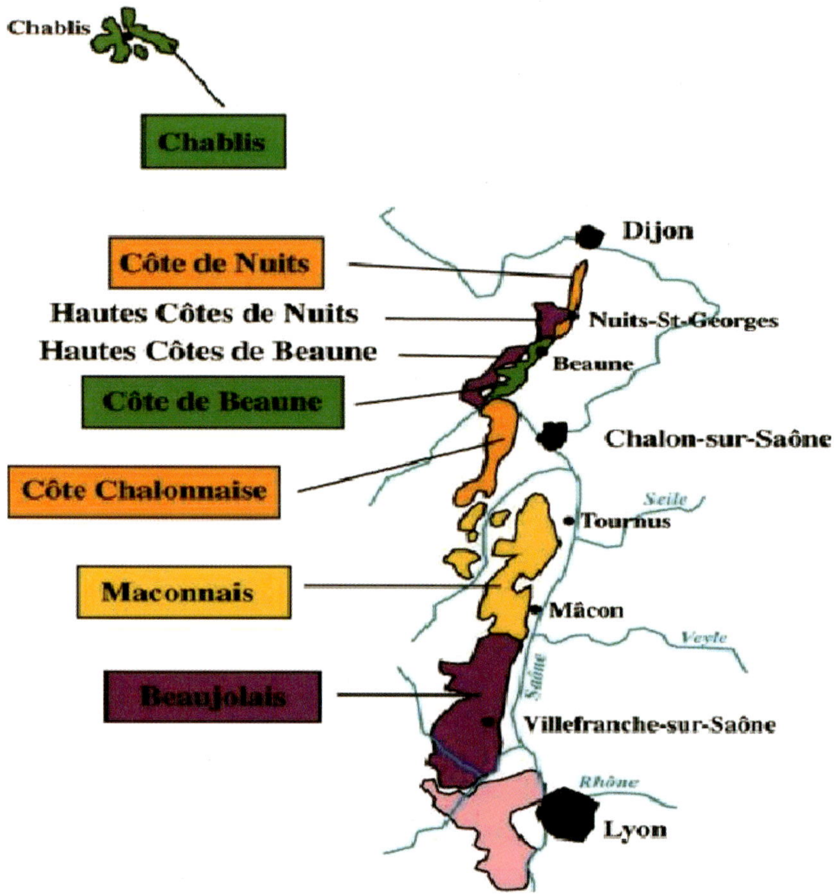

자료 : http://blog.naver.com/bluewitch?Redirect=Log&logNo=140045903496

샤블리는 화이트 와인의 대명사로 잘 알려져 있는 만큼 세계최고의 화이트 와인을 생산하고 있는 지역이다. 파리에서 남동쪽으로 175km 떨어진 샤블리 마을은 2,400헥타르의 포도밭을 이루고 있다. 대륙성 기후에 가깝기 때문에 여름은 덥고 겨울은 길며 매우 춥다. 그래서 서리 피해가 많은 곳이다. 토양은 석회석과 굴 껍질로 이루어진 지질층에 영향을 많이 받아 샤르도네 포도품종을 재배하기에 아주 적합한 곳이다. 이 지역은 고급 와인을 주로 생산하는 곳으로서 샤르도네 품종으로 만든 화이트 와인은 향기롭고 생기가 발랄하며 힘차고 섬세한 맛과 신선하고 깨끗한 맛이 특징이다.

샤블리 와인은 4개의 등급으로 나누는데, 샤블리 그랑크뤼(Chablis Grand Cru)는 샤블리에서 가장 고급 와인으로 5년에서 20년 정도 숙성할 수 있는 최고품이다. 7개의 그랑크뤼 포도밭이 있다. 샤블리 프리미에 크뤼(Chablis Premier Cru)는 40개의 포도밭에서 일정조건을 갖춘 포도밭에서 생산하며 그랑크뤼에 버금가는 고급 와인으로 가격에 비해 품질이 뛰어나다.

샤블리(Chablis)는 1년 정도 지나면 신선하고 가벼운 맛을 가진 와인이 된다. 주병 후 2~3년이면 신선하고 상큼하고 과일향이 풍부한 최고의 와인이 된다. 프티 샤블리(Petit Chablis)는 가장 낮은 등급으로 신선하고 생동감이 넘친다. 주로 영 와인(Young Wine)으로 마시며 생산 후 수출보다는 자국에서 소비하는 경우가 많다.

(2) 코트 도르(Cotes d' Or)

코트 도르는 '황금의 언덕' 이란 뜻이다. 포도밭이 길게 펼쳐져 있는 언덕에 가을 수확기에 포도밭의 노란 단풍색깔에서 붙여진 이름이다. 이 지역은 두 가지 포도품종으로 아주 좋은 와인을 만들고 있는데 레드 와인 포도품종은 피노누아르이다. 이 레드 와인은 생동감과 원숙함이 조화를 이루고 있다. 화이트 와인 포도품종에는 샤르도네가 있다. 이 화이트 와인은 향이 깊고 맛과 신선함이 잘 조화를 이루고 있다.

코트 도르는 다시 북쪽의 코트 드 뉘(Cotes de Nuits)와 남쪽의 코트 드 본(Cotes de Beaune) 두 지역으로 나누어진다.

❶ 코트 드 뉘(Cotes de Nuits)

코트 드 뉘 지역은 디종(Dijon) 시의 남쪽으로 12km 떨어진 피생(Fixin) 마을에서 시작하여 뉘 생조르주(Nuits St.-George) 마을에까지 이르는 지역을 말한다. 이 지역은 코트 도르의 북부지방으로 세계적인 레드 와인의 산지로서 보르도 메독 지방과 함께 프랑스 레드 와인의 양대 산맥을 형성하고 있는 지역이다. 피노누아르로 만든 레드 와인은 풍부하고 깊은 맛이 아주 뛰어난 와인이다.

세계에서 가장 우수한 AOC 중의 하나인 로마네 콩티(Romanee-Conti)가 있다. 유명한 7개의 AOC를 살펴보면, 마르사네(Marsammay), 피생(Fixin), 쥐브리 샹베르탱(Geverey-Chambertin), 모레이 생드니(Morey-st.-Denis), 샹볼 뮈지니(Chambolle-Musigny), 부죠(Vougeot), 본 로마네(Vosne-Romanee), 뉘 생조르주(Nuits St.-George)가 있다.

❷ 코트 드 본(Cotes de Beaune)

코트 드 본 지역은 본(Beaune) 시에서 북쪽에 위치한 알록스 코르통(Aloxe Corton) 마을에서 시작한다. 본 지역은 코트 드 뉘 지역에서 남쪽으로 연결되어 있지만 전혀 다른 와인을 생산하고 있다. 이 지역의 토양은 백악이 포함된 자갈 점토, 산화철이 풍부한 적색토, 석회질과 이회암으로 이루어져 있다. 그래서 이 지역에서 생산되는 와인은 우수한 떼루아 때문에 좋고 다양한 와인을 생산하고 있다.

코트 드 본에서는 그랑크뤼 레드 와인으로 유명한 코르통(Corton)과 화이트 와인으로는 몽라셰(Montrachet), 코르통 샤르마뉴(Corton-Charlemagne), 슈발리에 몽라셰(Chevalier-Montrachet) 등이 있다. 이 지역 외에 유명한 레드 와인 산지를 살펴보면, 알록스 코르통(Aloxe Corton), 라두아(Ladoix), 페르낭 베르즐레스(Permand-Vergelesse), 샤비니 레 본(Savigny-Les-Beaune), 쇼레 레 본(Chorey-Les-Beaune), 본(Beaune) 등이 있으며, 화이트 와인의 주요산지로는 뫼르소(Meursault), 블라니(Blagny), 풀리니 몽라셰(Puligny-Montrachet), 샤샤뉴 몽라셰(Chassagne-Montrachet), 상트네(Samtenay) 등이 있다.

(3) 코트 샬로네즈(Cote Chalonnaise)

이 지역은 코트 드 본과 마코네 사이에 위치해 있다. 좋은 와인을 생산하기 위하여 1930년 이후부터 포도품종 및 품질을 높이기 위해 새로운 방법으로 포도를 재배하기 시작하였다. 레드 품종은 피노누아르, 가메가 있고, 화이트 와인품종은 샤르도네, 알리고테가 있지만 피노누아르와 샤르도네가 주 품종으로 재배되고 있다. 5개의 AOC 마을 중 레드 와인은 메르퀴레(Mercurey), 뤼이(Rully), 지브리(Givry)가 있고, 화이트 와인으로는 뤼이(Rully)와 몽타뉘(Montagny)가 있다.

(4) 마코네(Maconnais)

보졸레 지역과 경계를 이루고 있는 마코네는 화이트 와인을 주로 생산하는 지역이다. 와인의 맛은 복잡하지 않고 일반적으로 가볍고 신선한 것이 특징이다. 북부에 비하여 비교적 기후가 좋으며 토양은 샤르도네가 잘 자랄 수 있는 석회질과 모래가 섞인 바위 층에서는 가메를 재배하고 있다.

이 지역 5개의 AOC 와인은 푸이 퓌세(Pouilly-Fuisse) 이 지역에서 가장 고급 와인으로 신맛이 강한 와인으로 10년 정도 숙성이 가능하며 샤르도네로 만든 화이트 와인이다. 푸이 로세(Pouilly-Loche)는 샤르도네로 만든 화이트 와인으로 가볍고 향기롭다. 푸이 뱅젤(Pouilly-Vinzelles)은 샤르도네로 만든 화이트 와인으로 신선하고 산뜻한 향과 맛을 준다. 생베랑(Saint-Veran)은 샤르도네로 만든 화이트 와인으로 드라이하면서 아로마가 풍부하여 신선하고 상쾌한 맛을 느낄 수 있다. 비레 클레세(Vire-Clesse)는 샤르도네로 만든 화이트 와인으로 가볍고 신선하다.

(5) 보졸레(Beaujolais)

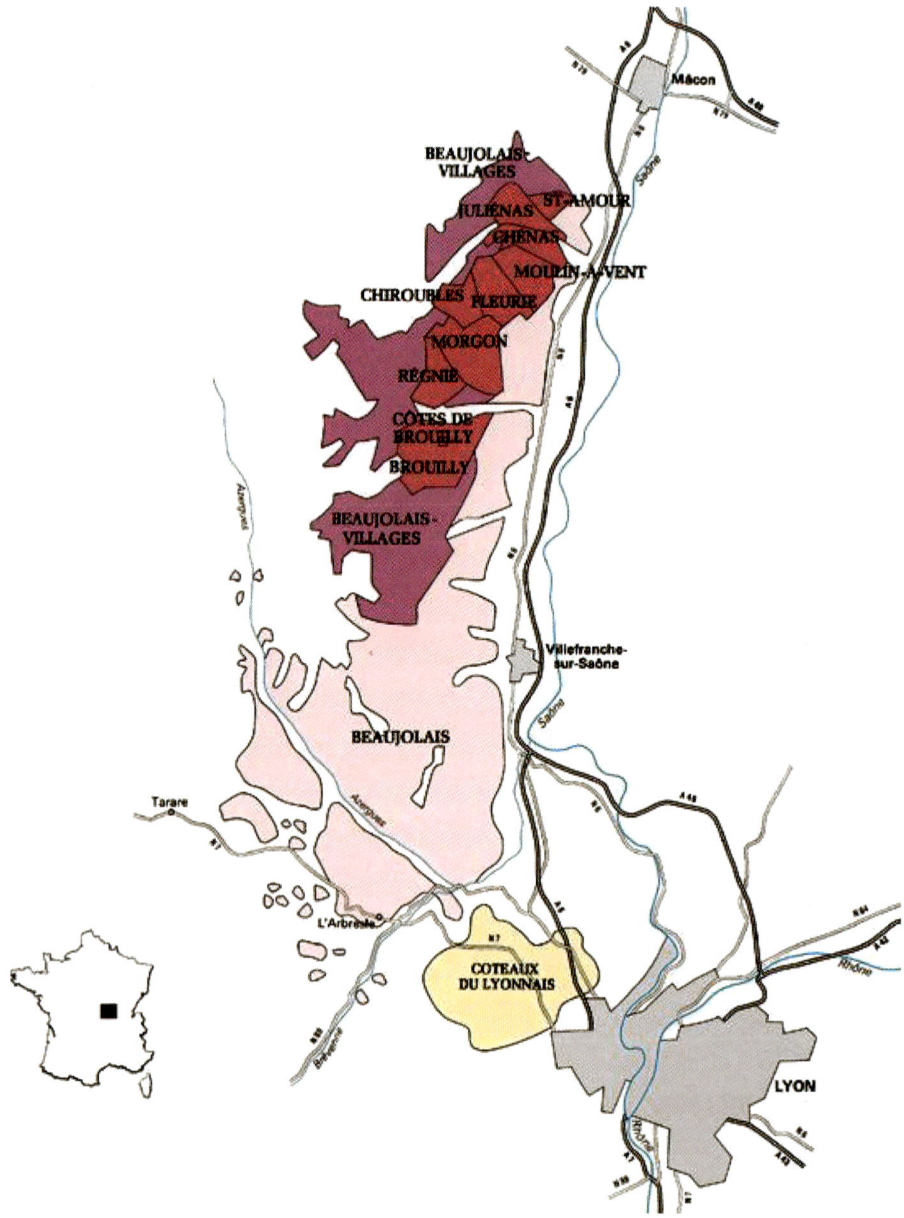

자료 : http://blog.naver.com/vini1855

보졸레는 북으로 부르고뉴 지방의 최남단에 있는 마콩 시에서 남쪽으로 10km의 지점에서 시작하여 리옹 시 바로 외곽에 이르는 길이 약 90km의 포도산지를 일컫는다. 이 지역은 가메(Gamay)를 재배하고 있다. 이 품종은 다른 지역의 와인과 달리 아로마의 특성과 복합성은 많이 떨어지지만 가볍고 신선하게 마시기에는 아주 좋은 와인이다. 보졸레 와인은 생산 후 2~3년 정도 숙성시키고 마시면 좋다. 특히 가격이 저렴하면서 맛이 좋은 보졸레 누보(Beaujolais Nouveau)는 매해 11월 셋째 목요일에 출시되며 세계인에게 사랑받는 세계적인 축제가 되었다.

남부지역의 보졸레는 석회암과 점토가 섞인 토양으로 보졸레(Beaujolais)라는 AOC 명칭으로 생산되고 있고 북쪽 지역의 보졸레는 주로 화강암과 편암의 토양으로 이루어져 있어 섬세하고 신선한 와인을 만들어내고 있다. 이 지역의 AOC는 보졸레 빌라쥐(Beaujolais Villages)로 지정되어 있다. 전반적으로 북부 지역이 더 좋은 와인을 생산하고 있는데 그 이유는 10개의 크뤼(Cru)급 와인을 이 지역에서 생산되고 있기 때문이다. 보졸레 지역의 10개 크뤼(Cru)는 줄리에나(Julienas), 쉐나(Chenas), 생타무르(Saint-Amour), 물랑아방(Moulin à Vent), 플뢰리(Fleurie), 모르공(Morgon), 부루이(Brouilly), 코트 드 부루이(Cote de Brouilly), 쉬르블르(Chiroubles), 레니에(Regnie)가 있다.

보졸레 와인제조는 탄산가스 침용이라고 한다. 포도를 수확하여 바로 송이째 탱크에 집어넣어 탄산가스를 가득 채워 산소를 없앤다. 그러면 포도무게 때문에 제일 밑에 있는 포도는 자연적으로 으깨지면서 주스가 되어 흘러나오고 중간층은 적게 으깨지고 위로 갈수록 포도송이는 그대로 유지된다. 보졸레 누보는 4일 정도, 빌라주급은 1주일 정도, 크뤼급은 약 8~14일 정도 계속한 다음 압착하여 정상적인 발효를 시킨다. 발효는 화이트 와인을 만드는 방식으로 2~3일 진행시켜 알코올 발효를 완성시킨다.

3) 꼬뜨 뒤 론(Côtes du Rhône) 와인

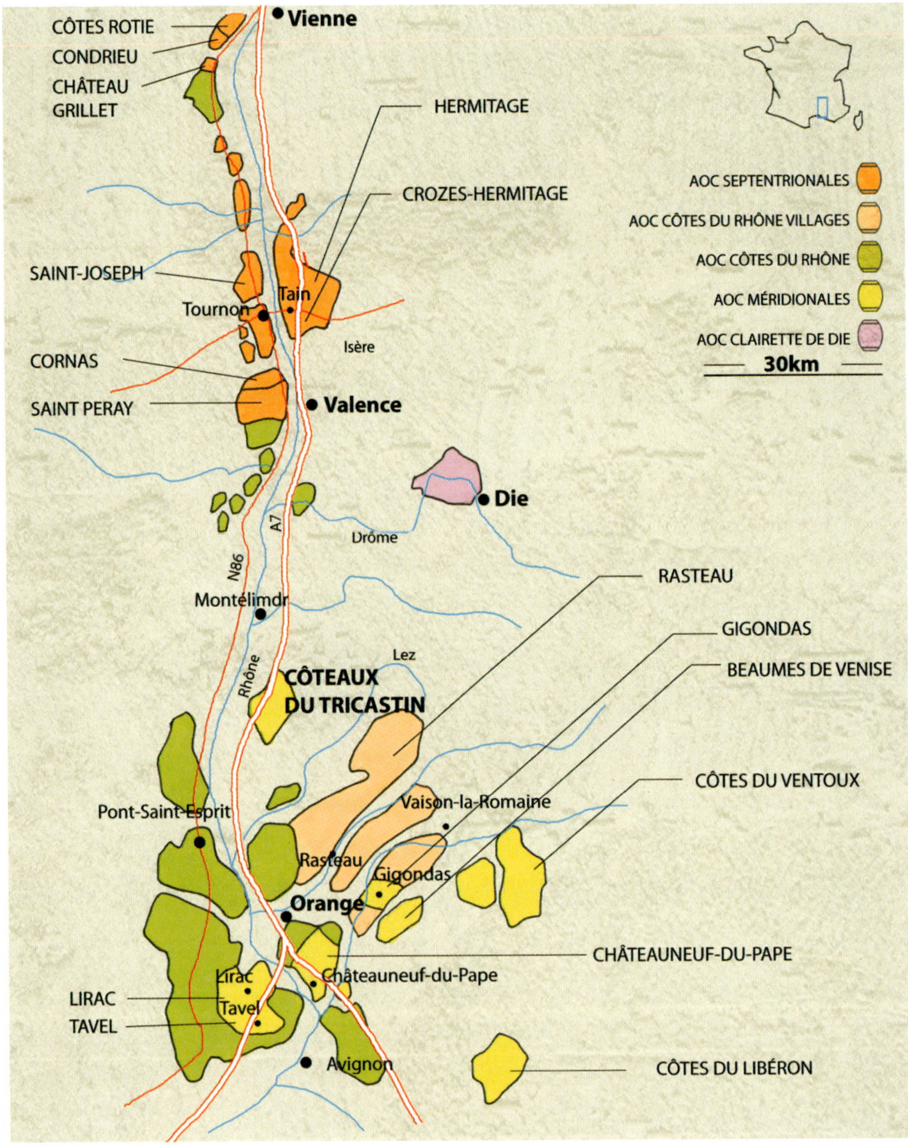

론 지역은 프랑스 남단의 리옹(Lyon)에서 아비뇽(Avignon)까지의 론 강변에 위치해 있지만 이탈리아와 가깝다. 지중해 연안에서 내륙으로 뻗어 있기 때문에 여름은 덥고, 겨울은 춥지 않고 따뜻하다. 그리고 포도밭에 돌이 많기 때문에 낮에는 열기를 간직하고 있다가 밤이 되면 열을 발산하기 때문에 지면의 온도가 쉽게 내려가지 않아 포도의 당분이 높고 알코올 함량도 높다.

이 지역에서 생산되는 와인은 대중적인 와인으로 주로 레드 와인을 많이 생산하고 있으며 대부분 가격에 비해 맛과 향은 풍부한 것이 특징이다. 포도품종은 북부론 지방을 대표하는 레드 와인용으로 색깔이 진하고 탄닌 함량이 많은 시라(Syrah)와 남부 론의 대표적인 품종으로 당분함량이 높은 그르나슈(Grenache), 생소(Cinsault), 무르베드로(Mourvedre), 카리냥(Carignan)이 있다. 화이트 와인 품종으로는 론 지방의 대표적인 마르산(Marsanne)과 루산(Rousanne), 비오니에(Viognier), 그르나슈 블랑(Grenache Blanc)이 있다. 이외에도 23개의 포도품종이 있다.

주요생산 지역은 북부 론 지역은 코트 로티(Côte Rôtie), 에르미타주(Hermitage) 등이 유명하고, 남부 론 지역은 샤토뇌프 뒤 파쁘(Chateauneuf du Pape), 따벨(Tavel) 등이 유명하다.

(1) 북부 론 와인

리용 바로 아래쪽에 있는 비엔느(Vienne) 마을에서 시작되는 북부 론 와인은 남부 론 와인에 비해 고급 와인을 생산하지만 생산량은 적은 편이다. 토양은 대부분 화강암과 점판암이며 대륙성 기후로 겨울은 춥고 습하며 여름은 덥다. 포도품종은 레드 와인은 시라만 재배하고, 화이트 와인은 비오니에로 소량의 고급 와인을 만든다. 또한 마르산과 루산을 혼합하여 일반 와인을 생산한다. 북부 론 지역의 주요 와인 산지를 살펴보면 다음과 같다.

❶ 꼬뜨 로띠(côte Rôtie)

론 강 좌측의 마을 비엔느(Viennes)의 바로 남쪽에 위치한 AOC로 론 지방 북부 최고봉이라 불리는 레드 와인의 명산지이다. 꼬뜨 로띠는 "불타는 언덕"을 의미하는데 이 이름대로 밭은 태양이 내리쬐는 급경사면에 자리하고 있다.

두 개의 언덕이 유명한데 꼬뜨 브론드(côte Blonde)와 꼬뜨 브륀(côte Brune)이다. 꼬뜨 브론드(côte Blonde)는 부드럽고 우아한 와인을 생산하고 꼬뜨 브륀(côte Brune)은 타닌이 강하고 맛이 강한 와인을 만든다.

이 지역에서는 시라를 많이 재배하지만 포도밭 사이사이에 비오니에 청포도를 함께 심어서 한꺼번에 수확하여 레드 와인을 만든다. 시라의 야성적이고 강렬한 풍미와 비오니에의 신맛과 부드러움 그리고 부케가 잘 조화를 이루어 좋은 와인을 만든다. 비오니에는 소량의 양(5~10%)을 사용한다.

❷ 에르미따쥐(Hermitage)

에르미따쥐는 론 강 좌안에 위치하고 AOC 생 죠셉의 반대편에 있다. 꼬뜨 로띠와 견주는 론 지방 북부를 대표하는 명산지이다. 레드 와인은 시라 품종으로 만들기 때문에 색깔이 진하고 맛이 아주 풍부하여 남성적인 와인으로 잘 알려져 있다. 그리고 소량의 화이트 와인의 품종은 마르산의 깊고 풍부한 맛과 향에 루산을 블렌딩하면 복합성이 아주 뛰어난 와인이 된다.

❸ 크로즈 에르미따쥐(Crozes Hermitage)

에르미따쥐보다 열 배나 큰 규모로 생산량이 많으며 론 북부를 대표하는 레드 와인의 하나인 AOC 에르미따쥐 밭이 이어지는 작고 높은 언덕의 완만한 경사지에 퍼져 있다. 토양은 에르미따쥐보다도 기름지고 부드러워 신선하면서 영 와인 때부터 마시는 레드 와인과 상쾌하고 꽃향기가 나는 화이트 와인이 만들어진다. 레드품종은 시라 화이트품종은 마르산과 루산을 재배하고 있다. 화이트 와인보다 레드 와인을 더 많이 생산하고 있다.

❹ 꽁드리유(Condrieu)

향기로운 꽃과 같은 화이트 와인을 생산하는 꽁드리유는 비오니에로 만든 론 최고의 화이트 와인을 만드는 지역이다. 북으로는 레드 와인의 명산지 꼬뜨 로띠가 있고, 남으로는 AOC 생 죠셉의 밭과 일부 겹쳐 있다.

재배되는 품종은 100% 비오니에로 품종으로 화이트 와인만 생산한다.

❺ 샤토 그리에(Château Grillet)

샤토 그리에는 프랑스에서 가장 작은 단독 AOC 중 하나이며 비오니에로 품종으로 화이트 와인을 만든다. 샤도 그리에는 "불타는 성"을 의미하고 이 밭은 "불타는 언덕"을 의미하는 AOC 꼬뜨 로띠와 동일하게 급경사면에 위치하고 있다.

❻ 생 죠셉(Saint Joseph)

론 지방 북부의 화이트, 레드 와인 산지이다. 레드 와인 품종으로는 시라이며 화이트 와인의 품종은 마르산과 루산이다. 그러나 주로 레드 와인을 생산하고 있다. AOC 명칭은 Commune(꼬뮌) 명칭으로부터 유래된 것이 아니라 뚜르농 쉬르 론 마을에 있는 낮은 언덕에 조성되어 있는 포도밭 이름에서 유래된 것이다.

❼ 코르나스(Coronas)

코르나스는 레드 와인만을 생산하며 품종은 시라이다. 시라 특유의 진한 레드 와인으로 론 지방에서 가장 힘이 있고 강렬하며 야성미가 넘치며 탄닌의 강한 색조의 짙은 와인이 생산된다.

(2) 남부 론 와인

남부 론 지방은 북부 론과는 달리 지중해성 기후와 대륙성 기후를 함께 느낄 수 있다. 여름에는 가뭄과 지중해 연안의 건조하고도 찬 서북풍에 의해 기상급변이 흔히 일어난다. 토양은 북부 론과는 달리 점토, 모래, 석회석, 자갈 등이 구성되어 있다.

남부 론 지역은 기후가 아주 덥고 건조하기 때문에 시라 포도품종이 자기 개성을 충분히 발휘하지 못하기에 그르나슈를 주 품종으로 무르베르도, 생소, 시라, 카리냥 등을 주로 재배하고 있다. 그리고 화이트 와인 품종은 그르나슈 블랑, 부르불랭, 마르산, 루산, 비오니에 등을 재배하고 있다. 남부 론 지역의 주요 와인산지를 살펴보면 다음과 같다.

❶ 따벨(Tavel)

론 강 우안의 갸르(Gard) 현에 위치하는 따벨은 프랑스에서 가장 유명한 로제 와인을 생산하는 지역이다. 레드와 화이트 품종을 함께 탱크에 넣어서 무게에 눌려서 색깔이 우러나오게 만든다. 이렇게 만든 따벨 로제는 오렌지 빛이 감도는 신선한 로즈 색을 띠고 알코올이 강하며 바디가 깔끔한 맛이 특징이다.

❷ 샤토뇌프 뒤 파프(Châteauneuf-du-pape)

론 강 우안에 비옥한 평양지에 퍼져 있는 산지이다. 이곳의 포도밭은 돌과 자갈로 뒤덮여 있지만 땅 밑에는 석회질과 점토, 자갈 등이 다양하게 구성돼 있다. 이 자갈과 돌들이 열을 저장해 포도의 성숙을 도와주고 있기 때문에 남부 론을 대표하는 가장 유명한 와인산지가 되었다.

샤토 네프 뒤 피프는 주로 그르나슈로 만드는네 이 품종은 알코올 함량을 높게 해주지만 색깔이나 부케 등이 많이 부족하기 때문에 쌩쏘, 무르베드르, 시라 품종을 같이 사용하고 있으며 전체적으로 레드품종이 8종, 화이트품종이 6종으로 총 13종의 포도품종이 블렌딩돼 진한 색깔과 묵직함을 강조하는 와인이다.

화이트 와인이 소량 생산되고 있고 그 수요도 늘어나고 있다. 화이트, 레드 모두 풀바디에 알코올 함유량이 높다.

❸ 지공다스(Gigondas)

지공다스의 포도밭은 강 좌측에 위치하고 고대 로마시대의 흔적이 남은 오랑쥬(Orange) 마을의 동쪽에 퍼져 있어 주로 레드 와인을 생산하며 진하고 탄닌 성분이 강한 것이 특징이다.

그르나슈 종을 주 품종으로(80%), 시라와 무르베르드(20%) 정도를 사용하기 때문에 맛이 농후하고 골격이 있는 레드 와인과 소량의 로제 와인을 생산하고 있다. 특히 레드 와인의 품질 향상이 눈부시고 우수한 도멘의 와인은 샤토네프 뒤 파프와 견줄만한 강렬하고 짜임새 있는 독득한 풍미로 론 지방 남부를 대표하는 레드 와인으로 성장했다.

❹ **리락**(Lirac)

론 강 우안에 위치한 리락은 남쪽에는 프랑스가 자랑하는 로제 와인의 명산지 따벨이, 강을 건너 동쪽에는 론 남부를 대표하는 레드 와인이 생산되는 샤토네프 뒤 파프의 밭이 펼쳐져 있어 좋은 지역에 위치해 있다.

레드, 로제, 화이트 3가지 타입의 와인을 생산하고 있지만 최근에는 레드 와인이 증가하고 있는 추세다. 품종은 그르나슈, 생소, 무르베드르, 시라가 주류이고 화이트 품종은 그르나슈 블랑, 부르블렝, 끌레렛뜨, 위니블랑, 픽플 등의 전형적인 남부 론 품종이 사용되고 있다.

4) 발 드 루아르(Val de Loire) 와인

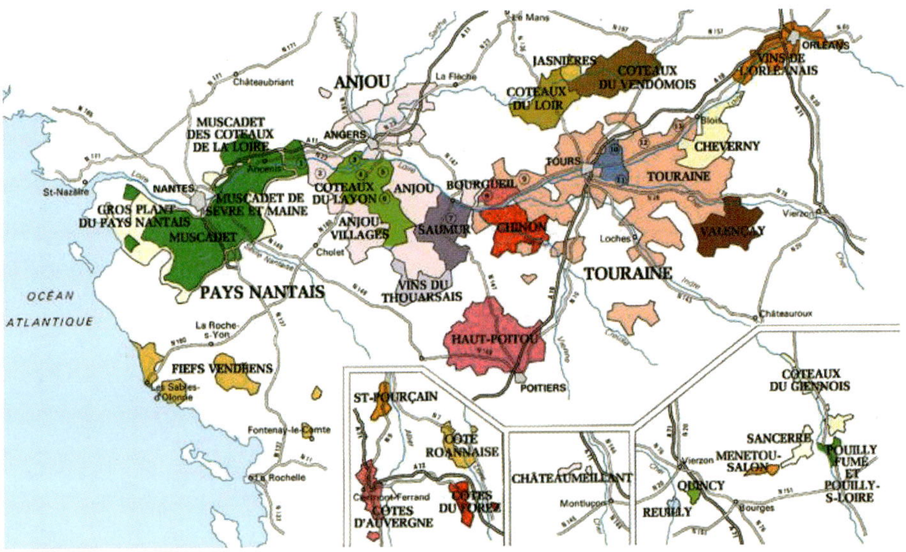

자료 : http://blog.naver.com/vini1855

루아르 강을 따라 동서로 1000km에 걸쳐 있는 가장 긴 포도재배 지역으로 서쪽으로는 낭뜨(Nantes)로부터 동쪽으로는 쌍쎄르에 이른다. 보통 루아르 지역은 뻬이낭떼(Pay Nantais), 앙쥬-소뮈르(Anjou-Saumur), 투렌느(Touraine), 중부지방(Centre Nivernais)의 네 개 지역으로 나누어져 있다. 이 지역의 포도재배는 북쪽으로 서늘한 곳이기 때문에 산도가 높고 신선한 화이트 와인을 주로 생산하고 있지만 레드 와인과 로제와인 그리고 스파클링 와인까지 다양하고 우수한 와인을 생산하고 있다.

화이트 와인 품종은 소비뇽 블랑과 슈냉 블랑이며, 레드 와인 품종은 카베르네 프랑, 카베르네 소비뇽, 피노누아르, 가메 등을 혼합하여 와인을 만들어내고 있다. 기억할 만한 와인들로는 해산물과 어울리는 가벼운 와인인 쌍세르와, 뮈스카데 세브르 에 멩(Muscadet Servre et Main), 로제 와인인 로제 당쥬(Rose d' Anjou)와 카베르네 당쥬(Canbrnet d' Anjou), 가벼운 레드 와인인 쉬농(Chinon)과 부르게이(Bourgueil) 등이 유명하다.

(1) 페이 낭떼(Pays Nantais)

해양성 기후로 여름은 비가 많이 오는 반면 햇볕은 온화하고 따뜻한 편이다. 좋은 포도밭은 강가 언덕에 위치해 있는 뮈스카데(Muscadet)로 잘 알려진 곳이다. 이 지역은 강 입구로서 온화하고 습기가 많이 있고 겨울은 춥고 봄에는 서리가 포도나무에 냉해 피해를 주고 있지만 뮈스카데 품종은 서리에 잘 견디고 일찍 수확하여 산도를 잘 유지하고 있어 이 지역 떼루아에 잘 적응한 품종이라고 볼 수 있다. 뮈스카데는 모든 요리와 잘 어울리지만 특히 해산물과 조개, 굴 등과 완벽한 조화를 이룬다.

주요 와인산지(AOC)로는 뮈스카데(Muscadet), 뮈스카데 코트 드 그랑 뤼(Muscadet Cotes de Grand Lieu), 뮈스카데 데 코토 들 라 루아르(Muscadet des Coteaux de La Loire), 뮈스카데 세브르 에 멘(Muscadet Sevre et Maine), 뮈스카데 쉬르 리(Muscadet sur Lie) 등이다.

(2) 앙주-소뫼르(Anjou-Saumur)

루아르 강 남안에 위치한 포도밭으로 대서양 기후의 영향을 받아 여름은 온화한 편이고 가을은 포근하다. 이 지역에서 생산하는 와인은 레드, 화이트, 로제 등 여러 와인을 생산하지만 레드 와인은 루비 빛을 띠며 산딸기 향과 부드럽고 짙은 과일 향 그리고 제비꽃 향을 느낄 수 있으며 카베르네 프랑을 주 품종으로 생산하고 있다. 화이트 와인은 서쪽에 편중되어 있으며 슈냉블랑 품종을 주로 생산하고 있다. 로제 와인은 중앙 고원지대에서 전통적인 방법으로 대부분 생산되며 약 46%를 차지할 정도로 로제가 유명하지만 그 양이 점점 감소하고 있는 추세다.

앙주 지역의 주요 와인산지는 다음과 같다.

앙주(Anjou), 앙주 가메(Anjou Gamay), 앙주 빌라쥐(Anjou Villages), 앙주 페티양(Anjou Petillant), 앙주 무쉐(Anjou Mousseux), 로제 덩주(Rose d' Anuou), 로제 덩주 페티앙(Rose d' Anuou Petillant), 로제 드 루아르(Rose de Loire) 등이 있다.

소뮈르(Saumur) 지역은 앙주 지역 내에 포함되어 있다. 와인을 판매할 때는 앙주 이름으로 판매하고 있으며, 화이트 와인보다는 레드 와인의 품질이 조금 뛰어나다. 품종은 주로 카베르네 프랑과 카베르네 소비뇽을 많이 사용한다. 반면, 화이트 와인은 슈냉블랑(80%)을 주로 많이 사용하고 샤르도네와 쇼비뇽 블랑을 조금씩 혼합하여 생산하고 있다.

레옹 지역의 포도밭은 벼랑지대에 위치해 있어서 특수한 미기후대가 형성되어 빨리 포도가 숙성이 되며 보트리스 시네레아(Botrytis Cinerea)균이 번식을 잘할 수 있어 고급 스위트 와인을 생산하고 있다. 루아르에서 잘 알려진 레드 와인은 소뮈르 샹파니(Saumur-Champigny)에서 만든다. 품종은 카베르네 프랑이며 화이트 와인은 슈냉 블랑으로 주로 많이 만드는데 보트리스 시네레아(Botrytis Cinerea)균으로 만든 본조(Bonnezeaux)는 고급 스위트 화이트 와인으로 유명하며 카르 드 숌(Quarts de Chaume)은 세미 스위트 와인으로 잘 알려져 있다.

루아르의 3대 귀부 와인으로는 코토 드 레옹(Coteaux de Layon), 본조(Bonnezeaux), 카르 드 숌(Quarts de Chaume)을 지칭한다. 이 와인들은 슈냉블랑의 산미 때문에 소떼른 지역만큼 스위트하지는 않지만 독일의 스위트 와인 정도로 당분과 알코올을 가지고 있다.

샤브니에르(Savennieres)는 앙주 소뮈르 지역에서 비오디나미(Biodynamie) 농법으로 농사를 짓는데 슈냉블랑으로 만든 드라이 화이트 와인이 가장 유명하다.

소뮈르 지역의 주요 와인산지는 다음과 같다.

코토 드 레옹(Coteaux de Layon), 코토 드 레옹 숌(Coteaux de Layon Chaume), 카르 드 숌(Quarts de Chaume), 본조(Bonnezeaux) 등은 귀부 와인으로 잘 알려져 있고, 그 외 지역으로는 소뫼르(Saumur), 소뫼르 샹파니(Saumur-Champigny), 앙주 페티양(Anjou Petillant), 앙주 무쉐(Anjou Mousseux), 샤브니에르(Savennieres), 샤브니에르 쿨레 드 세랑(Savennieres Coulee de Serrant) 등이 있다.

(3) 투렌느(Touraine)

투렌느 지역은 여러 작은 지구 전체를 포함하는 명칭이다. 이 지역의 와인은 뛰어난 품질은 아니지만 전반적으로 우수한 와인을 만들어낸다. 잘 알려진 산지는 시농(Chinon)과 부르괴이(Bourgueil), 몽루이(Montlouis), 부브레(Vouvray) 등이 있다.

루아르에서 가장 중요한 레드 와인 생산지는 시농(Chinon)과 부르괴이(Bourgueil) 지역이다. 부르괴이는 탄닌 성분이 많고 산딸기향의 풍미가 강하고 시농 지역은 카베르네 프랑을 많이 사용하기 때문에 제비꽃 향이 나며 시간이 지날수록 산딸기 향으로 변한다. 부브레(Vouvray)와 몽루이(Montlouis)는 스위트 와인을 만드는데 과숙된 슈냉블랑을 사용하지만 부브레는 100% 슈냉블랑을 사용하고 있으며 신선한 포도 향과 아카시아 향을 느낄 수 있다.

5) 알자스(Alsace) 와인

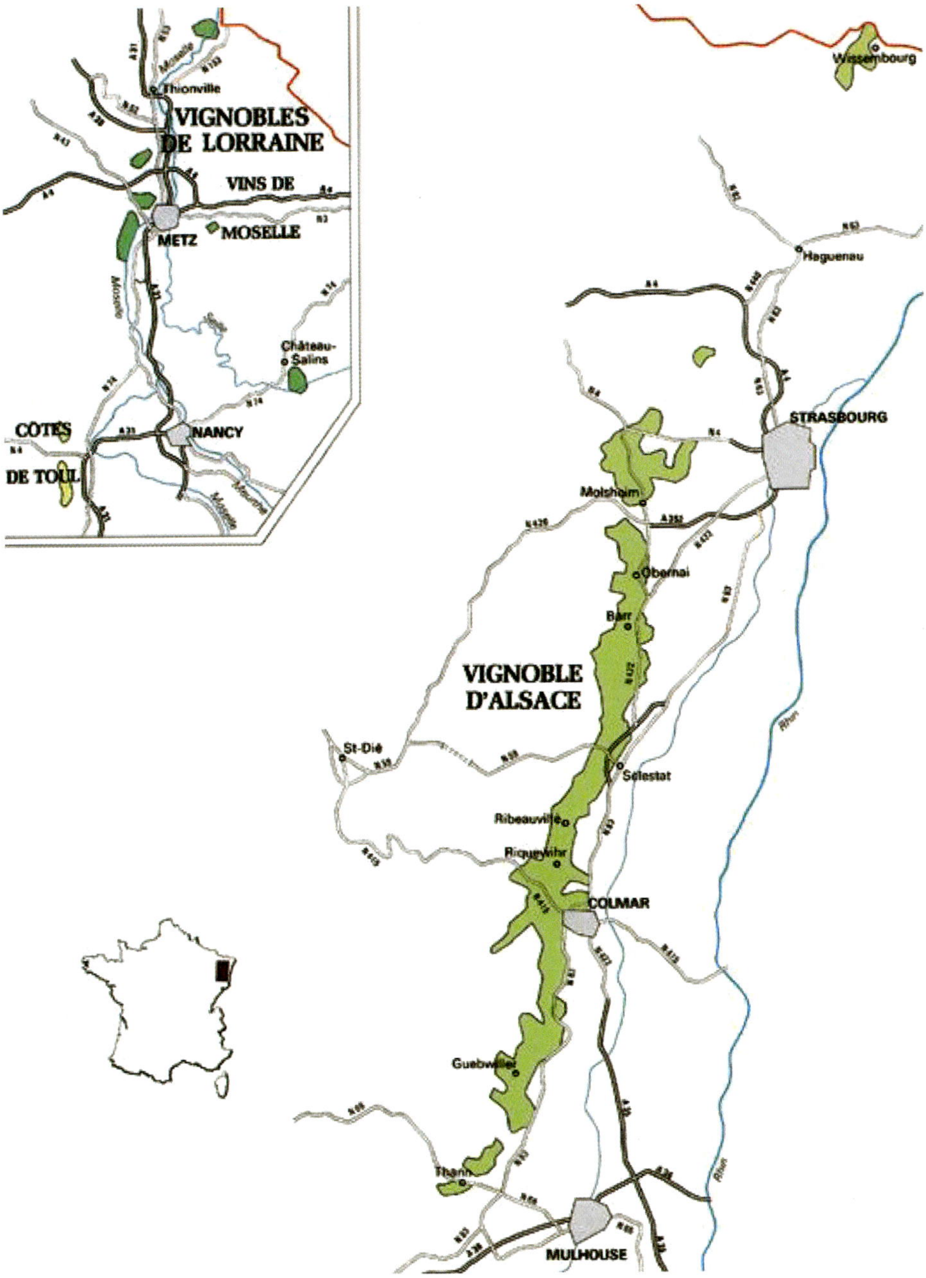

자료 : http://blog.naver.com/vini1855

알자스 와인의 역사는 로마시대부터 라인 강과 모젤 강을 따라 포도재배 기술을 전파하기 시작하였다. 북위 48도의 높은 위도 지역이지만 위도에 비해 여름은 덥고 겨울은 추우며 일교차가 심하다. 환경적으로 보면 보쥬(Vosges) 산맥 동쪽 경사면 언덕들이 차갑고 습한 북서풍으로 포도재배 지역에 특이한 기후를 지닌다. 남쪽으로 위치한 포도밭은 프랑스에서 가장 건조한 기후와 일조량이 많고, 특히 수확기에도 늦게까지 햇볕을 충분히 받을 수 있는 혜택을 누린다. 토양은 석회질과 이회암, 화강암, 황토, 모래, 사암 등 매우 다양한 토양이 이 지역의 포도밭에 독특한 특성을 가지게 한다.

알자스 지역은 지리적으로 독일과 라인 강을 사이에 두고 국경을 접하고 있는데 석탄과 철이 풍부하다는 이유 때문에 독일과 프랑스의 끊임없는 분쟁지역이었다. 기후 역시 독일과 비슷하여 서늘한 날이 많기 때문에 적포도보다는 청포도를 많이 재배하고 있고 품질이 뛰어난 화이트 와인의 산지로 잘 알려져 있다.

알자스 와인은 병 모양도 목이 가늘고 긴 병을 사용하기 때문에 독일 와인과 비슷하고 포도품종도 독일과 거의 같다. 다만 독일 와인이 발효를 일찍 중단시켜 잔류 당을 많이 남기기 때문에 낮은 알코올 도수(8~10%)로 약간 단맛을 내는 반면에 알자스 와인은 완전 발효를 해서 강하고 드라이한 와인(11~12%)을 생산하는 것이 특징이다.

프랑스 지역에서 생산되는 와인의 레이블에는 대부분 포도원이나 마을 이름을 기재하는데 알자스 지역에서 생산되는 와인의 레이블에는 포도의 품종명을 기재하고 있다. 즉, 알자스는 품종이 곧 와인 이름이 된다.

주요품종으로는 리슬링과 게뷔르츠트라미너 품종으로 만든 화이트 와인이 유명하며, 피노그리, 피노블랑, 무스카떼, 샤르도네 등이 있으며, 샤르도네는 스파클링 와인에만 사용하고 있다. 레드 와인용으로는 피노누아르가 있지만 소량으로 로제와 같은 레드 와인을 만들고 있다.

6) 랑그독 루시용(Languedoc-Roussillon) 와인

자료 : http://blog.naver.com/vini1855

랑그독 루시용 지방은 몽펠리에(Montpellier)를 중심으로 한 지중해 지역으로 붉은 석회질 토양, 검은 편암, 자갈과 규토 등 지역별로 다양한 토질과 기후의 특성을 보이고 있으며 고온 건조하다. 프랑스에서 가장 넓은 포도재배 지역으로 주로 벌크 와인으로 판매하고 있다. 이 지역에서는 주로 레드 와인, 화이트 와인, 로제 와인, 스파클링 와인, 천연감미 와인(VDN : Vin Doux Naturels), 리큐르 와인(VDL : Vin de Liqueur)까지 다양하게 생산하지만 대체적으로 값이 저렴한 Vin de Table과 Vin de Pays 와인을 생산하고 있다. 천연감미 와인(VDN)은 과즙을 발효시킨 후 5~10%의 알코올을 첨가시켜 만들기 때문에 달콤한 맛이 남아 있는 와인이다. 최저 알코올도

15%의 높은 편이다. 즉 강화 와인에 속한다. 그리고 리큐르 와인(VDL)은 과즙을 발효 전에 알코올을 첨가하여 만들고 알코올 함유량은 15~22% 정도이다.

이 지역은 최근 몇 년 사이에 가장 큰 품질의 발전을 이룬 지역으로 꼽힌다. 주로 까리냥(Carignan)이나 르그나슈(Grenache)와 같은 적포도품종으로 포도알 째 담그는 발효 방식을 써 만든 와인은 진하면서도 떫은맛이 적은 것이 특징이다.

포도품종은 시라, 그르나슈, 카리냥, 생소, 무르베드르와 최근에는 샤르도네, 슈냉블량, 메를로, 카베르네 소비뇽 등을 재배하고 있다.

7) 프로방스(Provence) 와인

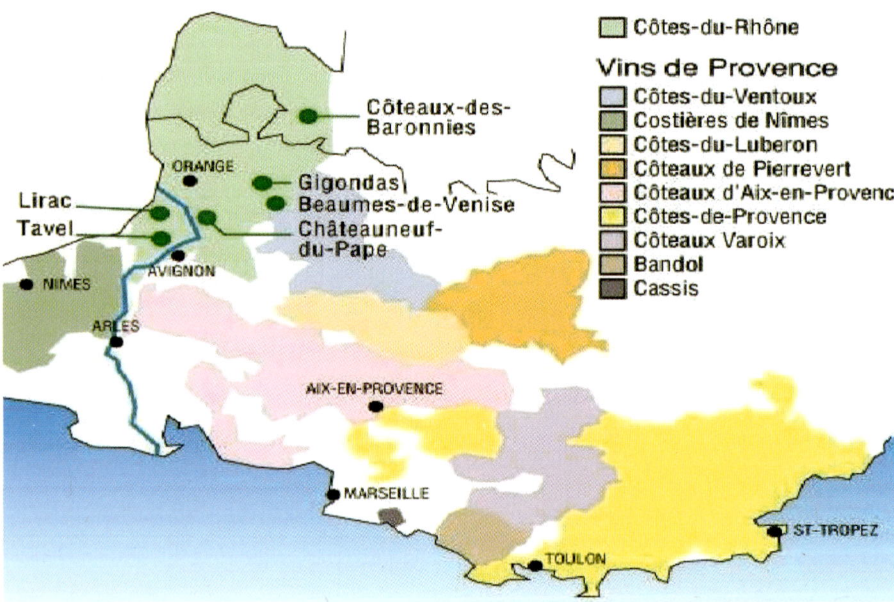

자료 : http://blog.naver.com/dowoong2?Redirect=Log&logNo=70030367516

프로방스 지역은 남부 지중해 연안에 위치해 있으며 기원전 600년경부터 포도를 재배해왔기 때문에 프랑스에서 가장 오래된 포도재배 지역이다. 이 지역 대부분이 포도밭으로 구성돼 있다. 기후는 일조량이 풍부하고 고온 건조하며, 초봄과 늦가을에는 소나기가 많이 내리기도 한다. 토양은 해안가에 위치해 있기 때문에 석회석과 편암

그리고 점토와 굵은 모래로 이루어져 있다. 이곳에서 나오는 와인은 프로방스 지방과 잘 어울리는 프랑스에서 가장 오래된 로제 와인으로 유명하다. 그리고 가볍고 부드러우며 프리티한 레드 와인과 소량의 화이트 와인을 생산하고 있다.

포도품종은 프로방스 고유의 품종에 대부분 론 지역의 품종이 주종을 이루고 있다. 레드 와인으로는 그르나슈, 무르베드르, 시라, 카리냥, 생소 등이 있고 화이트 와인으로는 위니블랑, 클레레트, 롤, 그르나슈 블랑 등을 재배하고 있다.

프로방스에서 생산하는 주요 와인은 방돌(Bandol)과 벨레(Bellet)이 유명하다. 방돌은 스파이시한 로제 와인이 유명하며 론 지역의 타벨을 연상하게 할 정도로 풍미와 맛을 느낀다. 레드 와인은 맛과 색깔이 진하기 때문에 10년 이상 장기 숙성이 가능하다. 품종은 무르베드르를 50% 이상 사용하고 생소와 그르나슈를 혼합하여 만든다.

Wine Encyclopedia

제**6**장

샹파뉴(Champagne) 와인

자료 : http://blog.naver.com/vini1855

샹파뉴 지방은 파리에서 북동쪽으로 150km 정도 떨어진 곳으로 프랑스에서 포도가 재배되는 지방 중 가장 추운 지역이면서 세계최고의 샴페인(Champagne) 와인 산지이다. AD 350년 로마에 의해 포도가 전파되었고 로마시대부터 이곳은 신맛이 강한 드라이 화이트 와인을 생산하였다. 샹파뉴 지방의 와인도 처음부터 스파클링이 아니었으며 맑고 가벼운 레드 와인과 화이트 와인으로 유명하였다. 17세기 말부터 거품이 나는 샴페인을 만들면서 이 지역이 유명하게 되었다.

와인에 기포와 거품이 있다고 해서 샴페인이 되는 것이 아니다. 샴페인이라고 이름 붙일 수 있는 것은 프랑스 샹파뉴 지역에서 생산하는 발포성 와인을 샴페인이라고 부르고 그 외 지역 또는 다른 국가에서 생산되는 발포성 와인을 샴페인과 구별하기 위해서 스파클링 와인이라고 한다. 이 지역 와인의 신맛이 샴페인에 특유의 신선감을 부여하여 꽃향기, 과일 향, 건과류 등의 샴페인 고유의 향을 내며 장기간 보관을 가능하게 만들며 여기에 병 내 2차 발효를 통해 탄산가스가 추가되면서 최고의 샴페인이 되는 것이다. 즉, 샴페인 또는 스파클링 와인은 신맛과 탄산가스에 의한 거품의 조화라고 할 수 있다.

샴페인을 최초로 만든 사람은 동 페리뇽(Dom Perignon)이라는 수도승으로 알려져 있다. 그는 샹파뉴 지방의 오빌레(Hautvillers) 수도원으로 부임해 그곳의 술창고 책임자로 일하면서 샴페인을 발견하게 되었다. 그때는 당분이나 알코올의 측정방법이 발달되지 않아서 당분이 남아있는 상태에서 와인을 병에 넣는 일이 많았다. 샹파뉴와 같이 추운 지방은 겨울이 빨리 오고 봄이 늦게 오는 지역이기 때문에 온도가 내려가 쉽게 발효가 멈추는 일이 많았었다. 효모는 온도에 무척 민감하다. 조금이라도 낮거나 높으면 당분을 알코올로 만드는 발효과정을 하지 않고 활동을 중지하는 특성을 갖고 있다. 하지만, 다시 온도가 발효에 적당하게 되면 효모는 다시 발효를 시작한다. 당분이 남아있는 와인은 추운 겨울에는 특별한 변화가 없지만 봄이 되어 온도가 올라가기 시작하면 다시 발효가 일어나는 경우가 많았다.

당시의 양조자들은 이미 발효가 끝난 것이라고 판단하여 그 와인을 병입하여 지하의 Cave(까브)에 보관하게 된다. 이듬해 봄이 되어 다시 온도가 높아지면서 효모들이 활동을 개시한다. 효모가 당분을 먹고 병 안에서 두 번째로 발효가 일어나 이산화 탄소와 알코올이 만들어지기 시작한다. 지하 까브에서 이듬해 봄에 발효가 일어나면 탄산가스가 생성되면서 병 속의 압력이 증가하여 와인 병이 마치 폭탄이 터지듯이 여기저기 폭발하거나 병뚜껑이 날아가는 경우가 생긴다. 동 페리뇽과 그 동료들은 흔히 있을 수 있는 이러한 현상을 그냥 지나치지 않았다.

병 속의 압력이 증가하여 와인 병이 폭발하여 소비되는 샴페인을 없애기 위해 다른 와인보다 두꺼운 병을 쓰고 코르크를 막아 철사로 꽁꽁 묶어 더 이상 와인 병이 터지거나 코르크가 튀어나가는 사고가 발생하지 않도록 만든 사람이 수도사 동 페리뇽(Dom Perignon)이다.

샹파뉴의 토양은 분필과 같은 흰색의 석회암위에 덮여 있어 물을 많이 흡수할 수 있어 배수에 용이하고 낮 동안에 받은 열기로 포도밭을 다시 열을 전달하기 때문에 북방한계선에 위치하여 추운 지방이지만 포도가 잘 익게 하는 중요한 요인이 된다. 샹파뉴에서 재배되는 포도품종에 이상적인 토양이며 신선하고 과일 향이 풍부한 포도를 생산하고 있다. 이 지역의 겨울은 매우 춥기 때문에 포도나무가 성장하는데 많은 어려움이 있어 포도가 완전히 익기가 힘든 부분이 있다.

1. 샴페인 포도품종

샴페인의 포도품종은 1935년 3개의 포도품종만 재배하도록 법령이 정해졌다.

- **피노 누아르(Pinot Noir)** 적포도로 전체의 38%를 차지하고 있다. 와인에 붉은 과일 향을 내며 강한 바디와 힘을 가져다주며 향미와 지속성을 부여하는 품종이다.
- **피노 뫼니에(Pinot Meunier)** 적포도로 전체의 35%를 차지하고 있다. 부드럽고 과일 향이 풍부하며 강렬한 부케와 풍부함을 주기 때문에 시간이 경과할수록 부드러운 와인으로 변한다.

• **샤르도네(Chardonnay)** 청포도로 전체의 27%를 차지하고 있다. 영(Young) 와인일 때는 미네랄의 향이 주며, 숙성이 되면서 섬세하고 우아하며 경쾌한 향미를 주는 품종이지만 특히 꽃향기가 풍부한 것이 특징이다.

샴페인을 만들 때 청포도가 많이 들어갈수록 가볍고 신선한 타입이 되고 적포도를 많이 사용할수록 무거운 스타일이 된다.

2. 샴페인 제조과정

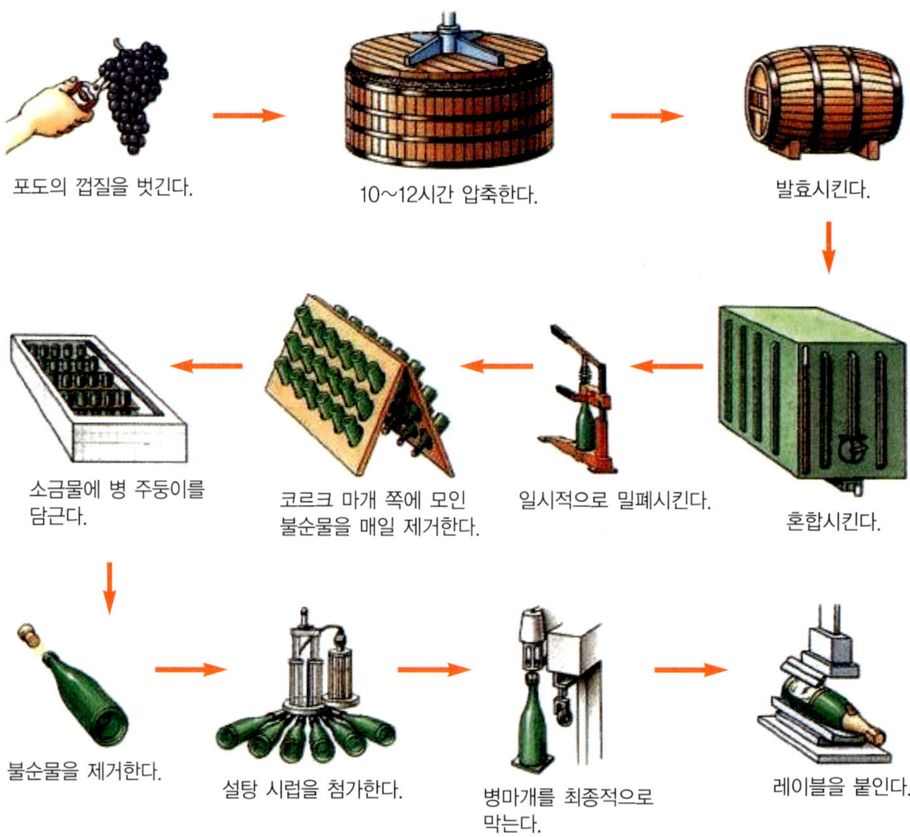

자료 : http://blog.naver.com/PostView.nhn?blogId=leehg105&logNo=20012619101

1) 수확(방당주)

보통 수확은 9월에서 10월에 걸쳐서 하는데 샴페인의 신선하고 산뜻한 맛을 잘 살리고 좋은 산도를 유지하기 위해 포도가 완전히 익기 전에 수확을 한다. 수확을 할 때 포도가 손상되지 않도록 주의한다.

2) 압착(프레쉬라주)

자료 : http://blog.naver.com/helionne?Redirect=log&logNo=70091779747

적포도품종으로도 많이 만들기 때문에 포도껍질에서 색소가 우러나오지 않도록 한다. 포도송이의 줄기를 제거하지 않고 함께 압착을 하는데 보통 포도를 4,000kg을 압착하면 약 2,550L의 포도주스가 나오는데 그 중에서 첫 번째로 압착해서 나온 2,050L의 포도즙은 최상의 와인인 뱅드 퀴베(Vin de Cuvee)를 만든다. 그리고 500L는 두 번째 압착한 와인으로 프리미에 타이유(Première Taille)를 만들며 세 번째 압착한 와인으로는 두시엠 타이유(Deuxieme Taille)를 만드는데 보통 블렌딩용으로 많이 사용하고 있다.

3) 1차 발효(페르망타시옹 알콜리크)

1차 발효와 정제는 화이트 와인과 같은 방식으로 진행되는데 약 2주간 온도조절이 자동으로 되는 대형 스테인리스스틸 탱크에서 발효를 시키며 품종별로 따로 발효를 시킨다.

4) 블렌딩(아상블라주)

샴페인은 절대로 한 지역에서 한가지의 포도품종으로 만들지 않기 때문에 샴페인 고유의 맛을 낼 수 있도록 하는 것이 중요하다. 좋은 샴페인을 만들기 위해서는 첫

째, 다른 지역의 포도품종을 어떤 비율로 사용할 것인가 둘째, 다른 수확연도의 와인을 얼마나 혼합할 것이며 마지막으로 다른 포도밭에서 나온 품종을 얼마나 섞어서 사용하느냐이다. 그래서 샴페인은 공식적인 빈티지가 없지만 포도의 작황이 매우 좋은 해에는 그해에 생산된 포도로만 샴페인을 만들어 빈티지 표시를 하기도 한다.

보통30~60종의 와인을 혼합해서 샴페인을 만드는데 논-빈티지 샴페인(Non-Vinatge Champagne)은 다른 지역과 다른 수확연도를 혼합해서 만들며, 빈티지 샴페인(Vinatge Champagne)은 다른 지역과 같은 수확연도를 혼합한다. 그리고 논-빈티지 로제(Non-Vinatge Rose)는 다른 지역과 다른 수확연도의 로제 와인을 혼합하고, 빈티지 로제(Vinatge Rose)는 다른 지역과 같은 수확연도의 로제를 혼합한다.

5) 병입(티라쥬)

혼합된 와인에 재발효를 위해서 당분과 효모를 적당량 넣고 금속마개로 병입을 한다. 보통 와인 1L당 설탕 4g을 넣으면 발효가 되어 약 1기압 정도 탄산가스의 압력이 생기는데 샴페인의 규정 압력인 5기압 이상이 나올 수 있도록 설탕 양을 첨가한다.

6) 2차 발효(두시엠 페르망타시옹)

2차 발효의 목적은 탄산가스가 병 속에 생성되게 하는 것이다. 그래서 병 내 2차 발효를 위하여 설탕 및 이스트를 섞어 와인이 담겨있는 병에 넣은 후 10도 정도의 빛이 들지 않는 어두운 곳에 수평으로 눕혀서 보관을 하면 서서히 발효가 진행되어 2~3개월 정도 후에는 병에 탄산가스가 가득 차게 되는데 샴페인의 병 밑바닥을 움푹 들어가게(펀트 Punt) 하여 병 내 면적을 넓혀 압력을 분산시키는 역할을 한다. 또한 펀트가 있으므로 바닥에 찌꺼기가 쉽게 가라앉게 된다.

2차 발효에 의해 알코올 도수가 2~3도 정도가 높아지며 탄산가스의 발생으로 병 내부 압력이 매우 높아진다. 이때 온도조절이 매우 중요하다. 왜냐하면 온도가 너무 높으면 발효가 갑자기 일어나 병이 깨질 우려가 있고 반대로 온도가 너무 낮으면 발효가 일어나지 않기 때문이다.

7) 숙성(세주르 엉 카브)

숙성기간 동안 효모는 자기 분해를 통해 와인과 접촉하면서 특유의 풍미와 복잡한 부케를 형성하여 샴페인 고유의 맛과 향을 가지게 된다. 숙성은 법적으로 1년이나 통상 3~4년 숙성시키는 것을 원칙으로 하지만 보통 논 빈티지 샴페인은 1년 이상 숙성을 시킨다. 빈티지 샴페인은 3~5년 이상, 프레스티지 퀴베는 6~7년 정도 숙성을 시키지만 프레스티지 퀴베와 같은 고급 샴페인은 보통 7년 이상 숙성시키는 것은 많지 않다.

8) 병 돌리기(르뮈아주)

병 돌리기의 목적은 이스트가 탄산가스를 생성한 후 그 잔해가 병 바닥에 쌓여 있는데 이 찌꺼기가 병 입구에 모아질 수 있도록 A자 모양의 나무틀에 샴페인 병들을 거꾸로 세워 놓고 병을 돌려 병 입구로 찌꺼기가 모이도록 하는 것이다.

이 리들링 작업은 사람이 직접 하는데 약 6~8주 정도 지속적으로 하며 한 사람이 하루에 약 30,000병을 돌리는 무척 까다롭고 힘든 작업이다. 이러한 병 돌리기 작업이 샴페인과 다른 와인을 제조하는데 있어서 큰 차이점이면서 가장 상징적인 작업이기도 하다. 그러나 최근에는 지로빠레(Gyropalettes)라는 기계를 사용하는 곳도 많아졌다.

자료 : http://blog.naver.com/helionne?Redirect=log&logNo=70091779747

9) 찌꺼기 제거(데고르주멍) 및 보충(도자주)

찌꺼기가 병 입구로 완전히 모이면 침전물 제거 작업을 한다. 영하 20℃로 냉각된 차가운 소금물이나 염화칼슘 용액에 병을 거꾸로 세워 병목 부분(약2.5cm)만 얼리면 찌꺼기도 함께 얼어버리게 된다. 그리고 병을 세워 병마개를 열면 내부압력에 의해 찌꺼기를 포함한 얼음이 세차게 튀어 나간다.

이 얼음을 제거하면 찌꺼기 제거 시 분출된 소량의 와인(약 40ml~80ml)을 보충하기 위하여 그 양만큼 즉시 다른 샴페인을 보충해주는데 이때 사용하는 보충액은 샴파뉴 포도주에 설탕을 녹인 감미조정액인 덱스뻬디시옹(Expedition)을 첨가한다. 그리고 코르크 마개로 밀봉을 하고 철사 줄로 고정시켜서 제품을 완성한다.

자료 : http://blog.naver.com/helionne?Redirect=log&logNo=70091779747

3. 국가별 샴페인의 당도 및 용어

샴페인은 제조공정에 있어서 감미조정액의 당분 함량을 얼마를 넣느냐에 따라 다음과 같이 여러 가지로 나눌 수 있다.

프랑스	이탈리아	독일
엑스트라 브뤼(Extra Brut) 감미 0~0.6%	엑스트라 브뤼(Extra Brut)	엑스트라 브뤼(Extra Brut)
브뤼(Brut) 감미 0.6~1.5% 이하	브뤼(Brut)	브뤼(Brut)
엑스트라 섹(Extra Sec) 감미 1.2~2.0%	엑스트라 쎄코(Extra Secco) 감미 1.2~2.0%	엑스트라트로켄(Extra Trocken) 감미 1.2~2.0%
섹(Sec) 감미 1.7~3.5%	쎄코(Secco) 감미 1.7~3.5%	트로켄(Trocken) 감미 1.7~3.5%
드미섹(Demisec) 감미 3.3~5.0%	드미 쎄코(Semi Secco) 감미 3.3~5.0%	할브 트로켄(Halb Trocken) 감미 3.3~5.0%
두(Doux) 감미 5.0% 이상	돌체(Dolce) 감미 5.0% 이상	마일드(Mild) 감미 5.0% 이상

4. 국가별 스파클링 와인

샴페인은 스파클링 와인으로 프랑스 샹파뉴 지역에서 생산되는 발포성 와인을 샴페인이라고 부르고 그 외 지역 또는 다른 국가에서 생산되는 발포성 와인을 샴페인과 구별하기 위해서 스파클링 와인이라고 한다. 프랑스 샹파뉴 지역이 아닌 지역에서 생산하는 것을 무쉐(Mousseux)라고 하며, 독일에서는 젝트(Sekt), 이탈리아에서는 스푸만테(Spumante), 스페인에서는 카바(Cava), 미국과 한국에서는 스파클링 와인(Sparkling wine)이라고 부른다.

국가별 스파클링 와인을 대표하는 유명한 브랜드로 프랑스는 동 페리뇽(Dom Perignon)과 모에 샹동(Moet et Chandon) 독일은 헨켈 트로켄(Hemkell Trocken), 이탈리아는 아스티(Asti), 미국은 도멘 샹동(Domaine Chandon)과 쉬람버그(Schramsberg), 스페인에서는 코도르뉴(Codorniu)와 프레이세넷(Freixenet) 등이 있다.

5. 샴페인의 종류 및 레이블에 표시되는 문구

샴페인의 특징은 지역, 연도, 포도품종을 혼합해서 만든다.

- **블랑 드 블랑(Blanc de Blance)** 청포도인 샤르도네 품종으로만 만든 화이트 와인의 뜻이다.
- **블랑 드 누아(Blanc de Noirs)** 적포도로 만든 화이트 와인이다. 품종은 피노 누아르와 피노 뫼니에로 만든다.
- **로제 샴페인(Rose Champagne)** 혼합 시 레드 와인을 첨가하거나 레드 포도품종을 넣어서 만든다.
- **논-빈티지 샴페인(Non-Vinatge Champagne)** 그해에 만든 와인과 그 이전에 만든 와인들로 만들기 때문에 빈티지가 없다. 대부분의 샴페인은 빈티지가 없다.
- **빈티지 샴페인(Vinatge Champagne)** 수확이 좋은 특정 해의 포도로 만든 샴페인으로 고급 와인이며 가격도 비싸다.
- **프레스티지 귀베(Prestige Cuvee)** 장기간 숙성시킨 샴페인이며 좋은 생산지에서 최고의 포도로 만들었기 때문에 가격이 비싸다. 그리고 빈티지 샴페인이 대부분이며 첫 번째 압착하여 만든 주스만 사용한다.

6. 샴페인 제조 방식

1) 샹파뉴 방식

전통적인 방식으로, 샴페인을 만들 때 효모를 넣어 병에서 2차 발효를 시켜 기포를 생성하게 한다. 샹파뉴 지역에서 생산한 샴페인을 보호하기 위하여 1994년 유럽연합은 다른 지방에서 나온 제품에는 이 용어 사용을 금지하였다.

2) 샤르마 방식

샹파뉴 방식과는 달리 발효통 안에서 2차 발효를 일으켜 발포성 와인을 만드는 방식으로 1895년 이탈리아 아스티(Asti) 지방에서 고안해서 대량생산에 성공했다. 샤르마 방식의 장점은 훨씬 빠른 시간에 2차 발효를 일으킬 수 있고, 기포를 빨리 얻을 수 있어 전통식의 생산방법보다는 훨씬 편하게 질 좋은 샴페인을 얻을 수 있는 것이다.

제7장

이탈리아 와인

자료 : http://blog.naver.com/vini1855

1. 이탈리아 와인의 역사와 특징

이탈리아 와인은 3000년의 역사를 가지고 있으며 고대 로마시대 때 페르시아인의 포도재배 기술이 이탈리아로 전파되었다. 이탈리아는 20개의 모든 지역에서 포도나무가 잘 자라 와인의 대지라고 불리고 있다. 로마의 식민지화로 재배면적이 넓어졌으며 칼 대제의 포도재배 장려정책으로 포도원이 크게 늘어났다. 전 국토에서 와인이 생산되는 만큼 다양한 떼루아가 형성되어 지역마다 특색이 있는 다양한 스타일의 와인을 생산하고 있다.

이탈리아는 와인산지로서 가장 이상적인 지형을 갖추고 있는 곳임에도 불구하고 1960년대까지는 저가의 대중적인 와인들을 생산해 왔다. 왜냐하면, 이탈리아 사람들은 와인의 품질관리에 노력하지 않고 오로지 생산량 증대에만 많은 관심을 가졌기 때문에 국가적으로 와인에 대한 정책을 세우지 못하여 세계생산량의 20%를 자지하는 최대생산국이지만 프랑스나 독일보다 질이 크게 뒤지게 되었다.

이탈리아 와인의 잠재력은 많지만, 전반적으로 정리가 안 된 느낌이며, 전근대적인 방법으로 와인을 만드는 곳이 많아서 와인의 질이 일정하지 않다. 경우에 따라 우수한 와인을 싼값에 구입할 수 있다. 그리고 프랑스처럼 소비자들이 우러러보는 고급 와인생산지가 없다. 그래서 1963년에 와인에 대한 원산지 통제 명칭법 DOC (Denominazione di Origine Controllata) 보호를 위한 규칙을 제정하여 제도를 도입하였지만 지역별 명칭, 스타일, 다른 지역과의 세분화하는 작업에는 실패를 하였다. 하지만 DOC 제도가 생기면서 품질 좋은 와인생산의 기초를 확립하였으며 이탈리아 와인산업이 품질 위주의 산업으로 변화되기 시작하였다.

1992년에 법령이 개정되면서 IGT(Indicazione Geografica Tipica)라는 새로운 등급이 생겼는데 프랑스의 뱅 드 페이와 비슷한 수준이다. 그렇지만 IGT등급으로 인해 카베르네 소비뇽과 메를로 등 국제적인 포도품종을 도입하여 재배함으로서 이탈리아 전통 방식에 의한 와인뿐만 아니라 현대식의 과학적인 와인제조 방식을 도입하여 프랑스나 다른 나라의 최고급 와이들과 견줄 수 있는 고품질의 와인을 생산하고 있다.

즉, 전통적인 품종으로 만든 고유의 와인과 현대적인 스타일로 만든 신기술의 와인 두 가지 와인을 만들고 있다.

이탈리아는 전통적으로 키안티와인을 만드는 산지오베제와 바롤로 와인을 만드는 네비올로가 유명하며 레드 와인 65%와 화이트 와인 35%의 비율로 생산한다. 이탈리아 북부는 상당히 서늘한 기후이며 남부는 건조하고 따뜻한 지중해성 기후의 영향으로 포도의 당분은 높고 산도는 약하다. 특히 레드 와인은 오크통에 숙성시키면 묵직하고 텁텁한 남성적인 풍미를 가지는 와인으로 탄생한다.

2. 이탈리아의 와인등급

이탈리아는 1924년부터 우수한 와인을 보호하기 위한 법률을 제정하였지만, 1963년 DOC제도가 생겼으며 1980년에는 DOCG제도가 생겼고 1992년에는 법을 개정하여 지금까지 유지하고 있다.

- **비노 다 타볼라(Vino da Tavola)** 원산지 구분이 없는 테이블 와인으로 외국산 포도를 블렌딩하지 못한다. 상표에는 와인의 색깔 즉 레드, 화이트, 로제를 표시한다. 보통 VdT로 표시한다.
- **IGT(Indicazione Geografica Tipica, 인디카초네 제오그라피카 티피카)** 비교적 광범위한 생산지역을 표시하는데, 생산지명만 표시하는 것과 포도품종과 생산지명을 표시하는 두 가지가 있다.
- **DOC(Denominazione do Origine Controllata, 데노미나초네 디 오리지네 콘트롤라타)** 원산지 명칭 통제. 포도품종은 표시하지 않고 원산지만 나타낸다.
- **DOCG(Denominazione do Origine Controllata e Garantita, 데노미나초네 디 오리지네 콘트롤라타 에 가란티타)** 원산지 명칭 통제 보증. 5년 이상 된 DOC 와인 중 일정 수준 이상의 것을 심사하여 결정한다.

■ 이탈리아 와인등급

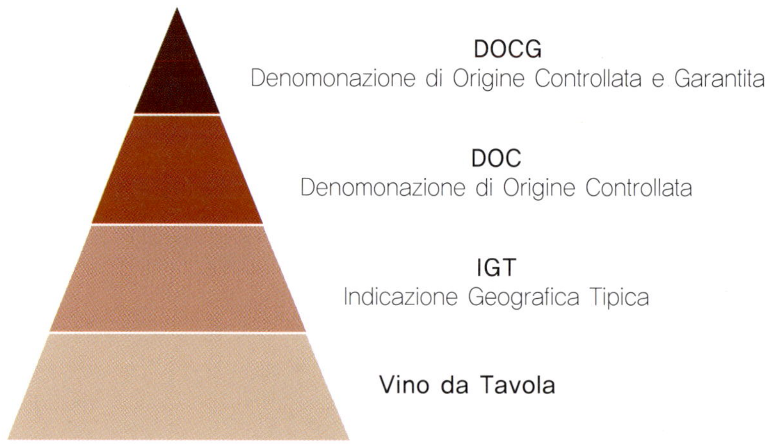

DOCG가 되기 위한 조건

- DOCG 조건은 최저 5년 이상 DOC를 지속적으로 유지해야 하며, 품질관리를 위하여 1ha 당 생산량을 제한하고, 같은 수의 포도나무를 옮겨심기를 하여야 한다.
- DOCG 조건에 맞도록 포도나무 재배방법에 대한 규제와 숙성기간 등을 준수해야 한다.
- 지역 내에서 생산한 포도를 생산업자가 직접 병입해야 한다.
- 품질보증을 위하여 화학분석을 거쳐 품질을 인정받아야 한다.
- 품질 및 생산지를 보증하는 표시로 농림부에서 발행하는 Seal을 병목에 부착해야 한다.

3. 이탈리아 와인의 주요 산지

1) 토스카나(Toscana) 와인

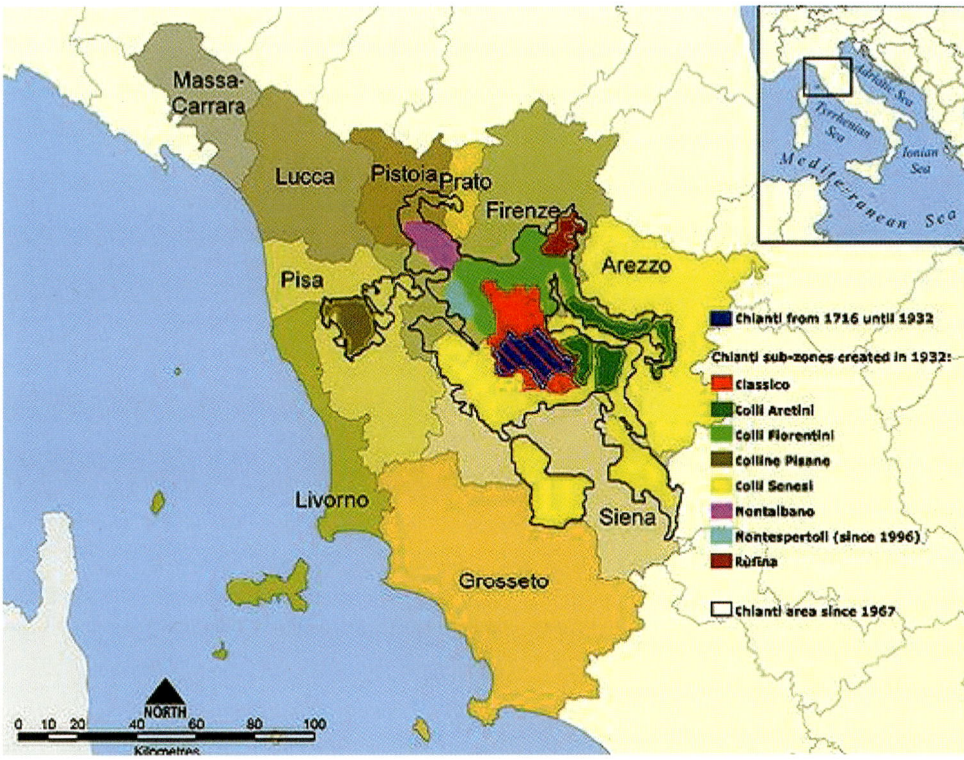

자료 : http://blog.naver.com/alexcho53?Redirect=Log&logNo=130096548378

이탈리아 와인생산 지역 중에서 가장 중요한 곳으로 고대 문화유적과 뛰어난 경관 옛 성들과 현대문명이 조화를 잘 이룬 지역으로 키안티 와인의 본 고장이며, 이탈리아 최대의 와인산지이다. 토스카나 와인은 일반적으로 평범하고 저렴한 와인으로 인식이 되었지만, 최근에는 와인 법률의 개정과 와인메이커의 인식이 바뀌면서 이탈리아 와인의 중심지로 매우 다양한 와인을 생산하는 세계적인 와인산지가 되었으며 슈퍼 투스칸 와인(Super Tuscan Wine)의 본고장이기도 하다.

슈퍼 투스칸 와인(Super Tuscan Wine)은 1960년대 말부터 1970년대 초에 토스카나(Toscana) 지방의 몇몇의 생산자들에 의해 개발되었는데 보르도 타입의 국제적인 품종과 토스카나 지방 고유의 품종인 산지오베제를 혼합하거나 아니면 단일 품종으로 만들어진 와인이다. 즉, DOC규정을 떠나 업자들이 독자적으로 포도품종을 선택하여 블렌딩한 독특한 스타일의 와인을 말한다.

1970년 초부터 생산한 사시카야(Sassicaia)와 티나넬로(Tignanello), 오르넬라야(Ornellaia), 솔라야(Solaia) 등 유명한 메이커들의 제품들이 최초로 출시되면서 이탈리아 와인역사에 대혁신을 가져왔다. 그리하여 IGT(Indicazione Geografica Tipica, 인디카초네 제오그라피카 티피카)라는 호칭을 부여받았고, 토스카나 볼게리(Bogheri) 지역의 사시카야(Sassicaia) 단일 포도원이 1994년 슈퍼 투스카나 와인 중에서 최초로 DOC 등급을 받았으며 새로운 스타일의 슈퍼 투스칸을 비롯한 세계 최고의 와인이 나오고 있다.

토스카나 지역은 대부분 언덕으로 구성되어 있어서 토양과 기후가 다양하며, 온화하고 밤이 서늘하여 포도의 산도가 보존된다. 대개 배수가 잘되는 언덕에 모래와 석회석으로 이루어진 토양에 포도밭이 조성되어 있다. 수많은 포도품종이 재배되고 있지만 최근에는 토종인 산지오베제(Sangiovese)와 국제품종인 카베르네 소비뇽(Cabernet Sauvignon)으로 대별되며 카나욜로(Canaiolo)와 메를로(Merlot)도 많이 재배하고 있다. 화이트 와인 품종으로는 말바시아(Malvasia), 베르나차(Vernaccia), 트레비아노(Trebbiano), 샤르도네(Chardonnay), 소비뇽 블랑(Sauvignon Blanc) 등이 많이 재배되고 있다.

가장 유명한 와인은 산지오베제(Sangiovese) 포도품종을 사용하여 만든 '키안티(Chianti)' 와 '브루넬로 디 몬탈치노(Brunello di Montalcino)', '비노 노빌레 몬테풀치아노(Vino Nobile di Montepulciano)' 가 있다.

(1) 키안티(Chianti)

이 지역은 투스칸 공국의 군주 3세(Cosmo)가 생산지역의 경계를 확립하고 키안티 지역의 와인을 보호하기 위해 이 지역에서 와인을 생산하기 시작하였다. 키안티는 지역, 포도품종, 생산방법 등 1967년 DOC법이 제정된 이후 1984년에 제정된

DOCG법을 준수하고 있다. 포도품종은 산지오베제 70~85%, 카나욜로 10~20%, 그리고 화이트 와인 품종인 말바지아와 트레비아노를 5~10%를 사용하며 국제품종인 카베르네 소비뇽을 10% 미만을 넣도록 허가하였다.

키안티는 영 와인으로 주로 마시며, 신선하고 가볍고 은은한 맛으로 유명하며 이탈리아 음식과 잘 어울린다. 훌륭한 빈티지의 끼안티 DOCG 와인의 경우 레드루비 칼라를 띠며 숙성되면서 심홍색으로 변한다. 그리고 스파이시하고 부드러운 과일 향, 우아하고 균형감 있는 탄닌, 벨벳 같은 부드러운 농도를 가져 시간이 지나면서 한층 더 무게감이 있고 복합성이 두드러진 와인으로 태어난다.

(2) 키안티 클라시코(Chianti Classico)

키안티 클라시코 와인은 그 지역에서 가장 우수한 와인을 만들어내는 지역을 의미한다. 레드품종 2종류와 화이트품종 2종류를 혼합하여야만 검은 수탉(Black Rooster) 상표와 와인병목에 품질보증을 위해 실(Seal)을 붙여 사용할 수 있도록 법으로 정해져 있다. 검은 수탉의 심볼마크는 고대 키안티 기사단 연맹의 역사적인 심볼마크로 플로렌의 고대궁전 응접실 천장에 있는 검은 수탉 그림을 재생한 것이다.

그리고 포도나무 수령도 최소 5년생에서 생산하고 최고 3kg을 사용하며 알코올 농도는 키안티의 경우 12%, 리제르바는 12.5%이다. 리제르바의 뜻은 일정 기간 숙성을 시킨 와인을 말하는데 오크통 숙성과 병입숙성한 연도가 키안티 클라시코는 오크통 숙성 3년과 병숙성 3개월 이상이 되어야 한다. 키안티 클라시코 리제르바는 키안티 와인의 최고 수준이라고 할 수 있다.

(3) 브루넬로 디 몬탈치노(Brunello di Montalcino)

키안티 지역 남쪽에 있는 몬탈치노 마을에서 생산하는 와인으로 탄닌이 많아 묵직하고 강건하며 맛이 깊고 풍부한 향을 가지고 있다. 이 지역은 건조한 지중해성 기후를 가지고 있어 여름은 덥고 겨울은 온화하며 토양은 석회질이 섞인 모래로 구성되어 있다. 포도품종은 산지오베제의 변종인 브루넬로라는 품종으로 만들어진다.

브루넬로 디 몬탈치노가 DOCG 와인이 되기 위해서는 4년 숙성기간 중 2년은 오크통에서 숙성시키고 3개월 이상 병 숙성을 시켜야 한다. 리제르바(Riserva)의 경우는 5년간 숙성이 필요한데 2년은 오크통에서 숙성시켜야 하고 6개월 이상 병 숙성이 필요하다. 이 지역은 1980년도에 DOCG로 지정되었다.

(4) 비노 노빌레 디 몬테풀치아노(Vino Nobile di Montepulciano)

비노 노빌레 디 몬테풀치아노 지역은 토스카나의 시에나 남동쪽에 있는 작은 마을이다. 이 지역 와인은 산지오베제 품종의 변종인 프루놀로 젠틸레라는 품종(70%)을 중심으로 카타욜로 네로와 말바시아, 트레비아노 품종을 혼합하여 만들기 때문에 키안티 와인과 비슷한 성격을 가지고 있다.

DOCG 와인이 되기 위해서는 2년 이상 오크통에서 숙성시키고, 리제르바는 3년 이상 오크통에서 숙성시키고 6개월간 병 속에서 숙성시킨다. 알코올 도수는 보통 12.5% 정도이다. 키안티 와인과 같이 가볍고 신선하며 우아한 느낌을 가진 와인이다.

2) 피에몬테(Piemonte) 와인

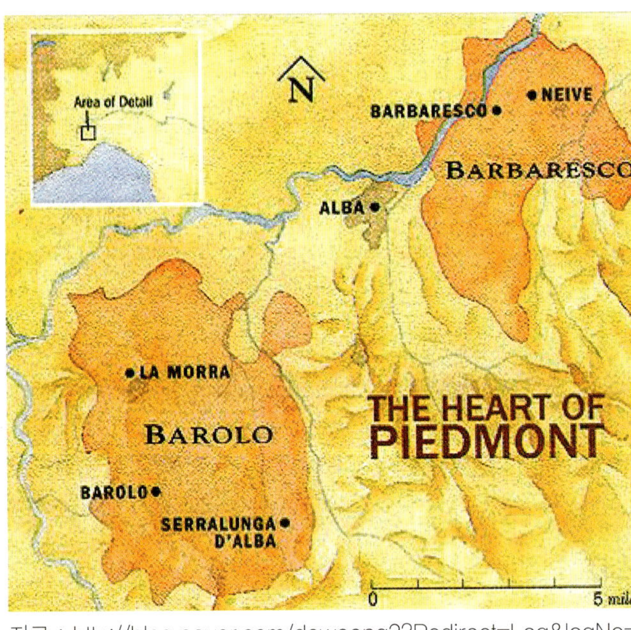

자료 : http://blog.naver.com/dowoong2?Redirect=Log&logNo=70014241733

피에몬테 지역은 가장 북쪽에 위치하며, 프랑스와 스위스 국경지역으로 동쪽의 중심도시인 토리는 시와 함께 포강이 자리 잡고 있다. 이탈리아를 대표하는 와인산지로 북부지역보다는 주로 남부 언덕지역에서 좋은 와인이 많이 생산된다. 가장 유명한 DOCG 와인으로 30년 이상 장기 숙성시킬 수 있는 잠재력이 있는 훌륭한 와인으로 바롤로(Barolo)와 바르바레스코(Barbaresco)가 있고, 다음으로 장기 숙성이 가능한 돌체토(Dolcetto)가 있다.

이 지역 와인의 특징은 알코올 함량이 높고 산도도 비교적 높지만 묵직하고 강건하며 탄닌과 산미의 균형이 잘 잡혀 있으며 풍부한 맛과 향을 가지고 있다. 그리고 우리나라에서 달콤한 모스카토 다스티(Moscato d' Asti)로 유명하고, 누구나 가볍게 마실 수 있는 스파클링 와인인 아스티(Asti) 와인과 식전주로 유명한 버머스(Vermouth)가 유명하다. 피에몬테 지역은 고급 레드 와인이 많이 생산되는 지역인 만큼 레드 와인이 대부분을 차지하고 다음으로 스파클링 와인과 화이트 와인 순으로 생산하고 있다.

이 지역의 기후는 알프스와 아페니네 산맥에 둘러싸여 있기 때문에 지중해에서 불어오는 온화한 바람의 영향을 받아 봄과 가을은 따뜻하고 시원하며, 여름은 덥고 건조하고, 겨울은 매우 춥고 눈이 많이 오는 지역이다. 이 지역은 낮과 밤의 일교차가 크다. 특히 여름철 낮 시간에는 매우 덥고 밤에는 기온이 많이 내려가기 때문에 포도가 성장하기에는 좋은 조건이라 할 수 있다. 가을 수확기에 짙은 안개가 자주 발생하기 때문에 안개라는 뜻을 가진 네비아(Nebbia)에서 유래되었다고 한다.

피에몬테 지역의 포도품종은 네비올로, 바르베라, 브라케토, 돌체토, 그리놀리노, 모스카토 등이 많이 재배되고 있다. DOCG 와인인 바롤로와 바르바레스코를 만드는 주 품종도 네비올로로 만들고 있다.

(1) 바롤로(Barolo)

이 와인은 바롤로 마을 이름에서 유래되었으며 이탈리아 와인의 왕이라고 부를 만큼 알코올 농도와 산도가 높고 탄닌 함량이 많아 묵직하고 진한 맛과 바디가 강하며 송로버섯, 과일, 말린 장미꽃 등의 복합적인 향을 내기 때문에 요리도 묵직하고 진한 맛을 가진 것을 선택해야 한다. 이 지역 와인을 마실 때는 처음에는 가벼운 스타일에 바르베라, 돌체토를 마시고 그 다음 와인은 맛이 조금 더 풍부하고 중후한 바르바레스코 와인을 마신 다음 최종적으로 바롤로를 마시면 피에몬테 와인의 특성과 개성을 이해하는데 많은 도움이 될 것이다.

바롤로 와인은 네비올로 포도품종으로 만드는데 바를로 지역이 바르바레스코 지역보다 포도가 조금 늦게 익기 때문에 탄닌 함량이 많고 숙성 잠재력에 있어서 바롤로 지역이 조금 더 높게 평가되고 있다. 법적으로 최소 알코올 함량이 13% 이상이 되어야 하고, 최소 3년 이상 오크통에서 숙성을 시켜야 하며, 리제르바(Riserva)는 5년 이상을 숙성시켜야 한다. 이 와인은 30년 이상 장기 숙성이 가능하며 숙성이 되면서 벨벳처럼 부드러운 맛으로 재탄생한다. 병입 후 바롤로는 6~7년 정도를 둔 다음에 마시는 것이 좋지만, 포도 작황이 아주 좋은 해는 8~9년 정도를 두어야 제 맛이 난다.

(2) 바르바레스코(Barbaresco)

이 와인은 바르바레스코 마을 이름에서 유래되었으며 이탈리아 와인의 여왕이라고 부를 만큼 우아하고 세련된 맛을 가지고 있다. 이 와인 역시 바롤로와 같이 네비올로 품종으로 만들기 때문에 바롤로와 특별한 차이를 많이 느끼지 못하지만 바롤로보다 조금 가볍고 부드러우며 세련된 맛을 가지고 있다.

법적으로 최소 알코올 함량이 12.5% 이상이 되어야 하고, 최소 2년 이상 숙성을 시켜야 하며, 오크통에서 1년 숙성을 시켜야 한다. 또한 리제르바(Riserva)는 4년 이상을 숙성시켜야 한다.

3) 베네토(Veneto) 와인

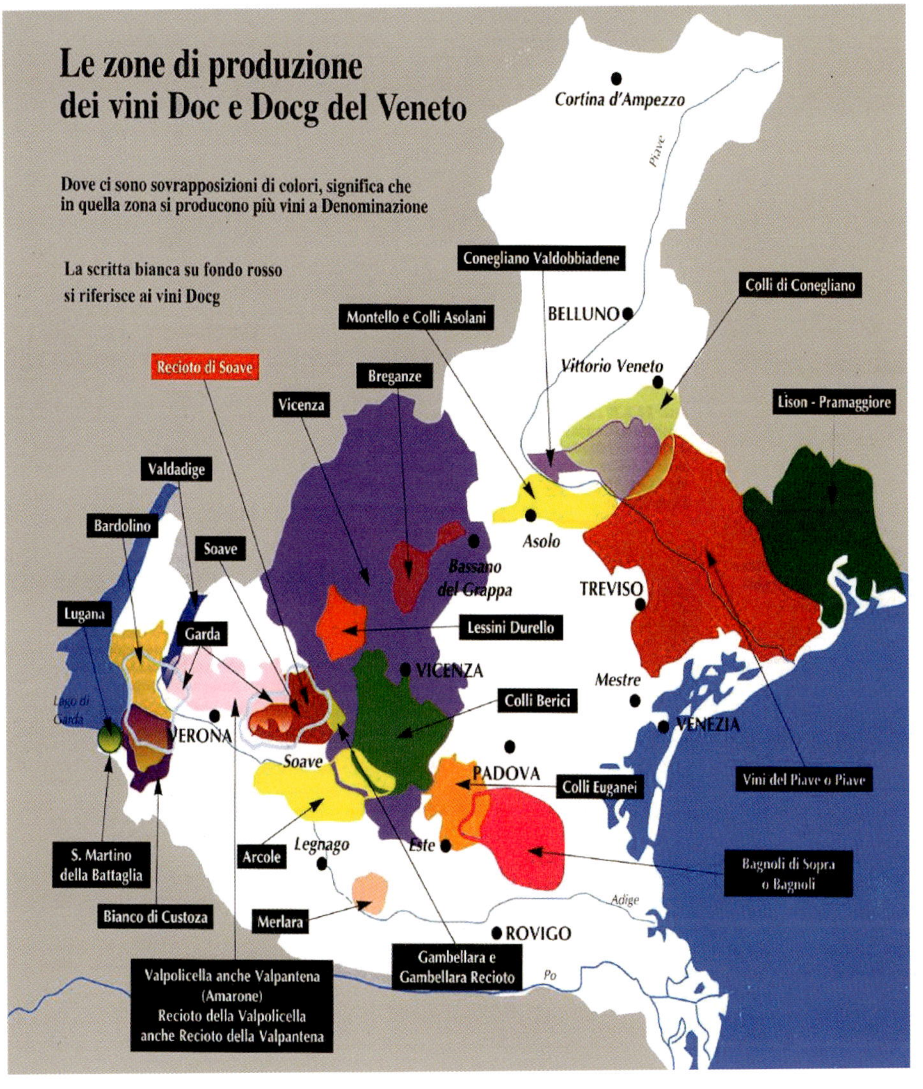

베네토 지역은 북부 이탈리아의 와인생산 지역 중 가장 큰 곳으로 피에몬테와 토스카나 지역 다음으로 레드 와인을 많이 생산하고 있다. 베네토 지역의 주요와인은 발폴리첼라(Valpolicella), 바르돌리노(Bardolino), 소아베(Soave) 등이 유명하다. 이들 와인은 고급은 아니지만 누구나 부담 없이 즐길 수 있는 대중적인 와인이다. 또 수확한 포도를 그늘에서 2~3개월 건조시켜 당분과 향미가 농축된 과즙으로 만든 와인 레초토(Recioto)와 스파클링 와인인 프로세코(Prosecco)가 유명하다.

발폴리첼라 와인은 가볍고 신선한 레드 와인으로 이탈리아 와인 중에서 마시기 편안한 와인으로 손꼽히고 있다. 포도품종은 코르비나(Corvina)가 주 품종이고 론디네라(Rondinella), 몰리나라(Molinara)가 보조 품종으로 혼합하여 만든다.

바르돌리노 와인은 색상이 연한 루비색을 띠며 맛도 가볍고 신선하여 발폴리첼라와 유사한 특징을 가지고 있다. 포도품종 또한 발폴리첼라와 같은 코르비나(Corvina)가 주 품종이고 론디네라(Rondinella), 몰리나라(Molinara)가 보조 품종으로 혼합하여 만든다.

소아베 와인은 연한 노란색의 드라이 화이트 와인으로 이탈리아에서 가장 인기 있는 드라이 화이트 와인생산 지역으로, 영 와인일 때 마시면 신선함과 상쾌함을 한층 더 느낄 수 있다. 포도품종은 가르가네가(Garganega)가 주 품종이고 트레비아노(Trebbiano =Ugni Blanc)가 보조 품종으로 혼합하여 만든다.

이 지역은 1998년에 레초토 디 소아베(Recioto di Soave) 디저트 와인이 DOCG 등급으로 지정되었으며, 2001년도에는 소아베 수페리오(Soave Superio)와 소아베 수페리오 리제르바(Soave Superio Riserva) 와인이 DOCG 등급으로 지정되었다.

4) 기타 이탈리아 와인산지

발레다오스타(Valle D' Aosta), 리구리아(Liguria), 롬바르디아(Lombardia), 트렌티노 알토 아디제(Trentino Alto Aldige), 프리울리 베네치아 줄리아(Friuli Venezia Giulia), 에밀리아 로마냐(Emilia Romagna), 움브리아(Umbria), 마르케(Marche), 라치오(Lazio), 아부루초(Abruzzo), 몰리제(Molise), 캄파니아(Campania), 풀리아(Puglia), 바실리카타(Basilicata), 칼라브리아(Calabria), 시칠리아(Sicilia), 사르데냐(Sardegna) 등이 있다.

제8장

독일 와인

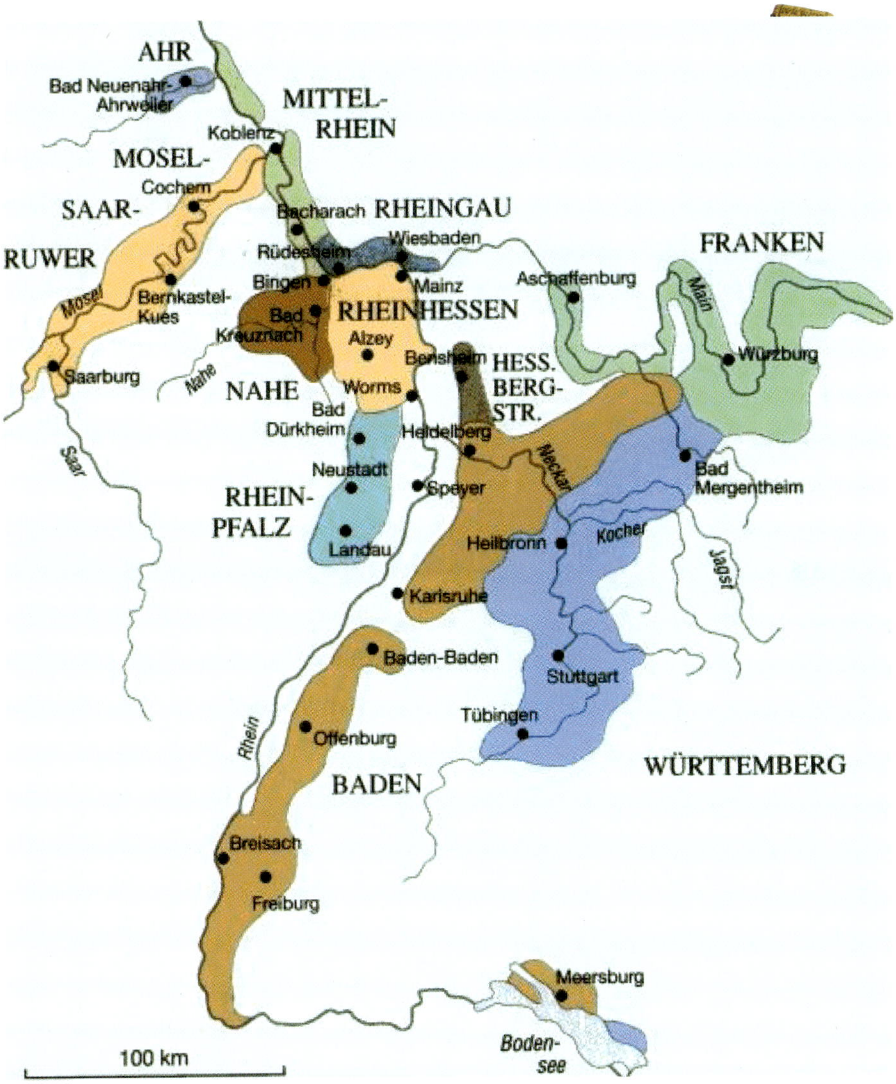

자료 : http://cafe.naver.com/sommelier17/30

1. 독일 와인의 역사와 특징

고대에도 식용포도를 재배한 흔적이 존재하였지만 와인양조 기술은 로마인들에 의한 당시 게르마니아 지방의 정복과 함께 전래되었으며 3세기경부터 라인 강변과 팔츠 지역 그리고 바덴-뷔템베르크 지역을 중심으로 와인산업의 기반을 확립하기 시작하였다. 8세기경 칼 대제에 의해 처음으로 와인이 대중화되었으며 포도품종과 와인제조 방법 그리고 와인산업에 필요한 전반적인 시설 등을 법으로 규정하고 체계화를 시도하였다. 그러나 12세기 수도원에 의해 포도재배 기술과 와인양조 기술의 질적 발전과 함께 우수포도원이 만들어지면서 와인 문화가 정착되기 시작하였다.

17세기는 30년 전쟁으로 전 지역의 포도밭이 황폐화되었지만 18세기에는 라인가우를 중심으로 와인양조와 농업기술의 개선, 발전으로 독일 와인산업의 부흥기를 다시 만들었으며, 나폴레옹의 라인 지방을 점령하면서 당시 교회소유의 포도밭들을 개인이나 지방정부로 소유권을 이전하기 시작하였다. 1892년에는 최초로 독일 와인에 대한 법규를 제정하였고, 1971년에는 지금의 독일와인법규를 새로 만들어 제정하였으며, 2000년 12월에 와인법규개정에 의해 드라이 와인의 등급을 구분하기 위해서 드라이(Dry) 와인만을 위한 클래식(Classic)과 셀렉션(Selection)으로 와인을 분류하였다.

클래식(Classic) 와인은 맛이 강하고 끝 맛이 오래가는 특징을 가지고 있다. 당분함량은 15g이며 알코올 함량은 12%이고 수확량과 숙성기간은 제한이 없지만 빈티지는 표기를 하고 있다.

셀렉션(Selection) 와인은 품질이 아주 우수한 지역의 특성을 살려 만든 것으로 클래식 와인보다는 무게감이 더 강하다. 당분함량은 9~12g이며 알코올 함량은 12%이고 수확량은 60hl/ha, 숙성기간은 최저 1년, 빈티지는 표기를 하고 있다.

독일 와인은 2,000여 년의 포도재배 기술, 품질 지향적이며 환경 친화적인 포도재배 기술과 첨단 셀러 기술의 결합은 독일 와인재배자들을 현대 와인메이커들의 선구자로 만들었다.

전통적 와인생산국 가운데서도 가장 북쪽에 있어 해나다 예측 못할 기후변화에 노출되어 있는 독일에서는 완전히 무르익은 포도를 수확한다는 것은 매우 어려운 실정이다. 그렇기 때문에 대부분의 독일 포도밭은 찬바람을 막아주는 숲이 무성한 언덕이나 급경사지 또는 햇볕을 반사하는 호수로 주변 온도를 일정하게 유지하는 라인 강이나 그의 지류 가까이에 위치해 있다. 좋은 포도밭은 태양열을 간직할 수 있는 점판암이나 현무암의 토양으로 구성되어 있고 대체적으로 산미가 좋고 신선한 와인을 제공한다.

강수량과 일조량의 적절한 조화 속에 독일의 포도는 긴 숙성기간을 갖는다. 이로써 포도는 서서히 익으면서 당분을 축적시키면서도 쾌활한 산미를 유지할 수 있게 된다. 또한 다양한 토양으로부터 미네랄을 흡수하여 결국 모방할 수 없는 독일 와인의 신선함과 다양한 풍미 그리고 부케를 가능케 한다. 독일의 화이트 와인은 라인가우와 모젤 지역이 세계적으로 유명하지만 독일의 화이트 와인은 독특하고 신선한 맛과 향으로 당과 산의 조화가 잘 이루어져 있고 또한 알코올 함량이 낮은 것이 특징이다.

균형 잡힌 드라이한 맛 트로켄(Trocken), 할프트로켄(Halftrocken), 클라식(Classic), 셀렉션(Selection)이라는 용어는 새로이 사용하는 드라이 와인을 가리킨다. 이 같은 와인은 가볍고 섬세하고 신선하며 알코올 도수가 높지 않는 카비넷(Kabinett) 스타일의 와인처럼 가벼운 음식과 잘 어울린다.

전통적인 슈페트레제(Spatlese)나 감미롭고 달콤한 아우스레제(Auslese) 그리고 아이스 와인(Eiswein)은 농축된 과일의 산미와 당미 및 맛과 향을 선사한다.

슈페트레제(Spatlese) 와인이 탄생하게 된 설을 살펴보면, 지금의 Rheingau(라인가우) 지역의 Schloss(쉴로스=성) Johannisberg(요하니스버그)에서 벌어진 일이다. 당시의 와인생산을 위한 모든 결정은 바로 수도승이 갖고 있었다. 마침 이 성의 수도승이 먼 지방으로 출타를 해서 자리를 비웠기 때문에 와인제조자들은 포도수확 여부를 결정하지 못하고 있었다. 포도수확은 아주 중요한 일이기 때문에 급히 전령을 먼 지방으로 보내 수도승의 결정을 기다리고 있었다. 하지만, 지금처럼 핸드폰도 없고, 전화도 없던 시절인 만큼 도보로 갈 수 밖에 없었다. 전령이 그 먼 지방까지 가서 수도승이 수확해도 좋다는 대답을 받고 돌아왔을 때는 벌써 정상적인 수확시기에 비해 최소 1주일 정도 늦어졌다.

고민을 하던 와인제조자들은 이미 늦었지만 와인을 만들 수밖에 없었고 늦게 수확한 포도를 사용해 와인을 만들기 시작했다. 와인이 만들어지고 숙성이 지난 후 지방에서 돌아온 수도승은 그해에 만든 와인을 맛을 보고 한마디 하였다. 이 와인은 아주 달콤하고 맛이 일반 와인과 다르다는 것을 알았다. 그래서 와인을 만든 사람에게 어떻게 만들었는지 물어보았다. 그때 와인을 만들었던 사람이 무심코 던진 한마디가 "Spätlese"라고 하였다. 이 뜻은 바로 영어의 Late Harvest(늦은 수확)이라는 뜻이다. 이 와인이 유명세를 타자, 이웃 성들이 다음 해부터는 다른 성보다 '더 늦게! 더 늦게! 더 늦게!' 수확하겠다는 욕심을 부리기 시작했고, 이때부터 독일 와인의 달콤한 세계가 열리기 시작했던 것이다.

2. 포도품종

1) 화이트 와인 품종

(1) 리슬링(RIESLING)

독일을 대표하는 최고의 화이트 와인용 포도품종으로 고급스러움, 견고한 산도, 풍부한 맛, 숙성력이 특징적이며, 맵고 새콤달콤한 맛을 지닌 아시아, 남미 요리 외에도 다양한 음식과 놀라울 정도로 조화를 이룬다.

상큼하고 잘 익은 복숭아와 사과 등 과일 향과 꽃 향이 지배적이며, 풍성한 미네랄 또는 보트리티스(Botrytis, 노블롯)의 감미로운 맛 등은 모두 리슬링의 복합적인 선율을 잘 나타내는 표현이다. 독일 전체 포도의 21%를 차지하고 있다.

(2) 질바너(SILVANER)

오랜 전통의 품종으로 신선한 과일 맛의 풀바디 와인을 만든다. 리슬링보다 가볍고 산도가 낮으며 부드러운 맛으로 해산물이나 가벼운 육류의 섬세한 맛을 살릴 수 있는 무난한 와인으로 알려져 있다. 전체 포도의 약 10%를 차지한다.

(3) 리바너(RIVANER/MULER-THURGAU)

리바너는 드라이한 와인으로 음식과 더 잘 어울리는 와인이다. 독일에서 가장 많이 재배되는 품종으로 다른 품종과 블렌딩용으로 많이 사용되고 있고 각종 허브로 맛을 낸 요리, 샐러드, 야채와 잘 어울린다. 꽃향기, 은은한 머스캣 톤이 감돌면서 신맛이 강하지 않아서 부담 없이 즐기기에 적합한 와인이다. 단기 숙성용이다.

(4) 그라우부르군더(GRAUBURGUNDER : 피노그리)

유사종인 루렌더(RULANDER)보다 세련되고 드라이한 맛을 낸다. 두 종류 모두 원만한 산미를 가지고 있어 입안을 가득 메우는 풍부한 화이트 와인이다. 그라우부르군더 같은 경우는 바닷물고기, 양고기, 사냥감 등이 맛이 강한 요리와 궁합이 맞고, 잘 숙성된 단맛을 내는 루렌더는 샤프한 치즈와 함께 즐기는 것도 좋다.

(5) 바이스부르군더(WEISSBURGUNDER : 피노블랑)

신선한 산미, 섬세한 과일 맛, 그리고 파인애플, 견과류, 살구와 감귤류를 연상시키는 부케가 복합으로 융화된 훌륭한 화이트 와인이다. 가벼운 육류 또는 해산물과 잘 어울린다. 오크통에서 숙성된 와인은 양고기나 가금류와도 잘 어울린다.

(6) 케르너(DERNER)

신품종으로 1970년부터 라인헤세와 팔츠에서 재배하기 시작했고 리슬링(RIESLING)의 특징들을 간직하여 신선한 산미와 풍부한 과일 맛을 지니고 있다.

(7) 쇼이레베(SCHEUREBE)

리슬링과 질바너의 교잡종이다. 블랙 커런트나 자몽을 떠올리게 하는 부케와 섬세한 향신료의 언더톤, 그리고 톡 쏘는 신맛을 지녀 아시아 요리와 블루 치즈와 잘 어울린다.

2) 레드 와인 품종

(1) 슈페트부르군더(SPATBURGUNDER)

독일 최상급의 레드 와인용 품종이지만 프랑스에서는 피노누아르(Pinot Noir)로 불리는 품종이다. 이 품종은 입안 가득히 채우는 풍성함과 약간 달콤한 과일 향을 살짝 풍기는 벨벳처럼 부드러운 와인이다. 고급 고기 요리와 사냥감 요리와 어울린다. 가벼운 육류 요리에는 로제 와인인 '슈페트부르군더 바이스헤릅스트(Spatburgunder Weissherbst)' 와 함께 즐기면 좋다. 바덴 지역이 유명하다.

(2) 도른펠더(DORNFELDER)

진한 색을 내는 새로운 품종의 레드 와인용 품종으로 슈페트부르군더 다음으로 중요한 자리를 차지하고 있다. 베리 향이 풍부하며 차갑게 음미하는 "젊은" 스타일의 와인으로 피크닉용으로 안성맞춤이다. 보졸레 와인과 같이 신선하고 대중적인 와인을 생산하지만 탄닌이 보다 풍부한 오크통 숙성 와인은 묵직한 고기 요리나 사냥감류 또는 풍미가 강한 치즈 등과도 뛰어난 조화를 이룬다.

(3) 포르투기저(POR-TUGIESER)

슈페트부르군더, 도른펠더와 함께 많이 재배되는 레드 와인용 품종으로 원만한 산도를 가진 심플하고 가벼운 와인을 만든다.

(4) 트롤링거(TROLLINGER)

렘베르거와 뷔르템베르크 지역의 대표적인 품종이다. 이 품종의 레드 와인은 와인 자체만으로 음미하거나 간단한 요리(치즈요리 또는 소시지류)와 잘 어울린다. 바디가 풍부한 레드 와인인 '렘베르거(LEMBERGER)'는 육류나 강한 치즈와 즐기면 된다.

3. 독일 와인의 등급-당도에 따른 와인 분류

독일은 1971년 7월 19일 Wine Law라는 법을 통해 기본적인 체계를 확립하였으며, 1982년에 개정된 이후 지금까지 사용되고 있다. 유럽 연맹은 크게 두 가지로 품질 등급을 구분한다. 테이블 와인과 품질 와인이다.

■ 독일 와인등급

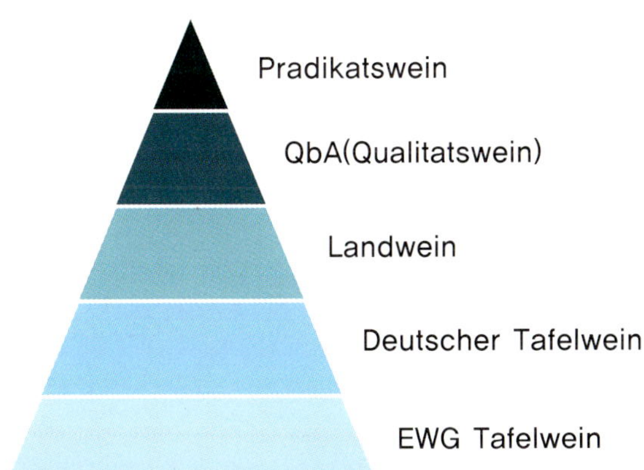

1) 타펠바인(Tafelwein)

가장 낮은 등급을 말하며, 재배지 구분이 없이 EC산 포도와 혼합한 와인을 말한다.

2) 도이처 타펠바인(Deutscher Tafelwein)

Table Wine(테이블 와인)이라고 불리는 등급이며, 100% 독일 포도로 만든 와인이어야 하며, 독일에서는 평균적으로 연간 포도수확량의 5% 미만만이 테이블 와인생산에 투입된다. 편안하게 마실 수 있는 일상의 와인으로 지역 소비자들에게 즐거운 상쾌함을 제공한다.

3) 란트바인(Landwein)

프랑스의 Vin de Pays(뱅 드 뻬이) 등급과 같은 등급으로 발효 전에 설탕을 첨가할 수 있지만 농축과즙은 첨가할 수 없다.

4) 쿠발리테쯔 바인 Q.B.A.(QUALITATSWEIN)

독일의 13개 특정 포도주 생산지역에서 생산되는 품질 와인은 숙성도가 뛰어난 포도로 생산되어 더 높은 품질 기준을 전제로 한다. 기후가 좋지 않은 해에는 알코올 농도를 높이기 위해 설탕 및 포도주스를 넣을 수 있다. 그리고 레이블 의무 기재사항은 공인검사번호(A.P.Nr) 및 생산지명, 주병업자, 주소, 용량, QbA문구 등을 기재한다.

5) 프레디카츠바인(Pradikatswein)

독일 최고의 품질 와인으로 2007년도부터 QmP에서 프레디카츠바인으로 변경되었다. 완숙된 포도나 귀부(BOTRYTIS) 포도로 만든다. 우아하고 품격이 있으며 숙성력이 뛰어나다. 40개의 지구에서 품종, 빈티지, 포도밭 등을 표시할 경우 그 함유량이 85% 이상이 되어야 한다. 그렇지만 베렌아우스레제와 트로켄베렌아우스레제의 포도밭에서 생산되는 포도는 함유량은 51% 이상이면 된다.

이 QmP급 와인은 포도의 완숙도와 품질에 따라 다시 여섯 단계로 나누는데 등급은 당도에 따라 결정된다.

- **카비넷(KABINETT)** 잘 익은 포도로 만든 부드러운 와인으로 깔끔하고 알코올 도수가 낮다. 알코올 7.0% 이상
- **슈페트레제(SPATLESE)** 말 그대로 '늦 수확한' 와인으로 완숙에 이른 포도의 깊은 풍미와 조화된 미감이 뛰어난 와인이다. 늦다는 것은 상대적으로 과숙한 포도로 만든 와인 중 첫 단계란 뜻이다. 알코올 7.0% 이상
- **아우스레제(AUSLESE)** 고귀한 와인으로 매우 잘 익은 포도송이 중에서 다시 선별하여 만들며, 향과 맛의 깊이가 뛰어나다. 대체로 스위트한 와인이지만 드라이도 있다. 알코올 7.0% 이상
- **베렌아우스레제(BEERENAUSLESE-BA)** 희귀하고 독특한 맛의 와인으로 보트리티스(Botrytis-noble rot) 특유한 꿀 향기를 가졌다. 과숙된 포도알을 손 수확하여 양조하기 때문에 보통 스위트 와인이 된다. 알코올 5.5% 이상
- **아이스와인(EISWEIN)** 포도나무에 매달아 놓은 채 겨울까지 기다린 다음 포도를 언 상태에서 수확하여 해동시키지 않고 즙을 내서 만든다. 국제적 규정으로 영하 7℃에서 수확하여 압착한다. 과일의 산미와 당미의 농축도가 매우 뛰어난 독특한 와인이다. 알코올 5.5% 이상
- **트로켄베렌아우스레제(TROCKENBEERENAUSLESE-TBA)** 독일 포도재배 기술의 왕관. 귀부현상에 걸린 낱개의 포도알을 건포도 수준에서 수확하여 만든 와인으로 그 농축미와 복합미가 타의 추종을 불허한다. 알코올 5.5% 이상

종합하여 보면 독일 와인은 편안한 일상의 가족모임이나 연인, 친구들과 함께 즐길 수 있는 와인으로 피크닉에서부터 고품격의 식사나 리셉션에 이르기까지 모든 상황에 잘 어울리는 와인 스타일을 선사한다.

4. 독일 와인의 주요산지

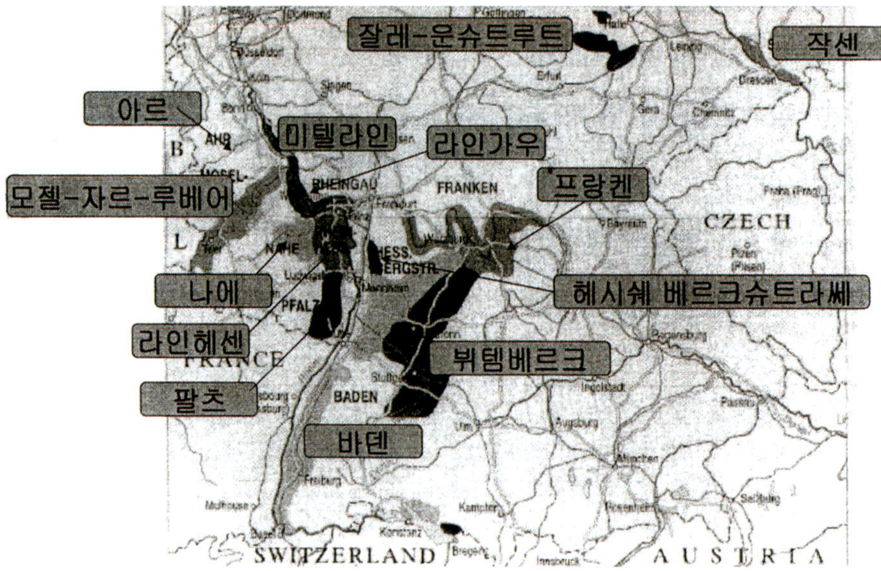

1) 아르(AHR)

독일에서 "레드 와인의 천국"이라 불리는 이 지역의 재배면적은 538ha로 화이트 와인 12%와 레드 와인 88%를 생산하고 있다. 포도원들은 본(Bonn)의 남쪽에서 라인 강으로 합류하는 약 86km의 아르 강 유역을 따라 선을 그리고 있다. 연 평균기온이 약 10℃이고, 강우량은 약 620mm이다. 고풍스러운 온천으로 유명한 이 지역은 서부의 슬레이트 절벽과 동부의 높은 현무암 봉우리들은 이 지역의 급경사지 포도밭의 풍경을 북돋운다.

화이트 품종으로는 리슬링(Riesling)을 재배하고 있으나 이 자그마한 지역은 섬세한 레드 와인, 특히 슈페트부르군더(Spatburgunder)와 포르투기저가 유명하다. 슈페트부르군더는 프랑스의 피노누아와 같은 품종으로 대부분 드라이한 맛의 와인으로 체리, 산딸기, 카시스 등의 베리 향이 짙다.

주요 생산지는 마이쇼스(Mayschoss), 데어나우(Dernau), 아르바일러(Ahrweiler), 발포르츠하임(Walporzheim), 밧 노이엔아르(Bad Neuenahr) 등의 지역이다.

2) 모젤(MOSEL)

모젤 강 유역과 그 지류인 자르(Saar)와 루버(Ruwer) 지역의 포도재배 면적은 9.080ha로 화이트 와인 91%와 레드 와인 9%를 생산하고 있는 유명한 화이트 와인 산지이다. 고대 로마인들은 BC 2000년경부터 포도나무를 심었으며 독일에서도 가장 로맨틱한 와인 재배지로 전해져 내려온다. 3개의 강을 위주로 포도밭이 형성된 독일에서 오래된 와인 산지 중에 하나이다. 마치 양탄자처럼 슬레이트 성 급경사를 덮어주는 포도밭과 숲은 모젤 강이 코블렌쯔(Koblenz)에서 라인 강으로 합류하는 지점까지 가장자리를 장식한다. 또한 이곳은 그야말로 전통적인 리슬링 품종 재배지역으로 최적이라고 볼 수 있다.

와인들은 대부분 점판암토양에서 자라기 때문에 미네랄과 산미가 풍부하며 섬세하고 향긋한 맛과 신선한 과일 향을 머금은 산미, 미네랄 향은 언더톤에 이르기까지 비교할 수 없는 피네스를 지닌 와인이다. 특히 이 지역에만 있는 엘브링(Elbling)은 산미가 높아 스파클링 와인을 만드는데 주로 사용하고 있다. 이곳 와인의 특징은 활기찬 풍미와 함께 향기롭고 가벼운 스틸 화이트 와인과 스파클링 와인으로 유명하다. 주요 포도품종으로는 리슬링과 뮐러-트르가우, 엘브링, 케르너, 슈페트부르군더, 도른펠더 등이 생산되고 있다.

주요 생산지는 비닝엔(Winningen), 베른카스텔(Bernkastel), 피스포르트(Piesport), 트리텐하임(Trittenheim), 빌팅엔(Wiltingen) 등의 지역이다.

3) 나헤(NAHE)

모젤 강과 라인 강 사이에 위치한 나헤는 재배면적이 4.119ha로 화이트 와인 74%와 레드 와인 26%를 생산하고 있다. 이 지역은 숲으로 뒤덮인 훈스룩크 구릉지대(Hunsruck Hills)를 가로지르며 라인 강의 빙엔(Bingen)으로 흐르는 강의 이름을 딴 지역으로 길이가 약 116km이다. 인상적인 암반층형상, 미네랄 퇴적 및 광물들이 진기한 지질학적 다양성을 입증하며 또한 나헤 지역의 와인들은 대부분 강한 과일 향과 산미를 보이는 폭 넓은 와인 스타일을 설명한다.

급경사의 점판암 토양에서 생산된 리슬링은 독일의 최고 와인 중 하나로 꼽히고 있으며 향긋한 리바너, 묵직한 질바너 등도 이 지역의 오랜 클래식 와인을 대표하고 있다. 피노 계열의 화이트, 레드 와인들, 예를 들어, 그라우부르군더(Grauburgunder), 바이스부르군더(Weissburgunder)와 슈페트부르군더(Spatburgunder) 그리고 레드 와인인 도른펠더(Dormfelder)도 최근 상승무드를 타고 있다.

주요 생산지는 밧 크로이츠낙흐(Bad Kreuznach), 니더하우젠(Niederhausen), 뮌스터-사름스하임(Munster-Sarmsheim), 슐로쓰베켈하임(Scholssbockelheim) 등의 지역이다.

4) 라인헤센(RHEINHESSEN)

라인 강이 보름스(Worms)에서 마인츠(Mainz)로 다시 빙겐(Bingen)으로 흐르면서 크게 꺾어지는 "ㄱ자형" 지대를 가리켜 "1000개의 언덕이 있는 강기슭"이라 부른다. 재배면적은 26.228ha이며, 화이트 와인 68%, 레드 와인 32% 정도를 생산하고 있다. 크기가 넓은 만큼 독일 최대의 와인재배 지역으로 그 어느 지역보다 다양한 와인을 생산한다. 특히 라인헤센 질바너(Rheinhessen Silvaner)와 라인헤센 셀렉션(Rheinhessen Selection) 와인은 이 지역의 스페셜 와인으로 유명하다.

라인헤센 질바너 와인은 80년대 중반에 라인헤센 와인생산자들이 전통품종인 질바너를 새로운 스타일과 현대적인 감각의 드라이한 맛의 와인으로 생산하였다. 이 와인의 특징은 전형적인 과일 향과 사향이 많이 나고 생동감이 살아있고 산미가 조화로운 것이 특징이다. 그리고 라인헤센 셀렉션 와인은 포도수령이 최소한 15년 이상 된 나무에서 포도를 수확하여 생산하며 포도품종은 질바너, 리슬링, 피노품종과 트라미너, 포르트기저 등으로 제한하고 있다. 그러나 이 지역은 리바너, 질바너, 리슬링 등의 전통 화이트 와인이 주 생산품이지만, 적포도품종인 포르투기저와 도른펠더와 같은 향기가 풍부한 품종도 재배된다.

주요 생산지는 빙엔(Bingen), 달스하임(Dalsheim), 나켄하임(Nackenheim), 니어슈타인(Nierstein), 베스트호펜(Westhofen) 등의 지역이다.

주요 품종은 뮐러-투르가우, 도른펠더, 리슬링, 질바너, 포르투기저, 슈페트부르군더, 그라우부르군더 등이 재배되고 있다.

5) 팔쯔(PFALZ)

"독일 와인로드(Deutsche Weinstrasse)"는 라이헤쎈 지역과 프랑스 국격 사이 85km에 걸쳐 그림 같은 마을과 풍요로운 포도밭을 자랑하며 굽이 치고 있고 라인헤센 다음으로 큰 와인생산 지역이다. 재배면적은 23.363ha이며, 화이트 와인 60%, 레드 와인 40% 정도를 생산하고 있다. 따뜻하고 햇빛 풍부한 기후에서 포도나무는 무성하게 자라며 관능적이고 풍만한 바디의 와인을 생산해 낸다.

주 품종으로 리슬링이 있으며, 화이트 피노인 바이스부르군더와 그라우부르군더와 함께 고품질의 화이트 와인을 만든다. 한편, 슈베트부르군더, 도른펠더 그리고 진기한 '생로렝(St.Laurent)' 은 무엇보다 고급 레드 와인의 상징이다. 리바너와 포르투기저는 가볍게 즐기는 와인으로 선호된다.

주요 생산지는 다이데스하임, 뒤르크하임, 비르크바릴리, 지벨딩엔, 포르스트, 칼슈타트, 박헨하임 등의 지역이다.

6) 헤시셰 베르그슈트라세(HESSISCHE-BERGSTRASSE)

프랑크푸르트 남쪽의 오덴발드 숲(Odenwald)의 작은 구릉들을 따라 라인 강과 평행으로 이뤄져 있고 독일에서 두 번째로 작은 와인생산 지역이다. 재배면적은 436ha이며, 화이트 와인 81%, 레드 와인 19% 정도를 생산하고 있다. 아몬드와 과일나무가 다른 곳보다 일찍 꽃을 피워 "독일의 봄 정원"으로도 불리는 베르그슈트라세 지역은 폐허의 성곽이 골짜기 아래의 포도원과 과수원을 내려다보는 매력적인 풍경을 자랑한다. 바디가 강한 리슬링은 이 지역의 주 품종으로 전체 재배지의 50%를 차지하며, 뒤를 이어 리바너와 그라우부르군더 품종을 꼽을 수 있다. 그렇지만 와인들의 대부분은 지역 자체에서 소비하고 있다.

이 작은 지역의 주요 생산지는 벤스하임(Bensheim), 아우어바흐(Auerbach), 헤펜하임(Heppenheim) 등의 지역이다.

7) 바덴(BADEN)

따뜻하고 햇볕이 잘 드는 바덴은 독일 포도산지 중 가장 남쪽에 위치해 있다. 재배면적은 16.004ha이며, 화이트 와인 57%, 레드 와인 43% 정도를 생산하고 있다. 보덴제(Bodensee)에서 시작하여 라인 강을 따라 하이델베르그(Heidelberg)까지 약 400여 km에 걸쳐 펼쳐진 바덴 지역은 와인생산 지역 중 가장 남쪽에 위치하고 있다. 바덴은 또한 '흑림 지역(black forest)' 및 화산암 토양의 테라스식 경사면에 많은 포도가 재배되는 '카이저스툴(Kaiserstuhl)'을 포함한다. 이웃 지역인 알자스, 스위스와 마찬가지로 바덴은 음식과 와인으로 명성이 나 있다.

모든 요리와 무난하게 어울리는 드라이한 맛의 와인들이 인기가 있지만 레드 및 화이트 부르군더 와인은 전역에서 인기를 얻고 있다. 리바너 품종도 널리 재배되고 있는 반면, 전통 화이트 품종인 리슬링, 진바너, 구트에델(Gutede)은 지역적 차원에 머물고 있다.

주요 생산지역은 Heidelberg, Durbach, Neuweier Achkarren, Bischoffingen, Feiburg, Ihringen, Auggen, Meersburg 등의 지역이다.

8) 뷰르템베르그(WURTTEMBERG)

바덴에 인접하고 프랑켄 지역 남쪽에 위치한 뷰르템베르그는 구릉지대를 이루는 전원 지역이다. 재배면적은 11.552ha이며, 화이트 와인 29%, 레드 와인 71% 정도를 생산하고 있다. 독일에서 네 번째로 큰 와인 산지이다. 특히 레드 와인을 70% 이상 재배하고 있다. 대부분의 포도원들은 넥카 강 유역을 따라 형성된 들판과 숲을 이루는 지역에 자리 잡고 있다.

레드 와인이 주 생산품으로 상큼하고 가벼운 트롤링어에서부터 색상과 바디 그리고 성분이 풍부한 슈바르츠리슬링(Schwarzriesling)과 렘베르거(Lemberger)에 이르기까지 다양한 와인이 있다. 화이트 와인으로는 리슬링이 단연 두각을 나타내며 리슬링과 이종교배로 탄생한 케르너(Kerner)가 그 뒤를 잇고 있다.

주요 생산지는 펠박흐(Fellbach), 클라인보트바르(Kleinbottwar), 나이페르크(Neipperg), 하일브론(Heilbronn) 등의 지역이다.

주요 포도품종은 트롤링어, 리슬링, 슈바르츠리슬링, 렘베르거, 슈페트부르군더 등이다.

9) 프란켄(FRANKEN)

프랑크푸르트 동쪽에 위치한 프란켄은 구불구불한 마인 강을 따라 형성되어 있는 지역이다. 대부분의 포도밭들은 넥카 강 유역을 따라 형성된 들판과 숲을 이루는 지역에 자리 잡고 있다. 재배면적은 6.072ha이며, 화이트 와인 82%, 레드 와인 18% 정도를 생산하고 있다. 모젤 지역처럼 화이트 와인을 많이 생산하고 있으며, 실바너와 뮐러-트러가우 품종이 전체 50% 이상을 차지한다. 납작하고 둥그런 모양의 와인병 복스보이텔(Bocksbeutel)뿐만 아니라 특별한 기후와 드라이한 와인 스타일 역시 프란켄을 특별하게 만든다. 생산량 절반은 복스보이텔에 와인을 병입한다.

서늘한 기후와 독특한 토양은 이 지역의 리슬링에 색깔을 주며, 조숙종인 리바너와 박쿠스(Bacchus)도 잘 재배된다. 무엇보다도 프란켄은 흙내음 그윽한 힘찬 질바너 와인으로 유명하다. 슈페트부르군더와 다른 지역에는 드문 도미나(Domina)가 이곳의 주 적포도주 품종이다. 그렇지만 와인의 5분의 4 정도는 지역 내에서 소비한다.

주요 생산지는 뷔르그슈타트, 카스텔, 에셔른도르프, 이프호펜, 란더작커, 좀머하우젠, 부르츠부르크 등의 지역이다.

10) 작센(SACHSEN)

독일에서 가장 작고 가장 동쪽에 위치한 포도재배 지역인 작센은 엘베 강 유역에 위치한다. 재배면적은 411ha이며, 화이트 와인 82%, 레드 와인 18% 정도를 생산하고 있다. 문화적 배경과 온화한 기후로 "엘베의 피렌체"라는 애칭을 가진 드레스덴,

그리고 마이센이 지역의 주요 도시지만 나움부르크의 슈타츠바인큐터와 마이센 지역에서는 대부분 드라이한 맛의 와인을 생산하고 있다. 포도나무는 주로 가파른 테라스식 경사진 화강암 언덕에서 자란다.

다양한 와인이 생산되지만 드라이한 리바너, 리슬링, 바이스부르군더가 주종을 이룬다. 소량이긴 하지만 리슬링과 뮈스카의 희귀 교배종인 '골드리슬링(Goldriesling)'을 독일에서는 유일하게 재배하는 지역이기도 하다.

주요 생산지는 Pillnitz, Proschwitz, Radebeul, Seusslitz 등의 지역이다.

11) 잘레 운스투르트(SAALE-UNSTRUT)

잘레-운스투르트는 바이마르와 라이프찌히 사이에 위치한 독일 와인생산지 중 최북단에 있다. 재배면적은 658ha이며, 화이트 와인 74%, 레드 와인 62% 정도를 생산하고 있다. 지난 1,000년간 잘레 강과 운스투르트 강 유역의 경사진 테라스식 석회암 사면-포폴라 나무 숲과 널찍한 고원으로 둘러싸인 언덕에서 포도가 재배되어 왔으며 대부분 드라이한 맛의 와인을 생산한다.

은은한 스파이스 향이 감도는 부케가 특징적인 드라이한 품종 와인을 주로 생산한다. 리바너, 바이스부르군더, 질바너가 주 품종이다.

주요 생산지는 Kaatschen, Karsdorf, Freyburg 등의 지역이다.

12) 라인가우(RHEINGAU)

라인가우의 심장은 비스바덴(Wiesbaden)에서 시작하여 약 50km 라인 강을 따라 오른쪽 라인 강 기슭에 위치한 로르히(Lorch)까지의 지역을 말한다. 재배면적은 3.106ha이며, 화이트 와인 85%, 레드 와인 15% 정도를 생산하고 있다. 고귀한 리슬링과 슈페트부르군더 포도나무가 '타우너스 언덕(Taunus Hills)'을 뒤덮고 있는 지역이다. 이 지역의 기후는 타우니스 산맥으로부터 보호를 받고 있어 겨울은 온난하며 여름은 따뜻하다. 토양은 점판암과 혼사점토 그리고 황토 등의 토양은 훌륭한 컬러티 화이트 와인을 생산하기에 매우 적합하다.

라인가우의 명성은 무엇보다도 최적의 기후이며 주요 생산지는 요한니스베르크(Johannisberg), 아스만스 하우젠(Assmannsmhausen), 엘트빌레(Eltville), 에어박흐(Erbach), 가이젠하임(Geisenheim), 키드릭히(Kiedrich) 등이 있다. 그리고 이렇게 좋은 와인이 생산될 수 있었던 점은 요하니스베르그(Johannisberg)의 베네딕트 수사, 에버바흐 수도원(Kloster Eberbach)의 수사 그리고 이 고장의 귀족층이 몇 세기 전에 정하여 엄격하게 수행한 품질 관리 규정에서 비롯된다.

1775년 요하니스베르그에서 "우연한 행운"으로 만들어졌던 슈페트레제(늦은 수확)는 독일산 와인의 명성을 펼치게 한 풍부하고 깊은 보트리티스(botrytis) 와인의 시초인 슈페트레제가 발견된 곳이며 주요품종으로는 리슬링이 차지하는 부분이 약 80% 정도이며 슈페트부르군드가 약 13%, 뮐러-투르가우가 약 2%를 차지하고 있다. 이 지역의 와인은 고품격의 드라이, 미디엄, 스위트 와인이 잘 알려져 있다.

주요 생산지는 요한니스베르크(Johannisberg), 아스만스하우젠(Assmannsmhausen), 에어박흐(Erbach), 가이젠하임(Geisenheim), 엘트빌레(Eltville) 등의 지역이다.

슈페트레제의 변천사

- 1720년도에 세계에서 처음으로 리슬링 포도품종을 재배하였다.
- 1775년도에 슈페트레제를 발견하였다.
- 1787년도에 아우스레제를 발견하여 현재까지 와인애호가들에게 많은 사랑을 받고 있다.
- 1858년도에 슐로스 요한니스베르크에서 처음으로 아이스 와인을 수확하였다.

13) 미텔라인(MITTELRHEIN)

미텔라인은 '라인 골짜기' 로 불리는 본(Bonn)과 빙엔(Bingen) 사이에 120km 정도 장대하게 펼쳐진 라인 강 유역을 말한다. 재배면적은 465ha이며, 화이트 와인

86%, 레드 와인 14% 정도를 생산하고 있다. 라인 강은 이 슬레이트 언덕 사이를 수천 년간 흐르면서 좁고도 가파른 협소한 골짜기를 형성하며 지난 2,000년간 포도나무가 서식한 최상의 국소기후를 형성하고 있으며 점판암과 경사석 토양이 이 지역 리슬링 품종에 잘 맞는 떼루아를 구성하고 있다.

고대의 영광을 자랑하는 성곽의 폐허들이 아직 남아 있으며 이 성곽 주위에 포도나무로 덮인 언덕과 중세풍의 마을들을 내려다 본다. 로렐라이와 니벨룽엔 등이 있는 미텔라인은 예술가와 와인메이커들이 영감을 얻기 위해 찾는 곳으로 유명하다. 산뜻하고 향긋한 리슬링 와인은 미텔라인 지역의 주 생산품이며 뮐러-투르가우, 슈페트부르군더, 케르너가 주요 포도품종이다.

주요 생산지는 보파르트(Boppard), 박하라흐(Bacharach), 로이테스도르프(Leutesdorf), 오베어베젤(Oberwesel) 등의 지역이다.

◈ 독일와인 레이블 읽는 법

1 와인 브랜드

2 빈티지-포도가 수확된 연도

3 포도품종

4 와인의 품질 등급-수확 당시의 포도 숙성도 표시

5 와인의 스타일-여기서는 '트로켄(trocken)' 와인, 트로켄은 매우 드라이한 와인을 뜻한다. '클래식' 또는 '설렉션'이라 표기된 와인들도 드라이한 와인들이다. 이 같은 표기가 없다면 당분을 어느 정도 가지고 있는 와인이라고 보면 된다.

6 포도재배 지역과 포도밭 이름-마을 이름뒤에 '-er'이 붙어 있으며, 그 뒤에 포도밭 이름이 따른다.

7 생산 지역-독일에는 13개의 와인 산지가 있다.

8 개별 재배자나 공동생산조합(Winzerhenossenschaft)에 의해 생산되고 병입되었을 때는 에어초이거압퓰룽(Erzeugerabfullung)으로 표기할 수 있다. 일정 규모의 단위 포도농장과 개별 재배자는 선택적으로 구톳압퓰룽(Gutsabfullung)으로 표기가 가능하다. 기타 포도원과 병입자는 압퓰러(Abfuller)로 표기한다.

9 프래디캇 등급

10 품질 관리 번호-모든 독일의 고품질 와인이 거쳐야 하는 성분 검사 및 테이스팅 테스트를 성공적으로 통과했음을 보여준다.

◈ A.P.Nr 공인검사번호

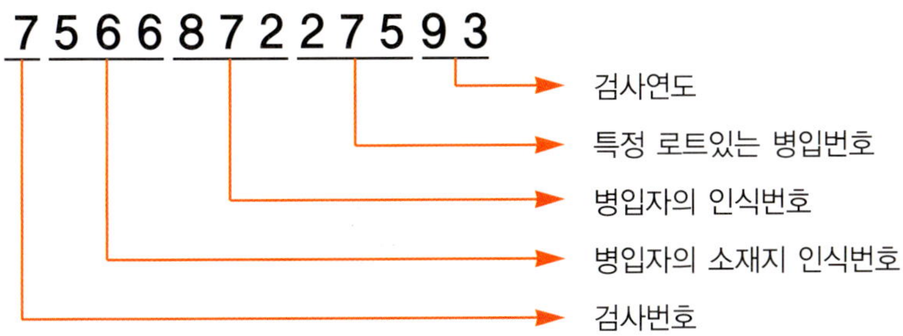

Wine Encyclopedia

제9장

스페인 와인

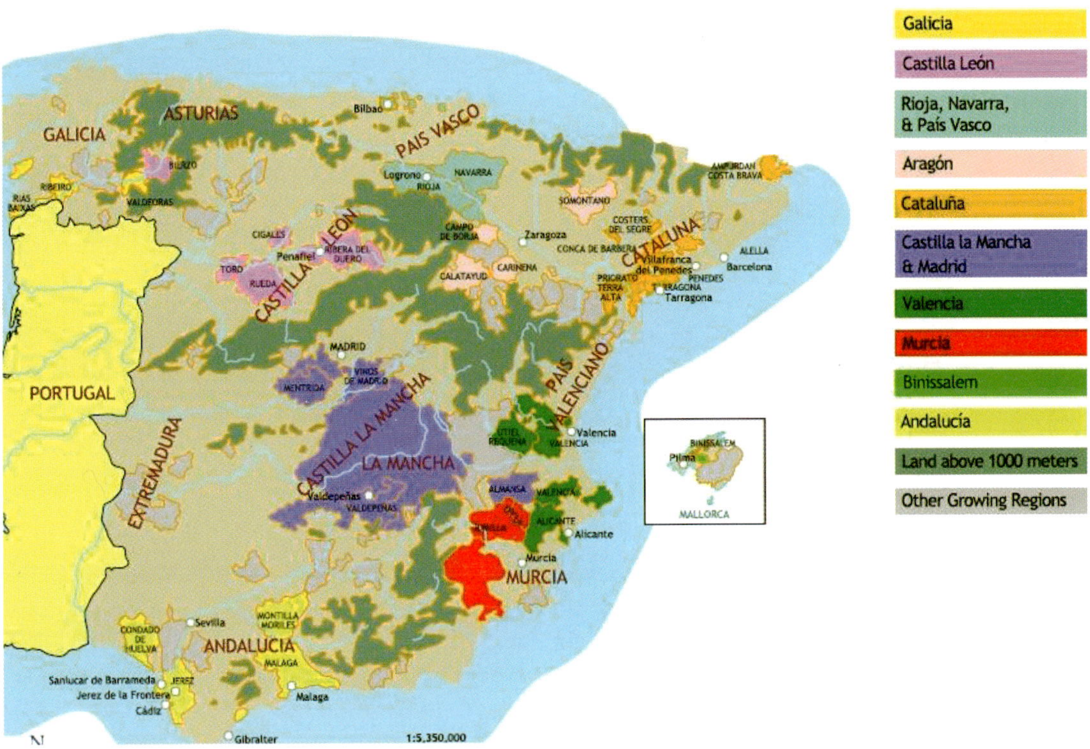

자료:http://blog.naver.com/vini1855

1. 스페인 와인의 역사와 특징

스페인이 속해 있는 이베리아 반도(Iverian Peninsula)의 원주민은 켈트(Celts)족과 이베리아족의 혼합으로 켈트-이베리아족이 형성되었다. 기원전 12세기경에 항해술이 발달한 페니키아인이 북아프리카를 통해 들어오면서부터 북아프리카와 스페인 남부지방과의 교역이 시작되었다. 약 3세기경에는 로마인들이 스페인에 와서 5세기까지 통치를 하였지만 로마제국의 멸망으로 게르만 민족의 대 이동과 함께 서 고트(Goth)족이 이베리아 반도를 침략하여 약 300년간 통치하였다.

유럽대륙 서 남단에 있는 이베리아 반도에 위치하고 있으며 국토의 넓이는 약 50만 9천km로 유럽에서 제2의 대국이다. 또 인구는 약 4천만 명에 수도는 마드리드이다. 기후는 북서쪽의 대서양성, 동남쪽의 지중해성 또 내륙지방의 대륙성 등 다양하다. 기온은 겨울에는 영하 20℃까지 내려가고 여름에는 곳에 따라 40℃까지 오르는 지역도 있다. 또 연중 강우량은 곳에 따라 다른데 일부지역은 소량의 강우로 영농에 어려움을 겪는 곳도 있다.

스페인에는 로마시대 이전부터 포도가 재배되었다. BC950년경부터 페니키아인들이 스페인 남부에 있는 '카디즈(Cadiz)'에 와서 포도재배를 하였지만 로마시대에 와서 본격적으로 포도재배가 시작되었다. 포르투갈도 스페인과 비슷한 시기에 포도를 재배하였다. BC200년경에 로마시대에 포도주 산업은 활성화되었으며 로마에까지 수출을 하기도 하였다. 8세기에 스페인을 정복한 무어족의 통치 기간에도 포도주 산업은 매우 번창하였다.

19세기 말 유럽의 전 지역이 필록세라 병으로 포도밭이 황폐화되었을 때 스페인은 필록세라 병에 피해를 입지 않아 프랑스의 발달된 양조기술이 스페인에 전수되는 계기가 되었으며, 보르도 재배자들에 의해 리오하 와인의 품질이 향상되었다. 현재 스페인은 포도재배지로서는 세계 1위이며, 연간 포도주 생산은 약 416만/hl로 세계3위의 포도주 생산국가이다. 하지만 날씨가 건조하고 관개시설이 빈약하여 생산성이 좋지는 않다. 스페인은 주로 레드 와인과 로제 와인을 생산하고 있지만 소량의 화이트 와인도 생산하고 있다. 페네스 지방에 생산되는 스파클링 와인인 카바와 남부 지역의 강화 와인으로 유명한 셰리 등 다양한 와인을 만들고 있다.

1990년대부터 스페인은 현대적인 시설을 갖추어 와인을 만들고 있으며, 또한 이미지 개선에 최선을 다하고 있다. 스페인 고급 레드 와인의 3대 명산지로는 리오하(Rioja), 페네데스(Penedes), 리베라 델 두에로(Ribera del Duero)가 있다. 그리고 화이트 와인으로 유명한 리아스 바이사스(Rias Baixas)와 식전주로 유명한 셰리 와인이 생산되는 헤레스(Jerez)가 있다.

2. 포도품종

스페인에는 자체의 포도 원생종이 약 400~500여 종이 재배되고 있는 것으로 파악되며, 이중에 약 30여 종이 전체의 약 80%를 차지하고 있다.

1) 레드 와인 품종

(1) 템프라니뇨(Tempranillo)

리오하, 페네데스, 리베라 델 두엘로, 라만차, 나바라, 또로(Toro) 등지에서 많이 재배하며, 스페인의 최상의 적포도주를 만드는데 쓰인다. 이 품종은 포도알은 중간 크기에 색깔이 짙고 부드러우며 균형 잡힌 와인을 만들며 완만한 과일산미와 알코올을 내고 매혹적인 적색 자두, 체리, 라스베리의 아로마와 숙성되면서 감초, 바닐라, 과일 향, 부드러운 탄닌 맛을 낸다.

(2) 보발(Bobal)

주로 레반테(The Levante) 지방에서 재배하고 있으며, 짙은 적색을 내며 적포도주 또는 로제 와인용으로 사용한다.

(3) 가르나차(Garnacha)

스페인 제2의 품종으로 북부지역에서 널리 재배하고 있으며, 수확량이 많고 당분 함량이 높으며 주로 템프라니요와 블렌딩을 한다. 풀바디(full body)와 프루티 스타일(fruity style)로 양조된다.

(4) 그라시아노(Graciano)

원산지가 스페인으로 리오하 전체 생산량의 약 1% 정도이지만 병충해에 강하고 탄닌이 부드러워지면서 숙성이 잘되는 품종이다. 연 적색을 띠고 또 산도가 높으며 유쾌한 부케를 만든다.

(5) 마주에로(Mazuelo)

원산지가 프랑스로 리오하 지역 전체 생산량 중에 약 4.5% 정도 재배하고 있다. 이 품종은 색이 진하고 높은 산도와 강한 탄닌을 가지고 있어 좀 거칠지만 병충해 및 더위에 강하기 때문에 생산량은 높은 편이다.

(6) 모나스트렐(Monastrell)

원산지가 스페인인 이 품종은 당도가 높고, 검붉은 색을 띠며 색깔이 짙고 부드러우며 다량생산이 되는 품종이다. 주로 동남부 지역에서 많이 재배되고 있으며 템프라니뇨와 혼합을 주로 하는 품종이다.

2) 화이트 와인 품종

(1) 알바리노(Albarino)

갈리시아 지방의 토종으로 이곳에서 많이 재배를 하고 있으며, 포도알은 작으나 당도가 높아 우아하고 세련된 최고 품격의 와인을 만든다.

(2) 마카베오(Macabeo)

일명 비우라(Viura)라고 불리기도 하는 이 품종은 동북부 지역인 페네데스(Penedes)에서 생산되는 Cava(발포성) 와인의 기초가 되는 품종이며, 주로 와인의 향보다는 와인의 기본 골격을 만드는 역할을 한다. Rioja 지역의 DOC(Denominacions de Origen Calificada) 품종이며, Costers del Segre, Navarra(중 북부 지역), Somontano(동 북부) 지역의 DO 품종이다.

(3) 파레라다(Parellada)

까따루냐 지방의 토종으로서, 페네데스(Penedes)의 Cava를 만들 때 마카베오(Macabeo)와 함께 쓰이며 저지대보다는 고지대에서 생산되는 포도가 좋은 품질의 와인을 만드는 품격 높은 품종이다.

(4) 싸렐-로(Xarrel-Lo)

이 품종은 방향성이 매우 우수하여 와인 향에 많은 영향을 준다. 주로 페네데스의 마카베오와 파렐라다와 함께 까바를 양조하는 3개의 품종 중의 하나이다.

(5) 팔로미노(Palomino)

셰리 와인의 기초가 되는 품종이다.

(6) 페드로 씨메네즈(Pedro Ximenez)

주로 스페인의 남부 내지 동남부지역에서 많이 재배하고 있으며 당도가 높은 것이 이 품종의 특징이다.

(7) 베르데호(Verdejo)

스페인의 여러 백포도품종 중에 가장 우아하고 고상한 품종으로 잘 알려져 있고 스페인 서북부의 루에다(Rueda) 지역이 그 원산지이다.

3. 스페인 와인의 등급

1) 비노데 메사(Vino de Mesa, VdM)

4개의 등급 중 제일 낮은 등급의 와인이다. 여러 지역의 블렌딩 와인으로 지역, 포도품종, 빈티지를 표시하지 않는다. 그러나 이 등급 중에 때로는 양조장에 따라 아주 훌륭한 명주도 찾아볼 수 있다.

2) 비노데 라 티에로(Vino de la Tierro, VdIT)

프랑스의 Vin de Pay에 해당하는 것이다. 주로 특정한 생산지역에서 온 것으로 일정한 기준을 충족시켰을 때 부여하며 와인의 특성을 표시할 수 있다.

3) 데노미나시온 데 오리헨
(Denominacion de Origen, DO, 원산지 명칭 와인)

스페인 포도주 산업의 기본 골격을 이루는 것으로 INDO에 의해서 포도의 재배, 양조, 유통 등에 이르기까지 여러 규제가 따른다. 프랑스의 AOC와 동일하다. 지정된 지역에서 허가된 품종을 사용하여 엄격한 기준으로 제조한다.

1998년 총 53개의 DO 지역이 2005년 말에는 총 63개 지역으로 늘어났으며 이는 스페인 전역 포도산지의 약 70%에 해당한다.

4) 데노미나시온 데 오리헨 카리피카바
(Denominacions de Origen Calificaba, DOC, 특정 원산지 명칭)

스페인 포도주 4등급 중에 최상급으로 1991년에 제정되어 리오하가 처음으로 DOC 지역으로 지정되었다. 그리고 2003년에 프리오라토가 지정되었고, 2008년에 리베라 델 두에로가 DOC로 지정되었다. 이는 이탈리아의 DOCG와 같은 등급이다.

■ 스페인 와인의 등급

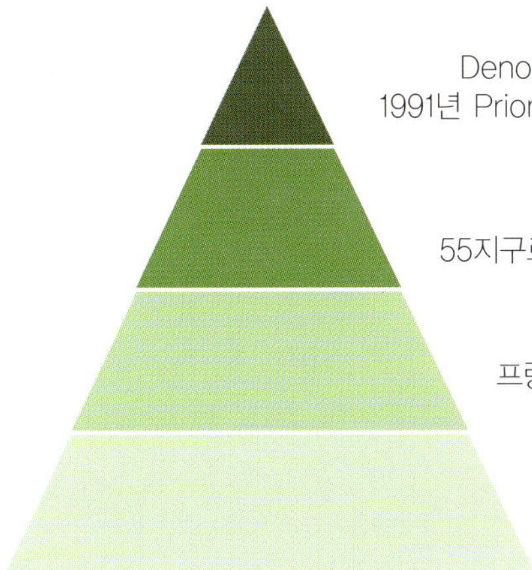

DOC
Denominacions de Origen Calificaba
1991년 Priorato가 최초의 DOC, 새로 DOC로 저정됨

DO
Denominacion de Origen
55지구로 분류됨. 생산지구, 포도품종 등을 제한함

Vino de la Tierro
프랑스의 Vin de Pays에 해당함

Vino de Mesa
일반적인 테이블 와인

숙성기준

1) **비노호벤(Vino Joven=Young wine)** 양조된 후 바로 마실 수 있고 숙성을 전혀 하지 않은 와인을 말한다.

2) **비노 드 크리안자(Vino de Crianza)** 양조된 후 2년간 숙성시키는데 1년은 병에서 숙성시킨다. 최소한 6개월은 오크통에서 숙성시키는 것을 말한다.

3) **리제르바(Reserva)** 레드 와인은 양조된 후 3년 이상 숙성시키고 최소한 1년은 오크통에서 숙성시킨다. 화이트 와인과 로제는 양조된 후 2년간 숙성시키고 6개월간은 오크통에서 숙성한다.

4) **그랑 리제르바(Gran Reserva)** 레드 와인은 양조된 후 5년간 숙성시키는 과정에서 최소한 2년간 오크통에서 숙성시키고 3년은 병에서 숙성시키는 것을 말한다. 화이트 와인은 4년간 숙성시키는 과정에서 최소한 6개월은 오크통에서 숙성시키는 것을 말한다.

4. 스페인 와인의 주요 산지

스페인의 포도재배 면적은 160만ha로서 세계 제1위이지만 연간 생산량은 약 3,899만/hl로 프랑스와 이탈리아의 다음 순위가 된다.

이것은 포도가 다른 작물과 혼합재배되고 있는 경우가 많고, 또 기후를 고려해서 나무 사이를 넓게 식목을 하기 때문에 단위 면적당 연 생산량은 약 30hl/ha를 생산하고 있다. 프랑스의 평균 40~50hl/ha, 독일의 80~100hl/ha와 많은 차이를 보이고 있다.

1) 갈리시아(Galicia)

스페인의 최 서북쪽에 위치하며 포르투갈과 국경을 같이하고 있다. 대서양의 영향을 받은 해양성 기후로 비교적 서늘하고 강우량이 많은 지역이다. 대부분의 비는 겨울철에 내리고 수확기에는 내리지 않는다. 이 지역의 와인은 적포도주보다는 화이트 와인의 품질이 더 뛰어나다. 화이트 와인은 드라이하고 또 가벼운 느낌을 주어 이곳의 다양한 해산물 요리와 일품을 이루고 있다. 5개의 DO 산지를 가지고 있으며 대표적인 산지는 리아스 바이사스(Rias Baixas) 지역이다.

(1) 리아스 바이사스(Rias Baixas)

시원한 바닷바람이 부는 해안을 따라 조성된 포도밭은 새로운 화이트 와인산지로 주목받고 있다. 이 지역은 화이트 와인으로 유명하며 주 품종은 알바리노(Albarino)이며 독일의 리슬링과 연관을 가지고 있고 소량의 로제와 레드 와인을 만든다.

와인의 특징은 깨끗한 아로마와 병입된 후에 잘 숙성되는 품성을 가지고 있다. 와인의 특성은 감귤류와 복숭아 향이 지배적이며 부드럽고 가벼운 크림을 연상시키게 한다. 일부 와인은 오크 숙성을 시켜 프랑스 부르고뉴의 고급 화이트 와인 수준급으로 생산하고 있다.

대서양 기후로 겨울철에 섭씨 0℃ 이하로 내려가지 않으며, 또 여름철에도 32℃

이상 오르지 않은 지방으로 백포도주 생산에 매우 좋은 조건을 가지고 있다. 이 지역의 좋은 포도밭은 배수가 잘되는 모래와 화강암 토양과 점토질의 혼합 토양을 이루고 있다.

주요 품종으로는 알바리노(Albarino), 고델료(Godello), 로우레이라(Loureira), 뚜레이샤두라(Treixadura), 또론떼스(Torrontes) 등이 있다.

(2) 리베이로(D.O. Ribeiro)

이 지역은 스페인의 북동쪽에서 흘러내리는 미뉴 강변을 따라 해발 70~400m 내 위치하고 있다. 토양은 화강암 부식토와 강변에서 볼 수 있는 사토 이회토로 구성되어 있다. 갈리시아 남부에 위치해 있으며 구릉과 산, 계곡 등에 위치해 있고, 80% 이상이 화이트로 거의가 토종품종이다. 이곳의 와인은 단일품종보다는 여러 품종을 혼합하는 것이 특징이며 영한 와인을 즐기는데 일품이다.

주요 재배품종은 주로 화이트 포도품종이다. 알바리노(Albarino)는 전체의 90%를 차지하고 또 적당한 산도와 당도를 가지고 있다. 고델료(Godello)는 일찍 발아해서 일찍 수확을 하는 품종이고, 로우레이라(Loureira)는 아로마틱(Aromatic)한 향미를 가진 백포도 품종이며, 뚜레이샤두라(Treixadura)는 산미가 높고 조화로우며 부드러워 잘 익은 사과 향과 꽃 향을 지니고 있고, 또론떼스(Torrontes)는 레베이로(Ribeiro) 지역 와인에 혼합용으로 주로 사용된다.

2) 카스텔레-레온(Castele-Leon)

이곳의 지명은 원래 스페인의 전 국토를 점령했던 옛날 '카스텔레' 왕국의 북부 지역과 고대 레오(Leon)왕국의 영토가 합병되면서 유래되었다. 스페인의 서북쪽에 위치하고 있으며 훌륭한 레드 와인을 만들고 있으며 세계적으로 알려진 또르(Toro), 루에다(Rueda), 리베라 델 두에로(Ribera del Duero) 등 스페인의 대표적 DO 명산지가 몰려있는 지역이다.

(1) 토로(Toro)

이곳은 Castilla Y Leon 주의 북서부에 위치하며 17개 마을로 되어 있으며 화이트 와인보다는 레드 와인이 훌륭하다. 두에로(Duero) 강의 하류에 위치해 있으며 포르투갈 국경지대에 근접해 있다. 스페인 최초의 D.O 지역이며 포도밭 위치는 해발 600~800m에 위치해 있다. 기후는 대륙성 기후대에 속하지만 일반적으로 지중해성 기후에도 영향을 받고 있고 밤과 낮의 일교차가 심하다. 토양은 대부분의 지역이 강변에서 볼 수 있는 사토와 점토질, 석회석 등이 주를 이루고 있다.

재배품종은 적포도인 Tinto de Toro(Tempranillo) 50%, 레드 와인은 75% 이상이며, 가르나챠(Garnacha), 카베르네 소비뇽(Cabernet Sauvignon), 피노누아르(Pinot Noir)와 백포도로는 말바지아 블랑카(Malvasia blanco)를 재배하고 있다.

(2) 루에다(D.O. Rueda)

두에로(Duero) 강 남쪽에 위치하고 있는 이곳은 갈리시아의 화이트 와인보다 더 중후한 느낌을 주며, 스페인에서 가장 주목을 받고 있는 훌륭한 화이트 와인을 생산하는 고장이다. 토양은 저지대에는 침전토인데 모래보다 곱고 진흙보다 거친 토양이 주를 이루고, 고지대에는 지역에 따라 사토로 이루고 있으며 심토는 점토질이다. 기후는 대륙성 기후로 겨울은 길고 추우며, 여름은 짧고 건조하며 햇볕이 강하다.

재배 품종은 적포도로 템프라니요(Templanillo), 백포도인 베르드조(Verdejo)는 양질의 드라이 화이트 와인을 생산하고 있다. 이 지역 와인은 과일 향이 풍부하고 신선하며 우아한 특징을 가지고 있다. 최근에는 이곳의 기후에 잘 맞는 소비뇽 블랑(Sauvignon Blanc)을 재배하고 있어 이곳의 유망산업으로 주목받고 있다.

(3) 리베라 델 두에로(D.O Ribera del Duero)

전통적으로 값싼 로제 와인을 만드는 곳이었지만 최근에는 최고의 레드 와인 산지로 떠오르고 있고 좋은 레드 와인을 생산하고 있다. 두에로(Duero) 강 최근에 DO에 승격한 지역으로 두에로(Duero) 강 양 제방을 따라 포도원이 위치하고 있으며, 밤과 낮의 심한 일교차는 포도나무도 견디기 힘든 날씨다. 기후 및 토양은 대륙성 기후로 여름은 40℃가 넘는 폭염으로 매우 덥고, 겨울은 영하 10℃ 이하가 될 정도이며, 연간 강우량은 450~600mm로 건조한 편에 속한다. 토양은 점토질과 사토가 섞인 석회토이며 자갈도 많이 포함되어 있다.

이런 기후에 적응한 포도가 템프라니요의 변종인 틴토 피노다. 그리고 가르나차(Garnacha), 카베르네 소비뇽(Cabernet Sauvignon), 메를로(Merlot), 말벡(Malbec) 등의 품종으로 스페인에서 가장 좋은 적포도주를 생산하고 있다.

와인의 특징은 리오하 지역보다 포도껍질이 두껍고 알이 작아 높은 당도와 산미가 있어서 힘이 있고(Full-body) 우아한 와인을 만들고 있다. 또 와인은 숙성이 되면서 복합적인 향과 중간 정도의 산미와 부드러운 탄닌 맛을 가지고 있어 부드러운 느낌을 주며 특히 오디와 같은 적색 과일 향이 풍부하고 장기숙성용 레드 와인을 생산하고 있다.

3) 북 중앙지역(North-Central)

이곳은 스페인의 대표적인 명주인 DOC 리오하(Rioja)와 또 부근에 나바라(Navara)라는 포도주 산지도 있다.

(1) 리오하(Rioja D.O.C)

리오하라는 지명은 이곳에 있는 Rio Oja라는 강의 이름에서 유래되었다. 스페인 최고의 와인생산지로서 템프라니요로 만든 레드 와인이 유명하며, 이 지역의 떼루아에 잘 맞는 부드럽고 깊은 향과 맛이 풍부한 스타일의 와인을 만들고 있다. 이 지방은 19세기 후반 프랑스의 포도밭이 필록세라 병으로 피해를 입자 보르도(Bordeaux)의 와인생산자들이 이곳에 와서 포도재배와 양조를 하였다. 그 결과로 이 지역은 프랑스 와인의 양조법과 기술을 일찍부터 전수받게 되어 스페인에서는 가장 먼저 품질 향상을 이루어 제1의 와인산지로 명성을 얻게 되었다. 그래서 스페인의 보르도라고 할 정도로 잘 알려져 있다.

지금의 보르도 와인과는 전혀 다른 리오하(Rioja)의 독자적인 품종을 재배하지만 보르도 와인과 같은 혼합방법과 다양한 오크통을 사용해서 맛과 향의 균형을 이루는 와인을 만들고 있다. 그리고 1991년에 처음 DOC로 지정받았다.

리오하 와인의 특성과 생산지역

일반적으로 Well-balanced & fullness라고 표현하며 말바지아 블랑카(Malvasia Blanca), 가르나챠 블랑카(Garnacha Blanca) 비우라(Viura) 품종으로 화이트 와인을 양조한 후 대부분 오크숙성을 시키고 있다.

포도나무 관리는 미시기후의 영향으로 프랑스 보졸레 지역의 것과 동일한 Goblet system 또는 Free-Standing을 쓰고 있다.

- **리오하 알타(Rioja Alta)** 리오하 지역 전체의 약 50%를 차지하는 이곳은 템프라니요의 품종을 사용하며 수도인 Logrono 시의 서쪽과 에브로(Ebro) 강 남쪽 고지대에 위치하고 있다. 토양은 점토질과 백악질로 풍부한 철분이 혼합되어 고급 레드 와인을 생산하고 있다.
- **리오하 알라베사(Rioja Alabesa)** 지역 전체의 약 30%를 차지하는 이곳은 에브로 강 북쪽에 위치하며 대서양성 기후에 영향을 많이 받아 여름이 짧고 봄과 가을은 온화하고 서늘하다. 또 3개 지역 중 비가 많은 편이다. 토양은 대부분 백악질이며 템프라니요로 고급 레드 와인을 생산하고 있다.
- **리오하 바하(Rioja Baja)** 지역 전체의 20%를 차지하는 이곳은 에브로 강 남쪽 저지대에 위치하고 있고 토양은 점토질이며 대륙성 기후로 여름은 덥고 건조하다. 가르나챠를 주로 재배하며 이것으로 만든 와인은 알코올 농도가 높아서 다른 지방에서 블렌딩으로 많이 사용하고 있다. 이곳은 3개의 지역 중 품질이 가장 낮은 포도주를 생산한다.

(2) 나바라(Navarra)

이 지역은 에브로 강을 사이에 두고 리오하와 동서로 갈라져 있다. 지리적으로 동북쪽의 피레네 산맥과 북쪽의 칸타브리아 산맥의 보호막으로 둘러싸여 있어서 여름은 덥고 밤에는 시원한 바람이 산에서 내려오기 때문에 상당수의 포도원에서 유기농으로 포도를 재배하고 있다. 그러나 최근에는 포도재배 및 양조에 대해서 많은 투자를 하여 스페인 최고의 와인을 꿈꾸고 있다. 레드 와인은 단일품종을 많이 사용하고 있지만 템프라니요에 메를로와 카베르네 쇼비뇽을 혼합하는 경우도 있다. 그리고 화이트 와인은 비우라 품종을 사용하며 소량을 생산하고 있다.

1990년대부터 D.O. Navarra의 원산지 통제청은 엄격한 규제를 완화시켜 지금은 토착품종을 많이 줄이고 국제품종을 사용하도록 허가했다. 그리고 와인의 개성은 리오하 와인이 중장기 저장용이라면 나바라 지역의 와인은 중기 및 단기간에 소비하는 것이다.

품종으로는 템프라니요(Tempranillo), 마주에로(Mazuelo), 가르나차(Granachaa), 그라시아노(Graciano), 메를로(Merlot), 카베르네 소비뇽(Cabernet Sauvignon), 말바지아 블랑카(Malvasia Blanca), 가르나챠 블랑카(Garnacha Blanca), 비우라(Viura), 샤르도네(Chardonnay) 등이다.

4) 카탈루냐(Catalunya) 및 발레아릭스(Balearics)

카탈루냐(Catalunya)는 스페인 동북부에 위치한 이곳은 1990년 초 "Gratallops" 라는 이름으로 포도와 양조를 하는 젊은 세대가 중심이 되어 와인산업에 일대 혁명을 일으킨 지역이다. 전통적인 포도품종인 가르나차(Garnacha)를 뽑아내고 프랑스 품종인 카베르네 소비뇽(Cabernet Sauvignon), 메를로(Merlot), 시라(Syrah) 등을 심어 스페인에서 최초로 프랑스의 신품종이 이곳에서 재배되었다. 지중해성 기후로 피레네 산맥과 프랑스의 최 서남단과 경계를 이루고 있으며, 스페인 동북부에 위치한 이곳은 일찍이 지중해를 통해 무역으로 부를 축적한 곳이다.

발레아릭스(Balearics)는 스페인에서 최초로 섬에 위치한 D.O. 산지이다. 이 지역은 지형이 불규칙 평지보다 조금 높은 200~300m에 포도원이 위치해 있으며 주 품종은 템프라니뇨(Tempranillo), 모나스트렐(Monastrell), 파레라다(Parellada), 마카베오(Macabeo) 등을 재배하고 있다.

(1) 페네데스(Penedes)

페네데스는 카탈루냐에서 가장 중요한 지역으로 바르셀로나에서 남서쪽으로 약 50km 떨어진 지역이다. 1970년대 스페인에서 최초로 스테인리스스틸 탱크를 도입하여 저온발효법 등 신기술 도입으로 스페인 양조에 획기적인 발전을 가져온 근대 양조기술의 중심지이며, 스페인 고유의 품종과 프랑스 품종을 혼합하여 우수한 와인을 만들고 있다.

이 지역은 2/3 이상이 화이트 와인이며 대부분이 스파클링 와인인 카바(Cava)이다. 1872년부터 스파클링 와인을 생산하기 시작하였으며 샴페인 방식으로 병 내에서 2차 발효를 시킨다. 샴페인 방식으로 만들지 않으면 카바(Cava)라는 명칭을 쓰지 못한다. 보통 법적으로 최소 9개월 이상 숙성시키도록 되어 있지만 실제로는 두 배 이상 숙성을 시킨다. 이 지역에서 90% 이상 스파클링 와인을 생산하고 있다.

토양은 주로 석회암으로 형성되어 있고 지역에 따라 3가지 다른 기후대를 가지고 있다. 연안지역은 여름은 덥고 건조해서 토종과 신품종인 적포도가 주 품종이고, 내륙지역은 온화해서 주로 다양한 토종과 신품종 및 백포도를 재배하고 있으며 카바(Cava)의 고장이다.

페네데스(Penedes) 지역은 해발 800m 고지대로 일기가 서늘해서 삐노 누아르, 리슬링 등이 재배되고 있으며, 이곳은 스페인에서 유럽의 신품종을 제일 먼저 도입한 곳이다. 이곳 와인의 특성은 리오하와 달리 가볍고 상쾌한 느낌을 주며, 꼬도르니우(Codorniu)와 프레이세네뜨(Freixenet) 2개의 대형 카바(Cava) 양조장이 있다.

(2) 프리오라토(Priorato)

이 지역은 1997년에 DO 지역으로 인정을 받은 후 계속 발전을 거듭해 오면서 오

늘날에는 세계적인 품질의 와인생산 지역으로 주목받고 있다. 이 지역의 와인은 스페인에서 가장 진하고 힘이 넘치는 레드 와인으로 알코올과 탄닌 함량이 많고 농축미를 가지고 있다. 2005년 말 총 19,800헥타르의 포도원을 가지고 있으며 해발 750~800미터에 포도원이 위치하고 있다. 기후는 지중해성 기후로 연평균 15℃ 로 온화한 기후대에 속하고 토양은 점판암 토양과 점토질이 혼합되어 있다.

레드 와인 주 품종은 가르나챠(Garnacha), 카리네나(Carinena), 카베르네 소비뇽(Cabernet Sauvignon), 메를로(Merlot), 시라(Syrah), 화이트 와인 주 품종은 마카베오(Macabeo), 그라나차 블랑카(Garnacha Blanca), 페드로(Pedro), 비오니에(Viognier) 등이 재배된다.

5. 셰리(Sherry)

셰리는 기원전 950년경 페니키안인(Phoenician)들이 이곳 헤레스(Jerez) 지방에 와서 정착하면서 기타 곡물(밀, 보리)과 올리브 그리고 포도를 재배하고 양조하여 이것을 지중해 연안국들을 상대로 거래하였다. 셰리는 스페인 와인생산량의 3% 밖에 되지 않지만 대표적인 식전주(Aperitif)이다.

셰리는 8세기경 무어(Moor)족과 그리스인들과 로마인들에 의해 헤레스 지역을 중심으로 포도재배와 양조 및 증류가 활발히 이루어졌다. 이 지역은 석회질 토양과 모래토양으로 구성되어져 포도를 잘 익게 만들고 비가 오지 않는 여름철에는 물을 머금고 있어 셰리에 가장 적합한 토양으로 알려져 있다. 연평균 기온은 겨울이 10℃이고, 여름은 23℃의 아열대 기후이다. 강우량은 연평균 650mm 정도이며 일 년 중 300일 이상이 맑은 날씨이고 주로 5월과 10월에 비가 온다.

셰리(Sherry)의 정의는 스페인 남부 헤레스 지역의 전통 포도품종인 빨로미노라는 특성이 없는 청포도와 스위트 셰리나 블렌딩을 하는 페드로 히메네스, 조금이지만 블렌딩용으로 사용하는 모스까텔을 사용해서 일반 와인과 같이 발효시킨 포도주에 2

차 증류시킨 고도 주(Eau de vie)를 첨가하여 오크통 속에서 장기간의 숙성과정에서 산화막 효모에 의한 특유의 아로마를 얻은 와인을 말한다.

주요 생산지는 헤레스 델 라 프론테라(Jerez de la Frontera), 산루카르 데 바라메다(Sanlucar de Barrameda), 엘 푸에르토 데 산타 마리아(Puerto de Santa Maria)의 3개 마을을 연결하는 삼각지에서 최고품의 셰리 와인을 생산하고 있다.

1) 셰리 와인의 포도품종

(1) 팔로미노(Palomino)

스페인 안달루치아(Andalucia) 지방이 원산지인 이 품종은 전체생산량의 90%를 차지하고, 산도를 유지하기 위해서 일찍 수확하고 당도를 높이기 위해서는 늦게 수확하며 곰팡이 균에 약하지만 가뭄에 강하다. 주로 알바리사(Albariza)라는 석회질 토양에서 재배하며 주로 드라이 셰리 와인(Dry Sherry Wine)을 만드는데 많이 사용하고, 양조 시 저산도와 저당도로 산화되기 쉬운 품종이어서 셰리의 Fino용으로 많이 쓰인다.

(2) 페드로 히메네스(Pedro Ximenez)

안달루치아 지방의 주 품종이며 포도껍질이 얇고 완숙되며 포도의 당분을 높이기 위해서 수확 후 건조시킨다. 지역에 따라 강화주용으로 쓰이며 주로 셰리의 오로로소용으로 쓰인다. 또 이 품종은 알바리사(Albariza)라는 석회질 토양이 적은 곳에 주로 재배하며, 바로(Barros)라는 약간 기름진 토양과 아레나(Arena)라는 모래 토양에서도 재배하고 있다.

(3) 모스까텔(Moscatel)

Muscat계통의 품종으로 주로 와인의 당도를 높여 감미로운 포도주 생산용으로 많이 쓰인다. 이곳 셰리 지역에서는 주로 연안지역인 바로(Barros)라는 약간 기름진 토양과 아레나(Arena)라는 모래 토양에서도 재배하고 있다.

2) 셰리의 제조과정 및 종류

수확을 한 포도를 파쇄한 후 탱크 통에서 침전 또는 안정을 약 12~24시간 동안 유지시킨 후 발효시킨다. 발효는 대개 포도원 가까운 곳에서 한다. 가지를 제거하고 압착하기 전에 소량의 예소(석고)를 넣어 산도를 높이고 부패를 방지시키고 주석을 가라앉히기도 한다.

약 70%는 프리런(Free-Run) 주스로 피노(Fino)로 만들고, 15%는 올로로소(Oloroso)를 위해 발효시키며, 나머지는 증류주용으로 쓰인다. 최근에는 압착할 때부터 프리런 주스는 피노 용으로 프레스 주스는 올로로소로 구분하여 발효시킨다. 올로로소는 스포츠 음료로 많이 사용되고 있다.

(1) 팔로미노(Palomino) 양조법

이 포도에서 양질의 피노(Fino)가 만들어 지기 때문에 양조 시 세심한 주의가 요구된다. 양조순서는 줄기제거, 파쇄, 안정, 황산투입, 배양효모를 투입한 후 25~28℃에서 발효시킨다. 2차 발효에서 산도를 낮추어 주고, 이 와인은 셰리의 기초용으로 사용한다.

(2) 페드로 히메네스(Pedro Ximenez)와 모스까텔(Moscatel) 양조법

후식주 또는 감미주용으로 쓰이기 때문에 양조법은 팔로미노(Palomino) 양조법과 조금 다르다. 포도를 수확한 후 건조, 압착, 2~3주간 발효과정을 거치면 약 5%의 알코올이 생성된다. 이때 고도주를 혼합해서 알코올을 15%까지 유지되도록 해서 솔레라에서 수년간 숙성시킨다. 숙성이 완성된 셰리는 약간 검은 색을 띠면서 향미가 짙고 감미로워진다.

(3) 셰리의 혼합방식-솔레라(Solera)

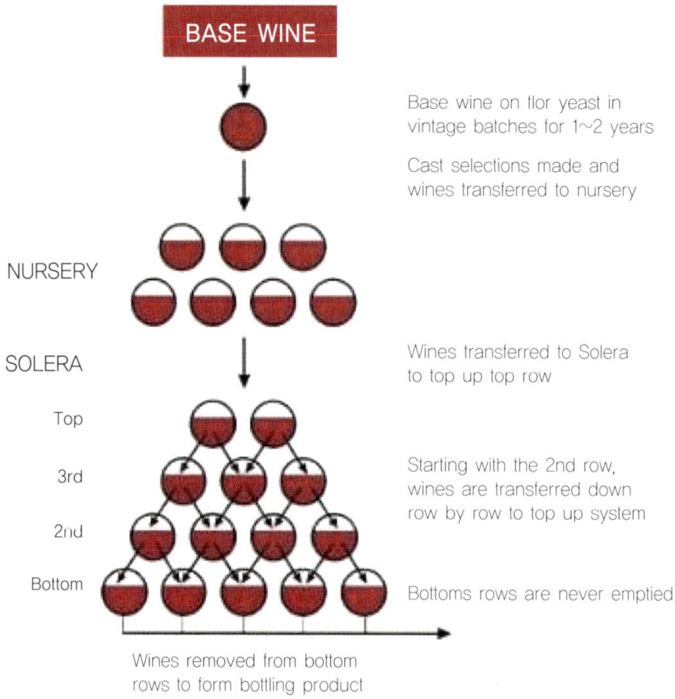

http://blog.naver.com/wlsdnrghd?Redirect=Log&logNo=120161541210

스페인의 셰리 창고는 보데가(Bodega)라고 한다. 동굴이나 지하창고에서 숙성시키는 것이 아니라 셰리를 숙성시키기 위해서는 신선한 공기가 필요하기 때문에 지상에서 숙성을 시킨다. 셰리는 빈티지가 없는 대신 매년 출하하는 와인을 해마다 차례로 쌓아두면서 맨 밑에 와인을 따라내면 위에 있는 통에서 차례로 흘러 들어가도록 만든 자동 블렌딩 방법이다. 이 자동 블렌딩 방법은 한결 같은 연속성을 유지하고 솔레라 방식이라는 과정을 거치면서 급격한 품질변화가 없이 고유의 맛을 유지할 수 있다.

제일 밑에 있는 바닥이 가장 오래된 솔레라(Solera)라고 부르며 그 위에 단을 크리아데라(Criadera)라고 한다. 이렇게 크리아데라 1, 2, 3(Criadera 1, 2, 3)의 피라미드 모양으로 쌓아 올린 방법이다. 맨 위가 제일 나이 어린 와인이 된다. 그리고 셰리는 7단, 만사니아는 14단 이상 되기도 하는데 대개 일 년에 한 번씩 병입하는데 전체

양의 1/3 또는 20% 범위 내에서 Fractional Blending 방법에 의해 혼합시킨다. 그리고 맨 위의 통엔 숙성과 혼합이 되지 않은 마지막 해의 포도주로 채워진다. 각 유형의 솔레라를 병입시키게 되면 같은 양을 위에서부터 아래로 차례로 혼합시킨다. 그리고 맨 위의 것은 아나다로 채우며 때로는 동일한 연속성을 유지하기 위해 수직이나 수평혼합도 시킨다.

셰리는 알코올 도수가 높지만 냉장고에 넣어 차게 해서 마시면 좋다. 피노(Fino)는 차게 해서 식전주로 마시며 생선이나 조개, 바다가재, 새우, 해산물 등과 잘 어울린다. 스위트한 크림 셰리는 단 음식과 잘 어울리기 때문에 디저트 와인(16~20℃)으로 많이 마시고 있다. 셰리를 마실 때는 아로마를 잘 감지할 수 있는 목이 좁은 유리잔 '꼬삐따스(Copitas)'가 가장 적당하며 병을 오픈하면 1주일 내에 마시는 것이 좋다.

(4) 셰리의 분류

❶ 피노(Fino)

가장 기본적인 타입으로 색깔은 옅다. 효모에 의해 오크통에서 숙성을 6년 정도 시키며, 알코올 도수는 약 15.5%~17% 정도를 유지시킨다. 그러나 특급은 솔레라에서 수년씩 오랫동안 숙성시킨 후 출시한다.

❷ 만사니야(Manzanilla)

산루카르 데 바라메다(Sanlucar de Barrameda) 해안에서 숙성된 피노를 말한다. 가장 섬세한 피노 와인이며 이 지역의 습한 미기후 때문에 약간 짠맛이 있는 듯한 인상을 준다.

❸ 아몬띠야도(Amontillado)

Fino에서 숙성을 조금 더 오래 시키고(10~12년) 숙성시킨 후 알코올을 약 16~20% 정도 유지시킨다. 이것은 전통적인 피노보다는 알코올이 더 높고 색깔이 진하고 호두 향을 얻게 된다. 드라이 타입보다는 스위트한 타입이 많다.

❹ 올로로소(Oloroso)

아직 플로르가 형성되지 않은 셰리지만 숙성과정을 거치면 알코올을 18~20% 정도 유지시킨다. 프레스 주스로 올로로소를 만든다. 드라이보다는 스위트 타입을 만들며, 무게가 있고, 짙은 견과류 향을 띠고 있다.

❺ 만사니아 파사다(Manzanilla Pasada)

더 오래 숙성된 만사니아 와인이다.

❻ 크림(Cream)

올로로소에 페드로 히메네스를 넣어 만들며 질감을 가볍게 하기 위해 농축된 포도즙을 첨가해서 당도를 높인 피노 와인이다. 종류는 크림을 비롯하여 미디엄 크림과 패일 크림 등으로 여러 가지가 있다.

❼ 빨로 꼬르따도(Palo Coerdado)

피노와 오로로소 중간제품으로 보면 된다. 올로로소와 비슷하나 피노의 맛을 가지고 있다. 드라이하지만 진하고 부드러운 맛을 가지고 있다.

■ **셰리의 종류 및 제조과정**

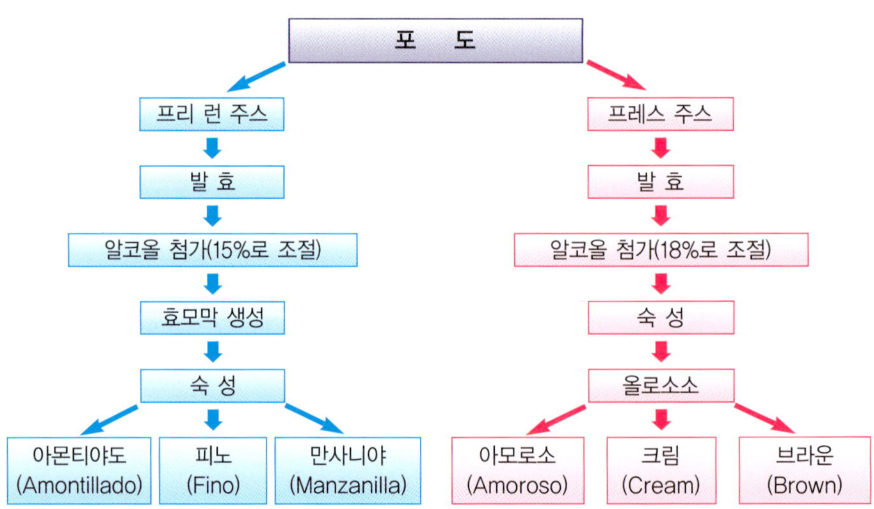

제10장

미국 와인

1. 캘리포니아 와인(Wines of California)

자료 : http://blog.naver.com/drvin?Redirect=Log&logNo=120153240571

1) 캘리포니아 와인의 역사와 특징

캘리포니아에 포도가 처음 심어진 것은 1769년 프란시스코 수도회의 주니페로 시라(Junipero Serra)라는 수도사가 샌디에이고(San Diego)에 성당을 설립함에 따라 미사용으로 멕시코산 포도나무를 심었다. 1830년에는 장 루이빈(Jean Louis Vignes)이 로스앤젤레스에서 와인의 상업화에 성공하였으며, 1861년에 오고스톤 하라즈시(Agoston Haraszthy)가 유럽에서 포도묘목 10만 주를 가져와 심으면서 본격적으로 와인산업이 발달하기 시작하였다. 이때부터 소노마와 나파에 부에나 비스타, 찰스 크룩 등 와이너리가 자리 잡기 시작하였다.

필록세라(Phylloxera)는 캘리포니아보다는 유럽에서 먼저 전파되어 유럽전역의 포도밭을 황폐화시키고, 1874년에 캘리포니아에 전파되어 피해가 광범위하게 발생하였다. 1880년대에는 캘리포니아 버클리대학에서 포도재배와 와인양조학에 대한 연구가 본격적으로 시작되면서 와인산업의 발전을 가져왔다.

캘리포니아는 1930년 초에 많은 와이너리가 설립되면서 교육을 비롯해 기술연구, 광고 등 다방면으로 노력한 결과 1976년 파리에서 개최된 화이트 와인 테이스팅에서 Ch. Montelena(샤토 몬텔레나)의 샤르도네 품종이 우승을 하고, 레드 와인 테이스팅에서는 Stag's Leap(스태그스 립)의 카베르네 소비뇽이 우승을 하면서 세계인의 주목을 받았다. 그리고 1979년에는 미국의 대표 와인이라고 할 수 있는 Opus One(오퍼스 원)이 생산되었다.

1976년부터 와인 관련법을 제정하여 와인산업의 발전과 품질을 위한 노력을 계속하고 있다.

2) 주요 생산지역

(1) 북부 해안지역(Northern California Coast)

❶ 멘도시노 카운티(Mendosino County)

샌프란시스코에서 북쪽으로 150km 떨어진 지역으로 캘리포니아에서도 가장 최북단에 위치하여 서늘한 기후 덕분에 샤르도네와 소비뇽 블랑을 많이 재배하고 있지만 카베르네 소비뇽과 진판델을 주로 재배하고 있다. 캘리포니아 유기농 와인의 20% 이상을 차지하는 지역이지만 레드 와인, 화이트 와인, 로제 와인을 생산하고 있다.

❷ 레이크 카운티(Lake County)

멘도시노 카운티(Mendosino Couty)와 소노마 카운티(Sonoma County)의 중간에 위치한 지역으로 멘도시노 카운티에 비해 와인이 다양하지 않다. 또 켄달 잭슨(Kendall-Jackson) 와인회사가 설립되어 주목받는 와이너리로 성장하고 있다.

❸ 소노마 카운티(Sonoma County)

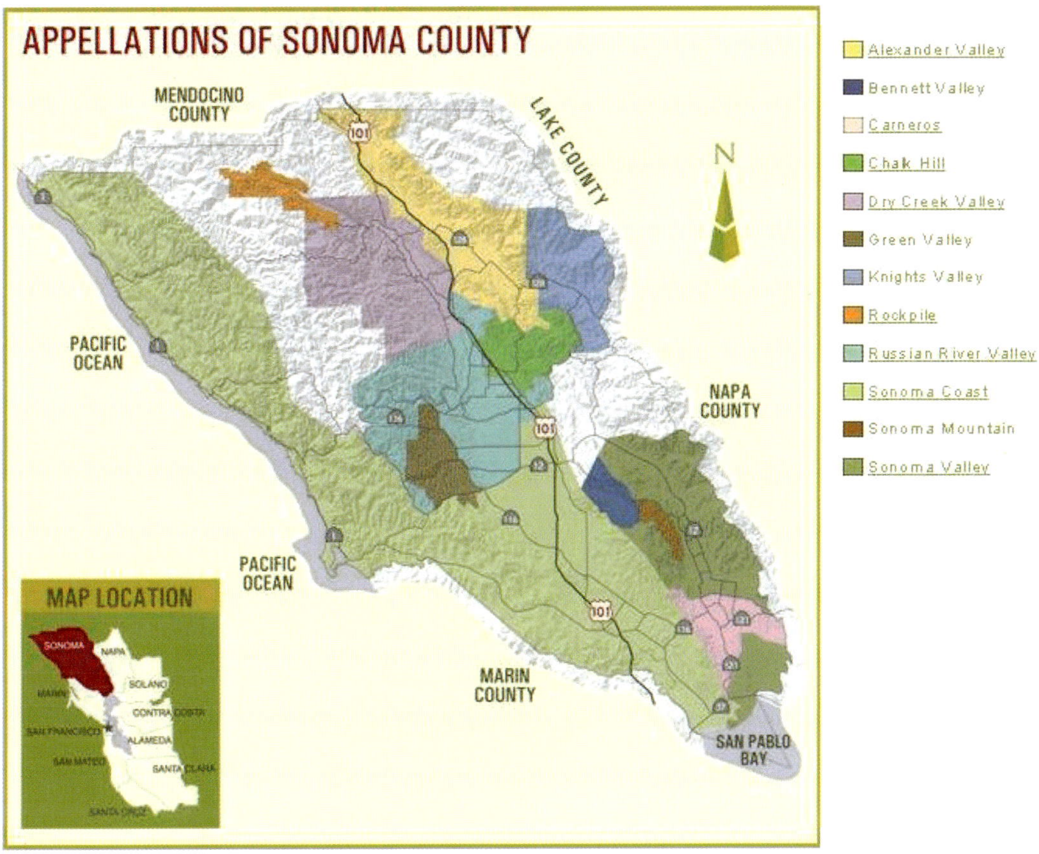

자료 : http://cafe.naver.com/winecafepodonamu/538

소노마 카운티는 나파 카운티 다음으로 유명한 생산지이다. 1812년 러시아 이주민들에 의해 포도가 처음 재배되었으며, 와인은 스페인 선교사들이 미사용 와인으로 만들기 시작하였다. 이후 와인이 상업적으로 생산되기 시작한 것은 1857년 오거스톤 하라즈시(Count Agoston Haraszthy)에 의해 부에나비스타(Buena Vista) 와이너리가 생기면서 발전하게 되었다.

1857년 캘리포니아 와인의 아버지로 불리는 오거스톤 하라즈시(Count Agoston Haraszthy)에 의해 부에나비스타(Buena Vista) 와이너리가 생기면서 발전하게 되었다. 소노마는 태평양 연안의 해안지대를 제외하곤 나파와 기후가 비슷하다. 주요 재배지역(AVA)으로는 알렉산더 밸리(Alexander Valley), 초크 힐(Chalk Hill), 드라이크릭 밸리(Dry Creek Valley), 그린 밸리(Green Valley), 나이츠 밸리(Knights Valley), 로스 캐너로스(Los Caneros), 노스 코스트(North Coast), 노던 소노마(Northern Sonoma), 러시안리버 밸리(Russian River Valley), 소노마코스트(Sonoma Coast), 소노마 마운틴(Sonoma Mountain), 소노마 밸리(Sonoma Valley) 지역으로 현재 12개가 지정되어 있다.

❹ 나파 카운티(Napa County)

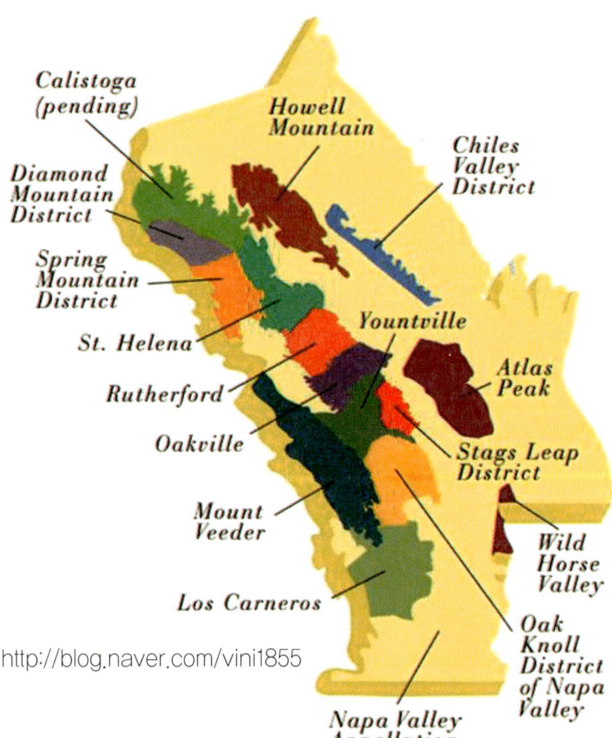

자료 : http://blog.naver.com/vini1855

'Napa'란 이 지역에 거주하던 인디언의 말로 '풍요의 땅'을 의미한다. 고급 와인산지로서 미국에서 가장 유명한 곳이기도 하다. 프랑스 보르도 스타일 와인으로 세계적인 명성을 얻고 있다. Napa 강을 따라 형성된 45km의 계곡은 동쪽은 가파른 능선으로 되어 있고 서쪽은 산으로 둘러싸여 있어서 서늘한 삼림지대로 climate가 발달되어 있다.

주요 생산지로는 나파 밸리(Napa Valley), 칠리스 밸리(Chiles Valley), 카네로스(Caneros), 노스 코스트(North Coast), 스프링 마운틴 디스트릭트(Spring Mountain District), 마운틴 비더(Mount Veeders), 루더 포드(Rutherford), 오크빌(Oakville), 하웰 마운틴(Howell Peak), 와일드 홀스 밸리(Wild Horse Valley) 등이 있다.

(2) 중부 해안지역(Central California Coast)

이 지역은 샌프란시스코 만에서 몬테레이(Monterey)를 거쳐 산타바바라(Santa Barbara)에 이르는 태평양 연안지역으로 안개와 찬바람의 영향으로 해안쪽의 서늘한 지역과 내륙의 온난한 지역으로 나누어져 다양한 와인들이 생산되고 있다.

❶ 알라마다 밸리(Rivermore Valley)

이곳은 샌프란시스코의 남쪽 능선에 위치한 곳으로 남서방향으로 약 25km 정도 길게 뻗어 있다. 1960년대부터 포도밭이 감소하기 시작하였으나 지금은 혁신적인 계획으로 발전을 도모하고 있는 지역이다. 낮에는 뜨겁고 건조한 기온이지만 밤에는 서늘한 안개바람의 영향을 많이 받고 있다.

❷ 산마테오(San Mateo)

이 지역은 산타크루즈 마운틴으로 해발 600m 이상의 고지대에 포도밭이 조성되어 있어 샤르도네와 피노누아를 많이 재배하고 있지만 그 외에 카베르네 소비뇽과 진판델을 재배하여 와인을 생산하고 있다.

❸ 몬테레이 마운티(Monterey County)

이 지역은 차가운 해안과 고온의 계곡으로 인해 지역별로 기후의 차이가 심하다. 1800년대 초부터 포도가 재배되었으며, 60여 개의 와인너리들이 다양한 와인을 생산하고 있다. 샤르도네가 주종을 이루고 있고 리슬링과 카베르네 소비뇽도 많이 재배되고 있다.

❹ 샌 루이스 오비스포 카운티(San Luis Obispo County)

1800년대 초부터 포도가 재배되었으나 1970년대부터 본격적으로 다양한 와인을 생산하고 있다. 캘리포니아에서 생산량의 증가가 가장 빠른 지역으로서 차세대 와인 산지로 진판델의 새로운 명산지로 불리고 있다.

❺ 산타 바바라 카운티(Santa Barbara County)

동서로 놓인 계곡의 시원한 바닷바람과 안개가 포도재배에 많은 영향을 미치는 지역으로 1960년대 이후 매우 급성장한 지역이다.

(3) 남부 캘리포니아 지역(Southern California)

이 지역은 로스앤젤레스에서 남쪽으로 샌디에이고에 이르는 지역으로 포도재배에 있어서 아직 주목받지 못하고 있지만 차세대 와인산지로 떠오르고 있다.

(4) 중앙 내륙지역(Central Valley)

이 지역은 캘리포니아 와인 대부분(80%)을 이곳에서 생산하고 있으며, 기후가 항상 건조하고 뜨거워 양조용 포도보다는 식용포도와 건포도용으로 많이 재배되고 있다. 그래서 고급 와인보다는 양질의 테이블 와인을 주로 생산하고 있는 곳이기도 하다. 세계에서 가장 큰 와인생산업자인 E & J Gallo사가 자리 잡고 있다.

2. 뉴욕 와인(Wines of New York)

미국에서 캘리포니아 주 다음으로 많은 와인을 생산하고 있다. 뉴욕은 대륙성 기후로 겨울이 너무 추워 포도재배에 어려움이 많이 있는 지역이다. 1970년 중반까지만 해도 저렴한 캘리포니아 벌크와인과 블렌딩한 와인이 많이 판매되고 있었지만 소규모의 와이너리가 늘어나기 시작하면서 레드 와인, 화이트 와인, 스파클링 와인, 강화 와인 등 다양한 와인을 생산하게 되었다.

포도품종은 이 지역 기후와 잘 맞는 교잡종 품종을 개발하여 재배하고 있는데 토착 품종이 약 70%를 차지하고 교잡종이 약 20%와 그리고 나머지 유럽품종이 약 10%를 차지하고 있다. 포도품종의 특성으로 인해 뉴욕에서 생산되는 와인의 25%는 미국의 다른 지역에서 생산된 포도를 섞어서 만든 것이다. 그리고 레드 와인보다는 화이트 와인이 더 많은 비중을 차지하고 있다.

화이트 와인의 주요 품종을 살펴보면, 샤르도네, 게부르츠트라미너, 캐이유가, 나이아가라, 세이블 블랑, 비놀스, 샤로도네 등이 재배되고, 레드 와인의 주요 품종은 카베르네 프랑, 바코누아, 카토바, 콩코드, 메를로, 카베르네 소비뇽, 피노누아 등이 많이 재배되고 있다.

주요 와인산지로는 핑거 레이크(Finger Lake), 허드슨 리버 밸리(Hudson River Valley), 이리 레이크(Erie Lake), 롱 아일랜드(Long Island)가 있고, 유명 와이너리로는 브러더 후드 와이너리(Brotherhood Winery), 샤토 프랑크(Chateau Frank), 닥터 프랑크스 비니페라 와인 셀라(Dr. Framk's Vinifera Wine Cellar), 밀부룩(Millbrook), 와그너(Wagner) 등이 있다.

3. 워싱턴 주 와인(Wines of Washington State)

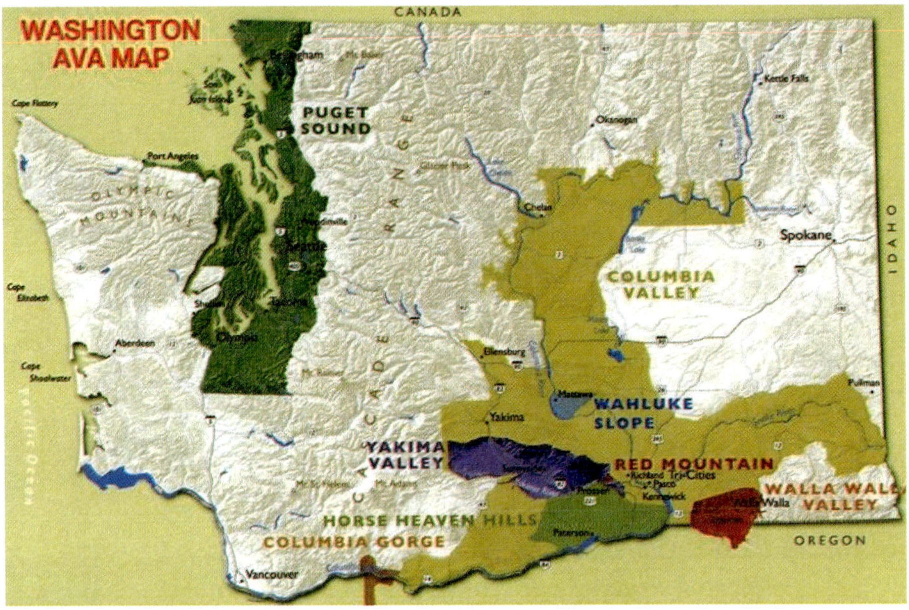

자료 : http://kumkangice.com/20137284862

미국 서부지역 가장 북쪽에 위치해 있으며, 1960년대부터 독일 이민자에 의해 본격적으로 와인산업을 시작하게 되었다. 이 지역은 캐스케이드 산맥을 중심으로 동서로 나뉜다. 태평양에서 불어오는 비구름을 막아주어 매우 건조한 반 사막지역으로 관개에 의한 재배를 하는 곳이다.

대부분의 와인산지는 서쪽보다는 동쪽에 많이 형성되어 있는데, 건조 기후로 낮에는 매우 햇빛이 뜨겁고 밤에는 추워 일교차가 매우 심하기 때문에 낮에는 뜨거운 태양으로 당분이 생성되고 밤에는 서늘한 기온으로 신맛이 생성되어 이 지역 와인의 섬세한 개성과 특징을 잘 나타내고 있다.

가장 많이 재배되는 품종은 콩코드(Concord)이나 대부분 주스나 젤리용으로 사용된다. 그 외에 품종으로는 리슬링, 게부르츠트라미너, 샤르도네, 카베르네 소비뇽, 메를로 등을 많이 재배하고 있다.

주요 와인산지는 콜럼비아 밸리(Columbia Valley), 월라 월라 밸리(Walla Walla Valley), 야키마 밸리(Yakima Valley), 퓨짓 사운드(Puget Sound), 레드 마운틴(Red Mountain), 홀스 헤븐 힐스(Horse Heaven Hills) 등이 있다.

4. 오리건 주의 와인(Wines of Oregon State)

자료 : http://kumkangice.com/20137284862

오리건 주의 와인 역사는 1820년대부터 몇몇 소규모 와이너리에서 시작하였으며, 현재와 같은 와인산업은 1960년부터 다시 시작되었다. 온화한 해양성 기후로 캐스케이드 산맥에서 불어오는 서늘한 기후는 피노누아를 재배하기에 아주 좋은 조건을 가지고 있고 샤르도네와 신선한 피노 그리로 만든 화이트 와인도 아주 좋다.

주요 와인산지는 콜럼비아 밸리(Columbia Valley), 월라 월라 밸리(Walla Walla Valley), 윌라메트 밸리(Willamette Valley), 엄프쿠아 밸리(Umpqua Valley), 로구 밸리(Rogue Valley)가 있다.

Wine Encyclopedia

제11장

호주 와인

자료 : http://blog.naver.com/suziewang?Redirect=Log&logNo=80106727722

1. 호주 와인의 역사와 특징

호주의 와인생산은 1820년대부터 유럽종 포도를 가지고 와 뉴사우스웨일스의 헌터밸리에서 본격적으로 시작하였다. 호주의 와인산업은 역사적으로나 재배하는 방법, 양조방법 등 여러 면에서 캘리포니아 와인과 비슷한 점이 많다. 1900년대 초부터 와인산업이 서서히 줄어들기 시작하다가 1950년 말부터 유럽 사람들이 이민을 오면서 유럽의 와인기술을 도입하면서 새로운 변화가 시작되어 품질 좋은 와인을 생산하고 현대식 시설과 과학적이고 첨단기술을 이용하여 대량생산을 하는 등 호주의 와인 산업은 성장이 가장 빠르고 활발하게 움직이고 있다.

호주의 와인산업은 지중해성 기후와 해양성 기후지대에 속하는 동쪽과 남쪽 지역에서 집중적으로 이루어지고 있지만 대부분 건조한 남부지역에 퍼져 있지만 산맥을 따라 포도밭이 분포되어 있기 때문에 와인의 스타일이 조금씩 다르게 나타난다.

포도품종은 레드 와인의 경우 카베르네 소비뇽(Cabernet Sauvignon), 쉬라즈(Shiraz), 말벡(Malbec) 등이 있고, 화이트 와인의 주 품종은 리슬링(Riesling), 샤르도네(Chardonnay), 게부르츠트라미너(Gewurztraminer), 무스카테(Muscat), 세미용(Semillon), 소비뇽 블랑(Sauvignon Blanc) 등의 와인용 포도를 비롯해 식용포도와 건포도용도 많이 있다.

호주의 와인관련법은 호주에서 와인의 알코올 표시는 8% 이상 의무사항이며, 와인의 품종 표시는 의무사항이 아니다. 그렇지만 품종을 상표에 표시할 경우 그 품종을 85% 이상 사용해야 하고 여러 가지 품종을 블렌딩하여 만들었을 경우 비율이 높은 것을 먼저 표시하고 그 다음 사용된 품종을 모두 표시해야 한다. 산지명칭이나 빈티지를 표시할 경우에도 85% 이상이어야 한다. 호주에서 가당은 허용되지 않는다.

호주는 EU와의 ETA협정으로 1994년부터 유럽의 유명한 와인산지를 표시하는 Beaujolais, Cava, Saint-Emilion, White Bordeaux 등의 명칭은 법적으로 사용할 수 없으며, 다만 호주 자국 내에서는 Burgundy, Chablis, Moselle, Port, Sauternes, Sherry 등의 명칭의 와인을 생산할 수는 있으나 포도품종은 유럽 품종과 아무런 상관없고, EU 지역에도 수출하지 못하도록 하고 있다. 그래서 국내 소비의 60% 이상을 차지하고 있고 와인산업의 세계화에 발맞추어 제너릭 와인(Generic Wine)이 급속히 사라지고 있는 추세이다.

버라이어탈 와인(Varietal Wine)은 상표에 품종을 표시하는 와인으로 해당 포도품종이 85% 이상 포함되어야 한다. 현재 생산되는 Riesling 명칭의 와인은 모두 버라이어탈 와인(Varietal Wine)이다.

포도밭은 주로 뉴사우스웨일스, 빅토리아, 사우스오스트레일리아, 웨스턴오스트레일리아가 있으며, 레드 와인, 화이트 와인, 스위트 셰리, 디저트 와인, 스파클링 와인 등 다양한 종류의 와인을 생산하고 있다.

2. 호주 와인의 주요 산지

1) 뉴사우스웨일스(New South Wales)

뉴사우스웨일스(New South Wales)는 위도 남위 30~35도 사이로 호주에서 가장 오래된 와인생산 지역으로 유명한 헌터밸리와 시드니가 속해 있는 지역이다.

뉴사우스웨이스의 와인생산 지역은 캔버라 디스트릭트(Canberra District), 카우라(Cowra), 군더가이(Gundagai), 헤이스팅스 리버 리존(Hastings River Region), 힐탑스(Hilltops), 헌터(Hunter), 머지(Mudgee), 오렌지(Orange), 페리쿠타(Perricoota), 리버리나(Riverina), 쇼울헤븐 코스트(Shoalhaven Coast), 서던 하일랜즈(Southern Highlands), 텀바럼바(Tumbarumba)가 있다. 주요 와인산지를 살펴보면 다음과 같다.

(1) 헌터 밸리(Hunter Valley)

헌터 밸리(Hunter Valley)는 19세기 초 유럽 사람들이 포도재배를 시작한 호주 와인의 발상지로 시드니 북쪽 약 160km 떨어진 곳에 위치해 있다. 호주에서 가장 오래된 와인 산지로 호주 전체 생산량의 30%를 차지하고 있으며 70여 개의 양조장이 설립되어 있다. 이 지역 포도원은 구릉지대와 계곡에 펼쳐져 있으며 온난하고 습한 기후이다. 헌터 밸리 하류(Lower Hunter Valley)는 기후의 악조건에도 불구하고 가장 유명하며 방문객이 해마다 늘어나는 곳이다. 헌터 밸리 상류(Upper Hunter Valley)는 조금 건조한 기후를 나타내고 있기 때문에 헌터 밸리 하류에 비해 와인의 품질이 조금 떨어지고 있다.

주요 포도품종으로 시라, 카베르네 소비뇽, 피노누아, 세미용, 샤르도네, 리슬링, 소비뇽 블랑 등을 재배하고 있다.

(2) 머지(Mudgee)

Mudgee는 이 지역 원주민의 말로 '언덕의 둥지' 라는 뜻이다. 호주에서 가장 고지대로 일조량이 많고 강우량이 적다. 여름과 가을 기온은 온화하지 수확은 헌터계곡보다 늦고, 늦서리와 밤 기온이 낮은 편이라 포도 새싹이 돋는 것을 저해하고 있다.

이 지역의 포도품종은 카베르네 소비뇽(Cabernet Sauvignon)이 가장 우수하기 때문에 보통 100% Cabernet Sauvignon을 사용하여 만들지만 단일품종을 하거나 때로는 메를로(Merlot), 쉬라즈(Shiraz)와 블렌딩하기도 한다. 그리고 화이트 와인의 품종으로는 샤르도네(Chardonnay)가 이 지역 화이트 와인 중 가장 우수하다.

(3) 리버리나(Riverina)

뉴사우스웨일스 와인의 약 60%를 차지하고 있다. 덥고 건조한 기후로 강수량이 적은 편이지만 관개시설이 잘 설치돼 있어 여러 종류의 와인을 생산하고 있다. 특히 셰리 타입(Sherry Type)의 주정강화 와인이 유명한 지역이다.

칠레, 호주와 바다를 낀 나라들은 주정강화 와인이 아주 발달되어 있는데 그 이유는 배로 이동하다보면 와인이 변질될 수 있는데 알코올을 첨가함으로서 와인의 맛을 유지할 수 있기 때문이다. 주요 포도품종으로 카베르네 소비뇽, 쉬라즈, 세미용, 샤르도네 등을 재배하고 있다.

2) 빅토리아(Victoria)

빅토리아는 호주 전체 생산량의 약 20%를 차지하며, 호주의 남동부 멜버른 근처에 위치한 오랜 전통을 지닌 와인 지역이다. 빅토리아의 기후와 토양은 유럽과 비슷하고 야라 밸리(Yarra Valley)의 서늘한 기후가 포도재배에 많은 도움을 주고 있다. 호주에서 두 번째로 많은 양조장(130개)이 있고, 세 번째로 생산량이 많은 곳이다.

빅토리아와 와인산업은 급속히 성장하고 있으며, 다양한 와인을 생산하고 있고, 빅토리아 주는 주의 한쪽 끝부터 다른 한쪽 끝까지 그리고 그 사이사이에도 포도재배가 가능하기 때문에 앞으로 와인산업이 주목되고 있다.

주요 포도품종은 바다가 가까운 지역은 샤르도네와 세미용, 리슬링, 피노누아를 많이 재배하고, 바다에서 떨어진 내륙에서는 쉬라즈와 카베르네 소비뇽, 말벡, 메를로 등을 재배하고 있다.

빅토리아의 와인생산 지역은 알핀 밸리스(Alpine Valleys), 비치월드(Beechworth), 벤디고(Bendigo), 절롱(Geelong), 깁스랜드(Gippsland), 글렐로완(Glenrowan), 골번 밸리(Goulburn Valley), 그램피안스(Grampians), 히스코트(Heathcote), 헨티(Henty), 킹 밸리(King Valley), 머세돈 레인지스(Macedon Ranges), 모닝턴 피닌설러(Mornington Peninsula), 머레이 달링(Murray Darling), 피레니스(Pyrenees), 루더글렌(Rutherglen), 스트래스보기 래인지스(Strathbogie Ranges), 선버리(Sunbury), 스완 힐(Swan Hill), 어퍼 골번(Upper Goulburn), 야라 벨리(Yarra Valley)가 있다. 주요 와인산지를 살펴보면 다음과 같다.

(1) 그램피안스(Grampians)

이 지역에 잘 맞는 가장 적합한 품종으로 쉬라즈를 많이 재배하고 있고, 지대가 높고 시원한 곳이지만 여름철의 기온이 높고 일조량이 많으며 습도가 낮기 때문에 양질의 포도가 생산된다. 그 밖에 카베르네 소비뇽, 리슬링, 샤르도네, 소비뇽 블랑으로 만든 와인도 아주 섬세한 맛과 향을 가지고 있다.

(2) 야라 벨리(Yarra Valley)

이 지역은 호주에서 가장 서늘한 지역으로 가장 좋은 Pinot Noir의 생산지로 인정받고 있으며, 1838년 처음 포도재배를 시작하여 19세기에는 대규모 생산을 하였다. 잠시 쇠퇴기를 맞다가 1990년부터 신품종으로 교체하면서 다시 전성기를 맞이한 지역이다. 샤르도네, 카베르네 소비뇽은 물론 메를로와 쉬아즈의 품질도 매우 좋은 평가를 받고 있다. 주요 포도품종은 피노누아, 샤르도네, 메를로, 쉬라즈. 카베르네 소비뇽 등을 재배하고 있다.

이 지역 와인의 특징은 색과 향이 강하고 특히 검은 버찌와 후추의 향이 강하나 타닌의 느낌은 매우 부드럽다.

(3) 굴번 밸리(Goulburn Valley)

이 지역은 굴번 강 유역에 위치해 있으며 멜버른의 남쪽 100마일 정도 떨어진 경치가 아름다운 지역이다. 굴번 강 유역이 전통적인 산지로 매우 서늘한 지역이다. 양질의 와인과 장기숙성이 가능한 와인을 생산하고 있다.

주요 포도품종으로는 쉬라즈, 카베르네 소비뇽, 마르산, 샤르도네 등이 많이 재배되고 있지만, 특히 마르산(Marsanne)은 이 지역의 대표적인 화이트 와인 품종으로 잘 알려져 있다. 이 지역 와인의 특징은 농축된 맛의 화이트 와인과 복합적인 향미와 바디가 뛰어난 것이다.

(4) 머레이 달링(Murray Darling)

이 지역은 Murray 강 유역으로 Victoria 주와 South Australia의 경계에 위치한 곳이다. 전형적인 대륙성 기후로 여름은 덥고 일조량이 많으며 습도가 낮고 건조한 지역이다. 그래서 좋은 와인생산보다는 테이블 와인과 디저트 와인, 셰리 와인을 주로 생산하고 있다.

주요 포도품종으로는 샤르도네가 유명하고, 소비뇽 블랑, 쉬라즈, 카베르네 소비뇽 등을 많이 재배하고 있다.

(5) 알핀 밸리스(Alpine Valleys)

이 지역은 고도에 따라 기후가 달라진다. 대륙성 기후로 인해 서리 피해를 많이 입는 곳이다. 그래서 지대가 높고 시원한 곳에서는 샤르도네 품종으로 만든 스파클링 와인이 유명하며, 지대가 낮은 곳에서는 온화한 기후 때문에 쉬라즈, 카베르네 소비뇽의 품종이 좋은 풀 바디 와인을 생산하고 있다.

3) 남부 오스트레일리아(South Australia)

애들레이드(Adelaide)가 중심도시인 호주 남부지역은 매우 온난한 기후 조건을 가지고 있고, 필록세라를 피해서 살아남은 오래된 포도나무가 많이 있기 때문에 고급 와인을 생산하는 지역이다.

호주에서 가장 훌륭한 와인 산지로 호주 와인의 60% 이상을 생산하고 있으며, 대부분 호주에서 중요한 와인 회사가 이 지역에 모여 있다. 주요 포도품종은 샤르도네, 세미용, 리슬링, 소비뇽 블랑, 쉬라즈, 카베르네 소비뇽 등을 재배하고 있다.

사우스 오스트레일리아의 와인생산 지역은 애들레이드 힐스(Adelaide Hills), 애들레이드 플레인스(Aelaide Plains), 바로사 밸리(Barossa Valley), 클레어 밸리(Clare Valley), 쿠나와라(Coonawarra), 커런시 크릭(Currency Creek), 에덴 밸리(Eden Valley), 캥거루 아일랜드(Kangaroo Island), 랭그혼 크릭(Langhorne Creek), 맥러렌 배일(McLaren Vale), 마운트 벤손(Mount Benson), 패더웨이(Padthaway), 리버랜드(Riverland), 서던 플로리우(Southern Fleurieu), 서던 플린더스 래인지스(Southern Flinders Ranges), 라톤불리(Wrattonbully)가 있다. 주요 와인산지를 살펴보면 다음과 같다.

(1) 바로사 밸리(Barossa Valley)

바로사 밸리는 남부 호주에서 가장 유명하고 최대 와인산지이다. 1841년부터 포도가 재배되었으며, 독일 이주민들에 의해 독일 스타일의 와인이 생산되어 왔다. 이 지역의 대표적인 품종은 쉬라즈로 풀 바디(Full Bodied)하고 장기 숙성이 가능하고, 카베르네 소비뇽은 진한 맛과 강하고 풍부한 향과 짙은 색을 띠는 훌륭한 와인으로 인정받고 있고, Riesling은 독일 이주민에 의해 전파되어 호주에서 가장 유명한 리슬링 와인으로 인정받고 있는 품종이다.

(2) 에덴 밸리(Eden Valley)

1847년부터 포도를 재배하였다. 특히 이 지역은 지대가 높아 기온이 다른 지역보다 낮기 때문에 화이트 와인이 유명한 지역이다. 그래서 리슬링은 전통적으로 10

년 이상 숙성시킬 수 있는 고급 와인으로 널리 알려져 있다. 그 외에 샤르도네, 쉬라즈, 카베르네 소비뇽이 많이 재배되고 있다.

(3) 애들레이드 힐(Adelaide Hills)

이 지역은 고급 테이블 와인과 스파클링 와인으로 명성이 급속히 높아진 지역이다. 지대가 높고 시원하기 때문에 샤르도네, 피노누아, 소비뇽 블랑 등의 품종이 많이 재배되고 있다. 그렇기 때문에 피노누아와 샤르도네로 만든 스파클링 와인은 호주에서 최고의 품질에 속한다. 그 밖에 카베르네 소비뇽, 쉬라즈, 메를로 포도품종도 생산량이 점차 증가하고 있다.

(4) 맥라렌 베일(McLaren Vale)

이 지역에는 1838년 처음 포도가 심어졌고, 토마스 하디(Thomas Hardy)가 만든 와인회사와 함께 이 지역의 대표적인 와이너리로 성장하였다. 지역에 따라 기후의 변화가 심하기 때문에 다양한 성격의 와인을 생산하는 곳이다. 레드 와인은 진하고, 무겁고, 농축된 맛과 향을 느낄 수 있고, 화이트 와인은 신선하고, 상쾌하면서 꽉 찬 느낌을 주기도 한다.

(5) 쿠나와라(Coonawarra)

이 지역은 가장 서늘한 지역으로 비교적 포도가 서서히 익는다. 기후는 해양성 기후의 영향으로 여름이 시원하다. 프랑스 보르도 지역과 비슷하기 때문에 최고급 레드 와인산지로 잘 알려져 있다. 그 중 대표적인 와인은 카베르네 소비뇽과 쉬라즈 품종으로 만든 와인이다.

리슬링과 샤르도네는 훌륭한 와인을 만들어내고 있지만, 레드 와인의 명성에 가려 빛을 보지 못하고 있다.

4) 서부 오스트레일리아(Western Australia)

서부 호주는 퍼스(Perth)가 중심도시로 와인산업은 남부지역에 비하면 생산량이 적은 편이고, 호주 전체 생산량의 1.7%를 차지하고 있다. 기후 변화가 심한 지역이지만 고급 와인의 20%를 차지할 만큼 훌륭하고 강한 풍미의 레드 와인을 생산하고 있다.

서부 오스트레일리아의 와인생산 지역은 블랙우드 밸리(Blackwood Valley), 지오그라프(Geographe), 그레이트 서던(Great Southern), 맨지멉(Manjimup), 마가렛 리버(Margaret River), 필(Peel), 펨버튼(Pemberton), 퍼스 힐스(Perth Hills), 스완 밸리(Swan Valley)가 있다. 주요 와인산지를 살펴보면 다음과 같다.

(1) 스완 밸리(Swan Valley)

이 지역은 퍼스(Perth)의 동쪽 변두리에 위치한 고전적인 포도재배 지역이다. 호주에서 최초로 포도밭이 조성되었으며 식용포도산지로 유명하다. 기후는 지중해성 기후지대로 규칙적인 강우량과 서리피해가 없기 때문에 서부 호주의 와인산업 중심지 역할을 하였다. 토양은 기본적으로 충적토인데 검붉은 점토에 사토가 섞여 있어 건조한 기후에도 수분을 유지하고 있다.

주요 포도품종으로 슈냉블랑, 샤르도네, 쉬라즈, 베르델료 등을 많이 재배하고 있다. 와인의 특징은 신선하고 풍부한 맛과 바디가 인상적이지만 슈냉블랑(Chenin Blanc), 샤르도네(Chardonnay), 베르델료(Verdelho) 세 품종을 블렌딩해서 만든 대중적인 화이트 와인이 인기가 많다.

(2) 그레이트 서던(Great Southern)

이 지역은 호주의 남서쪽 끝부분으로 광범위한 지역으로 인해 해안 쪽은 해양서 기후가 발달되어 있고, 내륙 쪽은 대륙성 기후가 발달되어 있어 기온 차이가 크다. 이러한 기후로 인해 리슬링과 쉬라즈가 대표적인 품종으로 주목받고 있다. 그 외에 피노누아, 샤르도네, 카베르네 소비뇽 등의 다양한 품종이 재배되고 있다.

(3) 마가렌 리버(MArgaret River)

신흥 와인산지로인 이 지역은 퍼스(Perth) 만의 뚜렷한 대서양 기후로 1990년부터 최고의 와인산지로 잘 알려진 곳이다.

1990년대부터 품종 명칭 와인(Varietal Wines) 생산에 주력하면서 카베르네 소비뇽, 피노누아, 소비뇽 블랑, 사르도네 품종이 주목받기 시작하여 현재는 호주 전체에서 인기 있는 와인 산지로 자리 잡아가고 있다.

제12장

칠레 와인

1. 칠레 와인의 특성

칠레는 동쪽의 안데스 산맥으로부터 서쪽으로는 남태평양에 이르는 지역으로 동서의 길이는 180km에 불과하나 남북의 길이는 5,000km에 이르는 세계에서 가장 좁고 긴 지형을 가진 국가로 포도나무가 자라기에 아주 좋은 조건을 가지고 있는 나라로 알려져 있다. 북쪽으로는 페루와 볼리비아, 동쪽으로는 아르헨티나와 국경을 접하고 있다.

칠레의 포도재배 면적은 18.4만 ha이고 연간 와인생산량은 약 5억 9,000만L를 생산하고 있다. 주로 레드 와인과 화이트 와인을 많이 생산하고 있다. 칠레의 주요 포도재배 지역은 남위 27~39°에 위치해 있고, 기후는 지중해성 기후로 기온차가 심하다. 보통 낮기온은 30~35℃ 정도이지만, 밤기온은 안데스 산의 만년설로 인해 10~15℃로 떨어져 포도의 적당한 산도를 주고 있으며, 풍부한 일조량의 좋은 기후 조건을 가지고 있어 포도 숙성에 많은 도움을 주고 있다.

포도 생육기간은 다른 지역보다 짧지만 일조시간이 길어 생육기간 동안 낮의 기온이 높고 햇빛이 강렬하기 때문에 포도에 탄닌과 착색이 잘되고, 아로마 형성이 아주 뛰어나다. 토양은 충적토에 자갈과 모래 등이 섞여 있기 때문에 배수가 잘 되고 통기도 잘되어 포도재배에 알맞은 토양을 가지고 있다.

레드 와인의 주요품종으로 카베르네 소비뇽(Cabernet Sauvignon), 카르메네르(Carmenere), 파이스(Pais), 메를로(Merlot), 시라(Syrah), 피노누아(Pinot Noir) 등이 재배되고, 화이트 와인의 주요품종으로 샤르도네(Chardonnay), 소비뇽 블랑(Sauvignon Blanc), 세미용(Semillon), 쉬냉블랑(Chenin Blanc), 리슬링(Riesling) 등이 많이 재배되고 있다.

주요 와인산지로 센트럴 밸리(Valle Central)에 있는 지역이 우수한 와인을 많이 재배하고 있다. 레드 와인이 주요산지인 마이포(Maipo) 지역, 강수량이 많고 서늘한 지역이기 때문에 레드 와인과 화이트 와인 재배에 이상적인 라펠(Rapel) 지역, 샤르도네 품종과 소비뇽 블랑(Sauvignon Blanc) 품종이 유명한 꾸리꼬(Curico) 지역, 토착품종인 파이스(Pais)를 많이 재배하고 있는 마울레(Maule) 지역, 비교적 서늘한 기후로 샤르도네를 재배하기 좋은 지역이기 때문에 화이트 와인이 유명한 카사블랑카(Casablanca) 지역이 있다.

칠레의 와인관련 법규는 1995년에 원산지명칭통제 제도를 시행하여, 1998년에 개정하였다. 칠레에서 테이블 와인은 비노 데 메사(Vino de Mesa)로 포도품종이나 빈티지를 표시하지 않는다. 그리고 특정 포도품종을 75% 이상 사용할 경우 빈티지, 레이블에 표시를 할 수 있고, 블렌딩 와인은 최소 15% 이상을 혼합해야 한다.

와인의 등급은 칠레 국가에서 인정해주는 원산지 표시 와인으로 데노미네이션 데 오리겐(Denominacion de Origen=DO)가 있다. 그렇지만 일반적으로 숙성기간에 따라 분류하고 있다.

- **리제르바 에스페셜(Reserva Especial)** 최소 2년 이상 숙성된 와인
- **리제르바(Reserva)** 최소 4년 이상 숙성된 와인
- **그란 비노(Gran Vino)** 최소 6년 이상 숙성된 와인

이 밖에도 '돈(Don)' 이나 '도나(Dona)' 를 표시하는 경우가 있는데, 이런 표시는 전통 있는 와이너리에서 최상급의 와인에 붙여 고급 와인임을 나타낸다.

2. 칠레 와인의 주요 산지

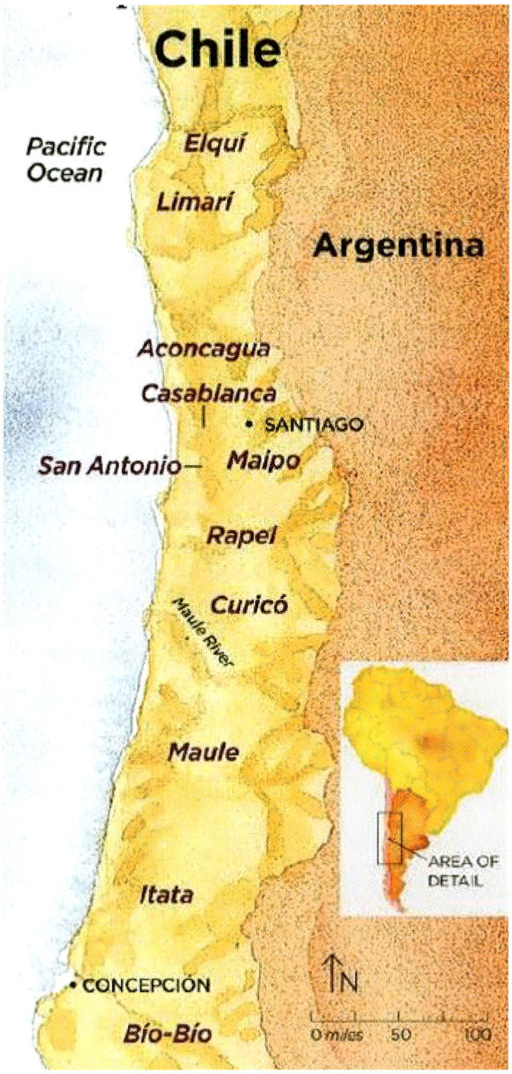

자료 : http://blog.naver.com/suziewang?Redirect=Log&logNo=80106727722

1) 북부 지역

(1) 아타카마(Atacama)

태양열이 강렬하여 세계에서 가장 건조한 지역으로 당분함량이 많고 산이 부족한 지역이다. 포도재배 면적은 약 800ha 정도이며 주로 스위트한 알코올 강화 와인과 피스코 브랜디(Pisco Brandy)를 주로 생산하고 있다. 코피아노 밸리(Copiano Valle)와 후아스코 밸리(Huasco Valle) 두 지역이 있다.

(2) 코킴보(Coquimbo)

해변에 접해있는 더운 지역으로 강수량이 부족하며, 대부분 브랜디를 생산하고 있는 지역이다. 낮 기온은 평균 18℃이고, 밤 기온은 여름에는 9~10℃ 정도, 겨울에는 약 4℃ 정도이다. 주로 피스코 브랜디(Pisco Brandy)를 생산하는데 피스코 브랜디는 프랑스의 코냑과 마찬가지로 포도를 증류한 브랜디이다. 엘키 밸리(Elqui Valley), 리마리 밸리(Limari Valley), 초아파 밸리(Chopa Valley) 세 지역으로 나누어진다.

2) 중부 지역

중부 지역은 칠레 와인 수출의 대부분을 차지하는 지역으로 아콩카구아(Acomcagua)와 센트럴 밸리(Central Valley)의 두 지역으로 나누어진다.

(1) 아콩카구아(Acomcagua)

❶ 아콩카쿠아 밸리(Acomcagua Valley)

산티아고로부터 약 100km 떨어진 북쪽 지방으로 칠레 포도재배 지역 중 고급 와인을 생산하는 지역으로 연평균 기온이 14℃ 정도이고, 연평균 강우량이 250mm 정도이다. 지중해서 기후로 바다에서 불어오는 바람이 낮에는 시원하게, 밤에는 따뜻하게 해주기 때문에 좋은 와인을 생산할 수 있는 지역이다. 포도재배 품종으로 보르도 품종인 카베르네 소비뇽, 메를로, 카베르네 프랑, 시라 등을 재배하고 있다.

❷ 카사블랑카 밸리(Casablanca Valley)

최근에 알려진 새로운 와인산지로 산티아고로부터 약 80km 떨어져 있는 지역으로 연평균 기온이 14℃ 정도, 강우량이 450mm 정도로 때로는 급수가 필요한 지역이다. 비교적 서늘한 기후로 샤르도네를 재배할 수 있는 가장 좋은 지역이다. 그래서 최고급의 샤르도네 산지라고 할 수 있다.

❸ 안토니오 밸리(San Antonio Valley)

최근에 조성된 신흥 와인산지로 화이트 와인 품종이 적합한 지역이다. 여름이 길고 시원한 기후조건으로 포도가 천천히 익어 풍부하고 진한 맛을 가지고 있다.

(2) 센트럴 밸리(Central Valley)

❶ 마이포 밸리(Maipo Valley)

칠레에서 가장 오래된 지역으로 수도 산티아고가 있는 곳이다. 평균기온은 14℃ 정도이고, 강우량은 300~400mm로 비교적 온화한 날씨로 포도재배에 가장 적합한 지역이다. 주로 레드 와인을 많이 생산하고 있고, 포도품종은 카베르네 소비뇽, 메를로, 까르메네르(Carmenere) 등을 재배하고 있지만 까르메네르(Carmenere)가 자라기에 가장 좋은 조건을 갖추고 있다.

❷ 라펠 밸리(Rapel Valley)

중부 지역에서 가장 넓은 포도재배 지역으로 연 평균기온이 14℃ 정도이고, 봄과 여름의 밤낮의 기온차가 20℃ 정도가 난다. 연평균 강수량은 약 700mm 정도로 강수량이 많고 비교적 서늘한 기후이기 때문에 레드 와인보다는 화이트 와인을 생산하기에 좋은 조건이다.

❸ 쿠리코 밸리(Curico Valley)

산티아고 남쪽으로 약 200km에 위치한 지역으로 연평균 기온이 14℃ 정도이고, 강우량은 500~700mm로 밤과 낮의 기온차이는 14~15℃ 정도가 난다. 안개와 심한 일교차 때문에 산도가 높아 화이트 와인 품종을 재배하기에 적합한 지역이다. 포도품종으로 주로 샤르도네와 소비뇽 블랑, 카베르네 소비뇽, 메를로, 피노누아 등을 재배하고 있다.

❹ 마울레 밸리(Maule Valley)

16,997ha로 칠레에서 가장 큰 와인산지이다. 연평균 기온이 14℃ 정도이고, 강수량은 700~800mm로 주로 겨울에 비가 내린다. 기온차이가 심해 약 20℃ 정도가 난다. 밤에 생기는 서리는 주로 풍차나 난로로 제거하고 있다.

이 지역에서는 파이스(Pais) 포도품종을 많이 재배하고 있지만 최근에는 카르메네르(carmenere)가 급증하고 있다. 화이트 와인보다는 레드 와인이 우수한 편이다.

3) 남부 지역

(1) 이타타 계곡(Itata Valley)

이 지역은 스페인 식민지시대부터 파이스(Pais) 포도를 널리 재배한 지역이다. 스페인 정복자들은 Itata 강의 풍부한 강물을 이용하여 포도를 재배하였다. 지중해성 기후로 연평균 기온이 14℃ 정도이지만 뜨겁고 건조한 여름철에는 계곡지대의 일교차가 20℃ 이상 나타나기도 한다. 강우량은 600~700mm로 화강암이 퇴적화하여 생긴 모래 섞인 토양으로 적갈색을 띠고 있다. 파이스(Pais)와 같은 고전적 품종이 아직도 가장 많이 재배되고 있지만 최근에는 유럽종으로 대체하고 있다.

(2) 비오비오 계곡(Bio Bio Valley)

산티아고 남쪽 약 650km의 Bio Bio 강 유역에 위치하고 있으며, Bio Bio 강의 풍부한 물을 이용하여 와인을 생산하고 있다. 강우량은 700~1400mm로 많은 편이며 서리 피해와 수확기에 비가 오는 경우도 있다. 밤과 낮의 기온 차이는 17℃ 정도이며, 샤르도네(Chardonnay), 게부르츠트라미너(Gewurztraminer), 리슬링(Riesling), 피노누아(Pinot Noir)와 같은 화이트 와인 포도품종을 재배하기에 적합한 지역이다.

제13장

아르헨티나 와인

1. 아르헨티나 와인의 특성

최초의 포도재배는 16세기 후반 칠레에 살던 스페인이 포도 묘목을 심은 것이 아르헨티나 포도 경작의 시작이다. 그가 가져온 품종은 칠레 토착품종인 파이스(Pais) 포도품종이다. 초기 스페인 정착민들은 해안 쪽에 포도를 재배하였으나 햇볕이 많고 건조한 안데스 산맥 기슭으로 옮겨 관개 시스템을 갖추어 포도재배를 시작하면서 아르헨티나 와인산업 발전에 크게 기여하게 되었다. 그리고 1900년 멘도사(Mendoza)에 양조학교가 설립이 되면서 와인산업이 양적 · 질적으로 혁신적인 발전을 하였다. 하지만 정치적인 불안과 경제적인 어려움으로 품질향상에 노력하지 않고 값이 저렴한 와인을 많이 생산하고 있기 때문에 국제적으로 인식이 좋지는 않다.

아르헨티나의 포도품종은 다양하다. 말벡(Mallbec)은 아르헨티나 지역에서 떼루아가 잘 맞아 좋은 와인을 생산하고 있어 레드 와인의 대표품종이 되었다. 말벡 품종의 와인은 색이 짙고, 잘 익은 과일 향과 부드러운 탄닌 성분도 적당히 있으며, 와인의 구조가 튼튼한 특징을 가지고 있다. 레드 와인 품종으로는 바르베라, 산지오베제, 템프라뇨, 카베르네 소비뇽, 메를로가 있으며, 화이트 와인 품종으로는 샤르도네, 슈냉블랑, 토론테스 등을 많이 재배하고 있다.

2. 아르헨티나 와인의 주요 산지

자료 : http://kumkangice.com/20137284862

아르헨티나 와인의 주산지는 칠레와의 국경에 인접한 안데스 산맥의 동쪽 경사지이다. 이 지역은 매우 건조하고 더워 포도재배에 적당한 기후이다. 또한 안데스 산맥의 눈이 녹아 흘러내리는 강물을 이용하여 포도를 재배하고 있기 때문에 부족한 강수량을 잘 해결하고 있다. 아르헨티나의 와인 산지는 북부 지역과 중서부의 쿠요(Cuyo) 지역 그리고 남부 지역의 세 지역으로 나뉜다.

1) 북부 지역

(1) 살따(Salta)

북부 지역으로 해발 약 2000m로 세계에서 가장 높은 와인산지 중의 하나이다. 연간 300일 이상이 맑은 날이며, 여름의 기온은 22℃로 차가운 기후이며, 밤의 기온은 12℃로 기온차가 크게 난다. 강우량은 200mm로 비교적 적기 때문에 용수가 필요하며 전체 생산량의 약 2%를 차지하고 있다. 레드 와인 포도품종은 카베르네 소비뇽, 메를로, 말벡과 화이트 와인 품종으로는 토론테스, 샤르도네, 슈냉블랑 등이 재배되고 있다.

2) 쿠요(Cuyo) 지역

(1) 라 리오하(La Rioja)

1591년 아르헨티나에서 최초로 포도재배를 시작한 가장 오래된 와인 산지로 무더운 기후를 가지고 있는 이 지역은 바르베라, 토론테스, 카베르네 소비뇽, 말벡, 메를로 등의 품종이 재배되고 있다.

(2) 멘도사(Mendoza)

아르헨티나에서 포도재배 면적이 212,658ha로 가장 큰 지역으로 전체 생산량의 75%를 차지하고 있고, 와인수출의 95%를 차지하고 있는 만큼 아르헨티나에서 가장 중요한 산지로 유명한 와이너리가 집중되어 있는 곳이다. 안데스 산맥의 영향을 많이 받아 맑고 풍부한 수량과 잘 갖추어진 관개수로로 인해 포도재배에 이상적이다.

주요 포도품종은 말벡이며, 카베르네 소비뇽, 템프라뇨, 메를로, 피노누아, 산지오베제 등과 화이트 와인의 주요 품종으로는 샤르도네, 슈냉블랑, 소비뇽 블랑, 토론테스 등이 재배되고 있다. 특히 말벡은 오크통으로 숙성시키고 있다.

(3) 산 후안(San Juan)

아르헨티나에서 포도재배 면적이 46,000ha로 두 번째로 큰 와인 재배지역으로 전체생산량의 약 18%를 차지하고 있다. 해발 약 1,200m에 포도밭이 조성되어 있어 비교적 서늘한 지역으로 주정강화와 브랜디를 주로 생산하고 있다.

주요 화이트 와인 품종으로 위니블랑, 샤르도네, 비오니에 등이 많이 재배되고 있지만 최근에는 말벡, 메를로, 피노누아, 카베르네 소비뇽 등의 품종도 재배가 서서히 늘어나고 있는 추세이다.

3) 남부 지역

(1) 리오 네그로(Rio Negro)

아르헨티나에서 포도재배 지역 중 가장 남쪽에 위치해 있는 지역으로 아직 와인 산업이 발전하지는 않은 곳이지만 강우량은 많고 일교차가 크기 때문에 포도재배에 좋은 조건을 가지고 있어 와인산업의 성장 잠재력이 대단히 큰 곳이다. 주로 화이트 와인을 많이 생산하고 있다.

포도품종은 샤르도네, 세미용, 소비뇽 블랑을 비롯해 비오니에, 피노누아, 토론테스 등의 품종을 재배하고 있다. 리오네그로(Rio Negro) 지역은 남부 와인생산의 중심지이나 전체 생산량은 아르헨티나 와인의 약 2% 정도를 차지하고 있다.

제3부

와인 서비스 실무

Wine Encyclopedia

제14장

와인 서비스

1. 와인 서비스 기물

■ Drop Stopper

와인 병의 입구에 끼워 사용함으로써 와인이 흘러내리는 것을 방지할 수 있고, 와인을 서비스할 때 중간에서 흡수해주는 역할을 한다.

■ 와인 온도계

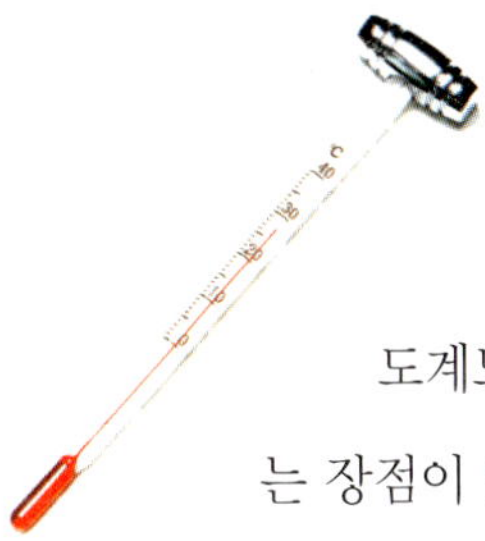

와인의 온도를 측정할 때 가장 중요한 도구이다. 온도계를 글라스에 넣는 방법이 있고, 온도계를 병에 끼워서 사용하는 고리형 온도계도 있다. 이 고리형 온도계는 병을 오픈하지 않고 온도를 측정할 수 있는 장점이 있지만 와인을 마실 때 실제 온도와 차이가 있을 수 있다. 단, 사람들이 보이지 않는 곳에서 사용하는 것이 좋다.

■ 호일커터

와인을 오픈할 때 유용하게 사용하는 이 기구는 와인 병의 캡슐(Capsules)을 제거하기 위하여 고안된 소품이다.

■ 와인링

냅킨(Napkin)을 넣어서 사용하는 이 기구는 와인을 따를 때 흘러 내리지 않게 고정의 역할을 한다.

■ 버터 플라이

이 스크류는 별로 힘들이지 않고 안전하게 코르크를 빼낼 수 있기 때문에 많은 사람들이 사용하고 있다. 특히 여성분들이 사용하기 편리하다. 이 스크류는 병 입구에 맞추어 돌리면 되기 때문에 코르크를 부드럽게 뽑아낼 수 있는 것이 장점이다.

■ 소믈리에 오프너

이 스크류는 지렛대 역할을 하는 레버가 두 단계로 구성되어 있어 초보자도 쉽게 사용할 수 있고 코르크가 부서지지 않고 한 번에 뽑을 수 있는 것이 특징이다. 그리고 캡슐을 제거할 수 있는 나이프도 함께 부착되어 있기 때문에 매우 유용하여 많은 사람들이 선호하고 있다.

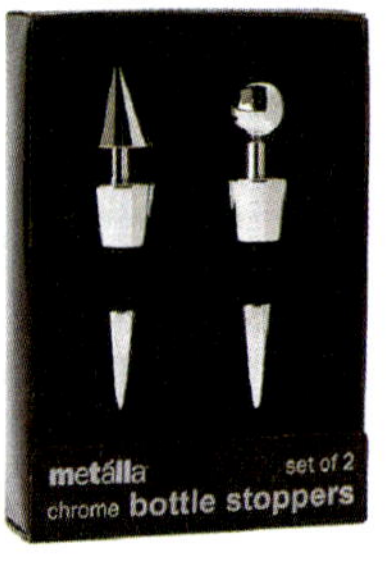

■ 와인스토퍼

와인을 다 마시지 않고 남아 있을 때 잠시 와인을 보관하려면 코르크 대신 스토퍼를 사용해서 와인의 산화를 방지할 수 있다.

■ 화이트 와인 쿨러

샴페인이나 화이트 와인, 스파클링 와인, 로제 와인 같은 차게 해서 마시는 와인의 온도를 유지하기 위해 사용하는 기물이다. 와인 쿨러에는 보통 얼음과 물을 함께 넣어 사용하는데 와인 쿨러의 약 3/4 정도 채워 서비스를 한다.

■ 와인 디캔터

디캔터는 유리로 된 병으로 오래된 와인에 가라앉아 있는 앙금이나 침전물을 걸러낼 때 사용하는 기구이다. 병 바닥에 고인 침전물 즉, 찌꺼기를 제거함과 동시에 와인을 산소와 접촉하게 하여 와인의 부케를 증진시키고, 와인의 맛을 한층 더 부드럽게 하는 것이다. 디캔팅을 할 때 촛불에 비추는 이유는 병목을 통해 와인 찌꺼기가 들어가는지 정확히 살펴서 침전물이 디캔터 안으로 들어가는 것을 막기 위함이다.

■ 레드 와인 바스켓

레드 와인의 경우 와인 바스켓에 넣어 서비스하기도 한다. 와인 바스켓을 사용하여 이동할 경우보다 안정감이 있고, 서비스하는 동안 와인병이 흔들려 침전물이 떠오르는 것을 막기 위해서이다. 재질은 실버류도 있지만 덩굴나무로 만든 바스켓도 있다

■ 타스트뱅

프랑스 부르고뉴에서 유래된 이 기물은 소믈리에가 와인을 테스트할 때 사용하는 기구로 전문 소믈리에가 목에 걸고 다니면서 와인의 색상 및 와인의 특성을 파악하였다. 지금은 이 기구보다는 투명한 유리 글라스를 많이 사용하고 있다. 보통 은제로 되어 있고, 예전에는 소믈리에를 상징하기도 하였다. 현재는 장식용으로 활용된다.

■ 진공 펌프

와인을 모두 마시지 못하고 일시적으로 보관을 해야 할 경우 진공 펌프기를 사용하여 병 속의 산소를 뽑아내 와인의 산화를 방지한다.

그러나 오래되고 민감한 와인일 경우에는 이 방법도 필요가 없다. 왜냐하면 병 속에 형성되는 저기압은 오히려 와인을 손상시킬 수 있기 때문이다.

2. 와인의 저장과 서비스 온도

1) 와인의 저장방법

와인은 위스키나 코냑, 소주, 맥주와 달리 저장방법에 따라 와인의 맛을 결정하는 경우가 많이 있다. 그래서 최근에는 고가 와인일수록 와인 보관용 냉장고(Wine cellar)를 이용하여 와인을 저장 또는 보관하고 있다. 왜냐하면, 와인은 온도, 습도, 빛 등에 아주 민감하기 때문에 저장하는 장소가 매우 중요하다.

- 직사광선을 피해야 한다. 햇빛이 들지 않는 지하 동굴에서 와인을 숙성시키는 경우가 많다.
- 소음과 진동이 없는 곳이 좋다. 와인은 아주 조용한 환경이 필요하기 때문에 저장장소가 흔들리게 되면 와인이 스트레스를 받을 수 있다.
- 와인 병을 수평으로 보관한다. 와인과 코르크 마개가 계속 접촉하게 해 산화를 저지할 뿐 아니라 코르크가 항상 젖어 있어야 와인의 변질을 막을 수 있기 때문이다.
- 자극적인 냄새가 나는 물질과 함께 보관하지 않는 것이 좋다. 와인 병은 강한 냄새가 나는 곳에서 멀리 떨어질수록 좋다. 코르크 마개로 냄새가 들어가 와인에 전달되어 좋지 못한 향이 와인에 영향을 줄 수 있다.
- 습도는 70~80% 정도의 유지가 필요하고, 온도는 섭씨 12~14℃ 사이에서 유지하는 것이 이상적이다. 와인은 일정한 조건이라야 와인의 특성과 품질을 잘

보존할 수 있고 건조한 곳에 보관하게 되면 코르크 마개가 건조해져 탄력성이 떨어지고 잘못하면 산소가 병 속으로 들어가 산화가 촉진되어 와인품질에 나쁜 영향을 미칠 수 있다.

- 와인 레이블이 위로 오게 보관한다. 와인 레이블은 그 와인의 이력서이기 때문에 레이블이 손상되지 않도록 하기 위함이다.
- 형광등이나 강한 전구를 사용하지 않는 것이 좋다. 조명은 어둡게 해야 한다. 저장고의 조명은 최대한 낮추어 저장 중에 와인이 산화되는 것을 막아야 한다.

2) 와인 서비스 온도

와인은 종류에 따라 마시는 온도가 조금씩 차이가 있다. 마시기 적절한 온도가 아닌 와인을 마시면 와인의 균형을 깨뜨릴 뿐만 아니라 맛과 분위기도 떨어질 수 있다. 보통 레드 와인은 실온에서 보관하여 16~18℃를 유지하는 것이 좋고, 화이트 와인은 9~10℃정도에서 서비스하면 좋다. 그리고 샴페인은 7~8℃가 좋고 로제 와인은 10℃를 유지하여 차게 해서 마시면 이상적이다.

레드 와인인 경우 온도가 20~22℃ 정도로 너무 높아 미지근하게 마시면 향 발산은 물론 전체적인 균형이 맞지 않는다. 반대로 화이트 와인을 온도 6℃로 너무 차게 해서 마시면 청량감은 있지만 와인의 풍미와 밸런스가 깨지고 향기와 맛이 약화될 뿐만 아니라 화이트 와인 특유의 신선한 아로마도 제대로 느낄 수 없기 때문에 와인 서비스 온도가 중요하다.

와인을 마실 때 적정 온도

구 분	종 류	섭 씨	포도품종 및 종류
화이트 와인	샴페인, 발포성 와인, 아로마 향이 강하고 달지 않는 화이트 와인	7~8℃	소비뇽블랑, 뮈스카떼, 실바너, 비오니에, 말바시아, 뮐러 투르가우, 리슬링 등
	고급 샴페인, 로제 와인, 오크통 숙성에 명성이 있는 화이트 와인	9~10℃	샤르도네, 토카이 피노 그리, 세미용, 그르나슈, 게부르츠트라미너, 루산 등
	숙성된 그랑크뤼 화이트 와인	11~12℃	부르고뉴 그랑 크뤼, 알자스 그랑크뤼 와인 등
	단맛이 나는 달콤한 화이트 와인, 로제 와인	13~14℃	어린 강화와인, 화이트 포트, 아주 풍성한 구조와 잔여당분이 많은 로제 와인
	오래 숙성된 주정강화 와인	15~16℃	마데이라, 마르살라, 뱅존 등
레드 와인	보졸레 누보와 같은 가벼운 와인, 어린 강화 와인	13~14℃	탄산가스 침용으로 만든 와인
	5년 이하의 중간 레드 와인	15~16℃	모든 국가의 레드 와인
	숙성된 그랑 크뤼 레드 와인	17~18℃	모든 국가의 숙성 레드 와인

3. 와인 글라스

와인을 접하게 되면 여러 가지 어려운 부분이 많이 있다. 특히 와인 글라스도 와인의 종류에 따라 선택을 해서 마셔야 한다. 어떤 와인 글라스인지에 따라 와인의 맛과 향이 달라질 수 있다. 와인 글라스의 특징은 와인의 좋은 아로마나 부케 그리고 다양한 맛을 잘 전달해 주기도 하지만 와인의 다양한 색상 및 빈티지 등 그 와인을 정확하게 알 수 있기 때문에 와인 글라스의 선택은 매우 중요하다. 왜냐하면, 혀의 구조를 보면 앞쪽은 단맛, 양 옆쪽은 신맛, 혀 뒤쪽은 쓴맛을 느끼도록 되어 있기 때문에 와인 글라스의 구조에 따라 와인이 혀에 떨어지는 위치가 달라 미세한 맛의 차이가 날 수 있기 때문이다.

와인 글라스는 와인의 색을 가장 잘 표현해 주기 때문에 투명하고 얇아야 와인을 마실 때 와인의 온도를 느낄 수 있다. 일반적으로 글라스의 몸통 아래 부분은 넓고 위로 올라갈수록 좁아지는 이유는 와인의 향기가 밖으로 나가지 않고 글라스 안에 모아두기 위함이다.

와인 글라스는 전체적으로 4단계로 구성되어 있는데 첫째, 글라스의 가장 윗부분이 림(Rim)이다. 이 림의 형태에 따라 레드 와인 글라스 또는 화이트 와인 글라스로도 구분된다고 할 수 있다. 즉, 와인성분의 밀도에 따라 층이 달라질 수 있는데 과일향과 꽃 향은 맨 위층에 위치하고, 흙 향과 풀 향은 가운데 층에 위치하고 알코올과 오크 향은 맨 아래층에 위치한다. 그래서 꽃 향과 과일 향을 느낄 수 있는 와인은 글라스가 길쭉하고 오목한 형태의 글라스에 마시고 오크 향과 부케향이 강한 숙성된 레드 와인은 바디가 더 넓고 둥근 글라스에 마시면 좋다.

둘째, 날씬하고 긴 다리를 스템(Stem)이라고 한다. 이 스템 부분은 열에 민감한 와인의 경우 열 전도율을 낮추고 글라스의 전체적인 미적 균형에도 도움이 된다. 셋째, 바디(Body)부분이다. 이 바디부분이 넓을수록 레드 와인 같은 경우에 아로마나 부케를 제대로 느낄 수 있다. 마지막으로 글라스가 안정되게 놓이게 하는 제일 밑 부분을 베이스(Base)라고 한다.

글라스의 명칭

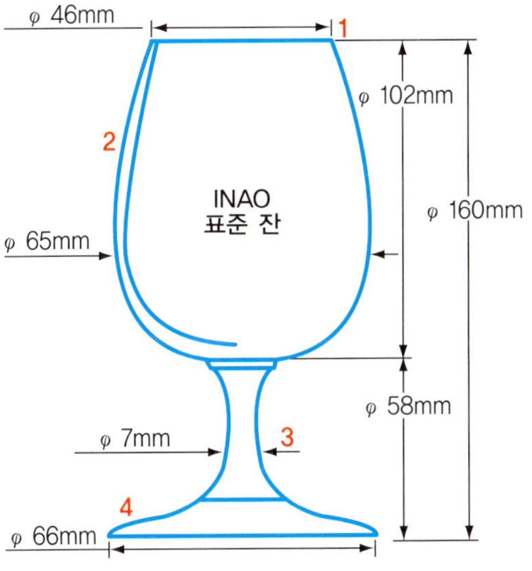

와인 잔 부분별 명칭

1. 림(Rim)
2. 바디(Body)
3. 스템(Stem)
4. 베이스(Base)

와인 글라스로 피해야할 사항은 와인 글라스에 무늬나 색깔이 들어가거나 장식이 화려한 압축 유리에 두꺼운 손잡이를 가진 글라스는 안 된다. 그리고 와인 글라스의 크기도 와인을 따르는 양의 약 3배 정도가 되어야 한다. 그래야 와인 맛이 충분히 살아나 좋은 상태의 와인을 느낄 수 있기 때문이다.

1) 와인 글라스 종류

(1) 레드 와인 글라스(보르도 스타일)

와인 글라스는 투명한 글라스를 사용하고 있다. 와인의 종류에 따라 특징이 조금씩 다르다. 일반적으로 레드 와인 글라스는 입술에 닿는 부분(Rim)이 얇다. 그리고 화이트 와인 글라스에 비해 크고 둥글고 입구가 좁은 것이 특징이다.

보르도 와인 글라스는 일반적으로 글라스의 바디(Body)부분이 길고 좁으며, 림(Rim)부분이 상대적으로 넓다.

(2) 레드 와인 글라스(부르고뉴 스타일)

레드 와인 글라스는 크게 보르도 스타일과 부르고뉴 스타일의 글라스로 구분하고 있다.

부르고뉴 스타일의 글라스는 와인을 마실 때 깊고 풍부한 향을 즐기기 위해서 보르도 스타일의 글라스보다 바디(Body)부분이 더 넓고, 림(Rim)부분은 상대적으로 좁은 편이다.

(3) 화이트 와인 글라스

화이트 와인 글라스는 레드 와인 글라스보다 조금 작으며, 바디(Body)부분이 크지 않고, 글라스의 입구도 작다.

(4) 샴페인 글라스

샴페인 글라스는 크게 두 가지로 구분한다. 일반적으로 축하를 하는 자리에서 건배용으로 사용하는 글라스를 소스형(Saucer)이라고 한다. 이 소스형 글라스는 입구가 넓기 때문에 탄산이 글라스에 오래 머물지 않고 청량감이 빨리 사라진다. 주로 핑크레이디와 같은 칵테일을 마실 때 사용하고 있다.

주로 식사를 할 때 사용하는 정찬용 샴페인 글라스를 프루트(Flute)형이라고 하는데, 이 글라스는 바디(Body)부분이 가늘고 길며, 입구가 좁기 때문에 탄산이 빨리 사라지지 않아 청량감을 오래 지속적으로 유지할 수 있다.

4. 와인 서비스 방법

고객이 호텔레스토랑이나 전문레스토랑에 도착해서 착석하면 제일 먼저 식전주(Aperitif) 주문을 받는다. 그리고 식사 주문과 함께 식사요리에 맞추어 와인을 주문받는데 일반적으로 식전주 다음으로 요리에 따라 다소 차이가 있지만 전채요리에는 화이트 와인, 메인 요리에는 레드 와인, 한편 식후에 기호음료가 끝날 즈음 디저트 와인(Dessert wine)을 주문받아 서비스한다.

호텔레스토랑이나 전문레스토랑에서는 와인주문을 받기 전에는 일반적으로 기본적인 와인 글라스만 세팅이 돼 있다. 식사와 와인주문을 받게 되면 기물 세팅은 물론이고 와인종류에 따라 와인 글라스도 함께 세팅을 한다. 그리고 식사하는 중 레드 와인이 서비스되면 고객에게 의향을 물어 본 후에 이전에 마시던 음료나 혹은 화이트 와인을 치우는데, 이때 레드 와인 글라스를 제공한 후 와인을 서비스 한다. 단, 사전예약이 되어 있다면 음식 코스에 맞게 와인 글라스도 함께 세팅이 돼 있다.

1) 화이트 와인 서비스

화이트 와인은 레드 와인과 달리 차갑게 서비스되어야 하기 때문에 얼음과 물이 담겨진 와인 쿨러(Wine Cooler)를 사용한다. 와인 쿨러에는 물과 얼음을 약 3/4 정도 채우고 게리동(Gueridon)을 이용하여 서비스한다.

(1) 준비

❶ 고객이 주문한 화이트 와인을 아이스 버킷에 넣어서 사이드 테이블이나 스탠드에 준비한다.

❷ 사이드 테이블에 준비할 경우 앙트레 접시 위에 흰색 클로스 냅킨을 접어서 깔고, 그 위에 아이스 버킷을 놓는다. 그리고 스탠드인 경우에는 스탠드 위에 바로 올려놓는다.

❸ 아이스 버켓에는 아이스를 1/3 정도 넣고 물을 2/3 정도 채워 병이 잠기도록 한다.

❹ 와인 병은 고객이 레이블을 볼 수 있도록 아이스 버킷의 바깥쪽으로 눕힌 후 흰 냅킨을 2등분 접어서 병목에 걸쳐 놓는다.

❺ 이때 최적의 온도는 일반 화이트 와인은 9~10℃, 그랑크뤼 화이트 와인은 11~12℃가 좋다.

(2) 고객에게 레이블을 확인시킨다

❶ 흰색 클로스 냅킨을 사용하여 아이스 바켓에 있는 화이트 와인 병을 끄집어낸 후 물기를 닦는다.

❷ 흰색 클로스냅킨을 2등분 접어서 왼손으로 와인 병 밑을 받치고 오른손은 와인 병목을 부드럽게 잡고 고객의 왼쪽에 서서 와인 레이블이 고객이 편하게 볼 수 있도록 주문한 와인을 보여준다.

❸ 고객에게 와인 레이블, 빈티지, 포도품종, 산지 등을 자세하게 설명한다.

(3) 화이트 와인 병 오픈(Wine Open)

❶ 준비된 사이드 테이블이나 스탠드에 화이트 와인이 든 아이스 버킷을 손님 테이블 앞에 갖다 놓는다.

❷ 아이스 버킷 안에 있는 화이트 와인 레이블은 고객이 볼 수 있도록 하고, 와인을 똑바로 세운 다음 흰색 클로스 냅킨으로 와인 병목을 감싸준다.

❸ 와인 캡슐을 제거할 때 병목을 왼손으로 잡고 오른손으로 코르크 스크루에 달려있는 나이프로 캡슐을 양방향으로 돌려서 벗겨낸다.

❹ 와인 캡슐을 제거한 후 흰색 크로스 냅킨으로 병 입구 주위와 코르크 마개를 깨끗이 닦는다.

❺ 코르크 중앙에 똑바로 스크류를 삽입하고 시계방향으로 힘차게 돌리는데 코르크 스크루 나선형이 1~2단 정도 남도록 한다. 이때 코르크에 스크루를 중앙에 똑바로 삽입하지 않으면 코르크가 부러질 수 있다.

❻ 코르크 스크루는 와인병과 일직선이 되도록 한다.

❼ 왼손으로 와인 병 입구와 스크류를 잡고 오른손으로 코르크 스크류를 힘차게 들어올린 후 코르크 스크루 2단을 사용하여 소리 나지 않게 천천히 살며시 돌려가면서 코르크를 뽑는다. 이때에 와인의 이상 유무를 확인하기 위해 코르크 냄새를 맡고, 와인 병 입구를 깨끗한 흰색 클로스로 닦는다.

❽ 코르크는 손님에게 주지 않아도 무관하나 고객이 원할 경우는 작은 접시에 올려서 호스트 오른쪽에 놓는다.

❾ 와인 캡슐과 코르크는 사이드 테이블을 사용할 경우 아이스 버켓을 얹어 놓은 받침 접시 안에 두면 되고 버켓 스탠드를 사용할 경우는 스탠드 안에 놓아둔다.

(4) 서비스 준비

❶ 테이블 위에 2등분으로 접은 흰색 클로스 냅킨을 깔아놓고 와인을 버켓에서 꺼내 냅킨 위에 놓고 양 끝 부분을 양손으로 잡고서 와인 병에 묻어 있는 물기를 닦아준다.

❷ 흰색 클로스 냅킨을 보기 좋게 접어서 와인 레이블이 위로 향하도록 와인 병을 놓아두며, 흰색 냅킨을 반으로 접어서 와인 병 밑에서 받쳐주고 오른손으로는 와인 병목을 가볍게 감싸 잡고 운반한다.

❸ 와인 병의 레이블을 고객이 볼 수 있도록 반대쪽을 오른손으로 가볍게 잡고 서비스할 준비를 한다.

(5) 테이스팅(Tasting)

❶ 와인 테이스팅을 하는 목적은 와인이 변질되었는지 확인하는 것이기 때문에 와인의 맛이 좋고 나쁨과는 아무 상관이 없다.

❷ 와인을 주문한 고객에게 테이스팅을 하는 것이 일반적이지만 와인에 대해 자기보다 많은 지식을 가지고 있는 고객이 동석을 하였을 경우 주문한 고객이 그분에게 테이스팅을 하도록 권유를 한다면 그 고객에게 테이스팅을 한다. 테이스팅을 할 때는 와인 글라스에 한 모금 정도의 와인을 따른다. 단, 여성 고객에게 테이스팅을 권하는 것은 실례가 될 수 있다.

❸ 호스트 오른쪽에서 서비스하며 호스트가 테이스팅한 후에 좋다는 신호가 떨어지면 감사하다는 인사(목례)를 한다.

(6) 서비스(Service)

❶ 숙녀 먼저 서비스한 후 신사에게 서비스하고 상석에 앉은 고객들 순으로 서비스를 하며, 항상 와인 레이블을 고객에게 보여준 후에 서비스한다.

❷ 왼손은 등 뒤로 살짝 붙이고 오른손으로 고객의 오른쪽에서 서비스하며 시계 도는 방향으로 서비스 하는 것이 일반적이다.

❸ 와인을 따를 때 와인 글라스에 2/3 정도가 되도록 따르고 와인 병을 가볍게 돌려 와인 물방울이 떨어지지 않도록 마무리 서비스를 한다.

(7) 보관(Keeping)

❶ 와인 서비스가 끝난 후 온도 유지를 위해서 아이스 버킷에 보관하게 되는데 레이블을 고객이 볼 수 있도록 와인 병을 조심스럽게 놓아두고 흰색 클로스 냅킨을 병목에 걸어둔다.

❷ 이때 클로스 냅킨이 와인 병 입구를 막은 채 와인 버킷에 놓아두면 안 된다. 왜냐하면 병 입구가 막혀 있으면 와인 서비스 시 적정온도를 유지하는데 어려움이 있기 때문이다.

❸ 와인을 모두 마셔서 빈 병이라고 하더라도 절대로 와인 병을 거꾸로 아이스 버켓에 꽂아두면 안 된다.

(8) 리필 서비스(Refill Service)

❶ 고객 와인 잔에 와인이 비어 있거나 조금 남아 있을 시 아이스 버킷 안에 있는 와인을 끄집어낸 후에 흰색 클로스 냅킨을 사용하여 물기를 닦아내고 필요한 만큼 와인을 고객에게 서비스한다.

❷ 고객에게 리필 서비스를 할 때 고객이 와인을 원하지 않을 경우는 와인 리필 서비스를 중단해야 한다.

❸ 고객이 같은 와인을 추가 주문할 경우에는 빈티지를 확인하고 같은 와인을 제공하여야 하며, 이때는 호스트의 테스트용 와인 글라스만 세팅하여 테스팅할 수 있도록 하며 다른 고객은 같은 와인 글라스에 서비스한다. 만약 다른 종류의 와인을 추가 주문할 경우는 다시 세팅을 해서 와인을 서비스한다.

자료 : 와인 따는 법 http://navercast.naver.com/contents.nhn?contents_id=4908

2) 레드 와인 서비스

(1) 준비

❶ 고객이 주문한 레드 와인을 와인 바스켓에 준비한다. 만약 영 레드 와인일 경우는 와인 바스켓보다는 라운드 트레이를 사용하여 사이드 테이블 위로 운반한다.

❷ 레드 와인을 와인 바스켓에 넣을 때 와인의 레이블이 위로 향하도록 하여 고객이 볼 수 있도록 한다. 그리고 작은 접시와 와인 스크루를 준비한다. 이때 와인을 운반할 때 흔들리지 않도록 조심해서 이동한다.

❸ 와인 바스켓에 넣은 레드 와인을 테이블로 운반할 때 흔들리지 않도록 조심해서 이동하며 와인 바스켓 밑 부분에 작은 접시를 거꾸로 끼워 넣어 와인을 오픈할 때 와인 바스켓이 흔들리지 않도록 안정감을 유지한다.

(2) 고객에게 주문한 와인이 맞는지 레이블을 확인시킨다

❶ 와인 바스켓을 들고 가서 고객의 오른쪽에서 주문한 와인을 보여 주면서 와인 레벨, 제조연도, 포도품종, 산지 등을 자세히 설명한다.

❷ 와인을 눕혀 보관하는 것은 침전물이 밑으로 가라 앉도록 하기 위함이기 때문에 레드 와인은 절대로 와인 병이 흔들리지 않도록 조심해야 한다.

(3) 레드 와인 병의 오픈(Wine Open)

❶ 와인 바스켓 안에 있는 와인 병목이 자신의 오른쪽으로 향하도록 한다.

❷ 왼손은 와인 병의 레이블 부분을 잡고 오른손은 코르크 스크루에 달린 나이프로 캡술을 좌 · 우 양방향으로 돌리면서 칼집을 낸다. 이때 와인 병을 돌려서는 안 된다.

❸ 코르크 스크류에 달린 나이프로 캡슐을 제거한다. 제거한 캡슐은 준비해 둔 작은 접시에 올려놓는다.

❹ 와인 병 입구의 코르크 마개를 냅킨 또는 종이 냅킨으로 깨끗이 닦아준다.

❺ 코르크 스크루를 코르크 중앙에 똑바로 삽입하고 시계방향으로 힘차게 돌리는데 너무 세게 돌리면 코르크가 파손될 수 있다. 코르크 스크류 나선형 제일 위 1단 정도 남도록 한다. 이때 코르크에 스크루를 중앙에 똑바로 삽입하지 않으면 코르크가 부러지거나 옆으로 벗어날 수 있다.

❻ 왼손으로 와인 병 입구와 스크류를 잡고 오른손으로 코르크 스크루를 천천히 들어 올린 후 코르크 스크루 2단을 사용하여 소리나지 않게 천천히 살며시 돌려가면서 코르크를 뽑는다.

❼ 와인의 이상 유무를 확인하기 위해 코르크 냄새를 맡고, 와인 병 입구를 깨끗한 흰색 클로스로 닦는다. 만약 코르크 냄새가 좋지 못할 경우 고객이 주문한 같은 와인으로 교체해야 한다.

❽ 냄새를 확인한 코르크는 작은 사이드 접시에 올려서 손님에게 확인시킨다.

(4) 서비스 준비

❶ 서비스를 편하고 안전하게 하기 위해서는 와인 바스켓과 와인 병을 한꺼번에 감싸서 잡거나 바스켓 손잡이를 이용하여 엄지와 검지로 와인 병을 눌려 주는 방법도 있다.

❷ 가급적이면 와인 병이 흔들리지 않도록 해야 한다. 왜냐하면, 와인 병이 흔들리거나 서비스할 때 미끄러져 와인을 흘리면 병 속에 있는 침전물이 혼탁해질 수 있기 때문이다.

(5) 테이스팅(Tasting)

❶ 와인 테이스팅을 하는 목적은 와인이 변질되었는지 확인하는 것이기 때문에 와인의 맛이 좋고 나쁨과는 아무 상관이 없다.

❷ 와인을 주문한 고객에게 테이스팅을 하는 것이 일반적이지만 와인에 대해 자기보다 많은 지식을 가지고 있는 고객이 동석을 하였을 경우 주문한 고객이

그분에게 테이스팅을 하도록 권유를 한다면 그 고객에게 테이스팅을 한다. 테이스팅을 할 때는 와인 글라스에 한 모금 정도의 와인을 따른다. 단, 여성 고객에게 테이스팅을 권하는 것은 실례가 될 수 있다.

❸ 호스트 오른쪽에서 서비스하며 호스트가 테이스팅한 후에 좋다는 신호가 떨어지면 감사하다는 인사(목례)를 한다. 만약 테이스팅한 후 고객이 와인이 변질되었거나 상태가 좋지 못하다고 하면 즉시 다른 와인으로 바꾸어 서비스한다. 단, 소믈리에가 와인을 다시 확인한 후 와인이 이상이 있을 때에 교체해 준다.

(6) 서비스(Service)

❶ 와인 바스켓에 담긴 채 서비스를 하는데 여성 먼저 서비스한 후 남성에게 서비스를 하며, 항상 와인 레이블을 고객에게 보여준 후에 서비스한다.

❷ 왼손은 등 뒤로 살짝 붙이고 오른손으로 고객의 오른쪽에서 서비스하며 시계 도는 방향으로 서비스하는 것이 일반적이다.

❸ 와인을 따를 때 와인 글라스에 1/3 정도가 되도록 따르고 와인 병을 가볍게 돌려 와인 물방울이 떨어지지 않도록 서비스를 한다.

(7) 보관(Keeping)

사이드 테이블 또는 테이블 위에 와인 바스켓 채로 놓아둔다. 와인 병의 레이블은 고객이 볼 수 있도록 놓아둔다.

(8) 리필 서비스(Refill Service)

❶ 고객 와인 잔에 와인이 비어 있거나 조금 남아 있을 시 적당한 양의 와인을 고객에게 서비스한다. 여성 먼저 서비스한 후 남성에게 서비스를 하는 것이 원칙이다.

❷ 고객에게 리필 서비스를 할 때 고객이 와인을 원하지 않을 경우는 와인 리필 서비스를 중단해야 한다.

❸ 고객이 같은 와인을 추가 주문할 경우에는 빈티지를 확인하고 같은 와인을 제공하여야 하며, 이때는 호스트의 테스트용 와인 글라스만 세팅하여 테스팅할 수 있도록 하며 다른 고객은 같은 와인 글라스에 서비스한다. 만약 다른 종류의 와인을 추가 주문할 경우는 다시 세팅을 해서 와인을 서비스한다.

❹ 와인을 따르는데 와인 글라스에 1/3 정도가 되도록 따르고 와인 물방울이 떨어지지 않도록 와인 병을 가볍게 돌리면서 마무리 서비스를 한다.

3) 샴페인 서비스(Champagne Service)

자료 : 샴페인 따는 법 http://navercast.naver.com/contents.nhn?contents_id=4908

(1) 준비

❶ 고객이 주문한 샴페인을 아이스 버킷에 넣어서 사이드 테이블이나 스탠드에 준비한다.

❷ 사이드 테이블에 준비할 경우 앙트레 접시 위에 흰색 클로스 냅킨을 접어서 깔고, 그 위에 아이스 버킷을 놓는다. 그리고 스탠드인 경우에는 스탠드 위에 바로 올려놓는다.

❸ 아이스 버킷에는 아이스를 1/3 정도 넣고 물을 2/3 정도 채워 병이 잠기도록 한다.

❹ 샴페인 병은 고객이 레이블을 볼 수 있도록 아이스 버킷의 바깥쪽으로 눕힌 후 흰 냅킨을 2등분 접어서 병목에 걸쳐 놓는다.

❺ 이때 최적의 온도는 일반 샴페인 및 스파클링 와인은 7~8℃, 고급 샴페인은 9~10℃가 좋다.

(2) 고객에게 주문한 샴페인이 맞는지 레이블을 확인시킨다

❶ 흰색 클로스 냅킨을 사용하여 아이스 버킷에 있는 샴페인 병을 끄집어낸 후 물기를 닦는다.

❷ 흰색 클로스 냅킨을 2등분 접어서 왼손으로 샴페인 병 밑(펀트)을 받치고 오른손은 샴페인 병목을 부드럽게 잡고 고객의 왼쪽에 서서 샴페인 레이블이 고객이 편하게 볼 수 있도록 주문한 샴페인을 보여준다.

❸ 고객에게 샴페인 레이블, 빈티지, 포도품종, 산지 등을 상세하게 설명한다.

(3) 샴페인 병의 오픈(Champagne Open)

❶ 준비된 사이드 테이블이나 스탠드에 샴페인이 든 아이스 버킷을 손님 테이블 앞에 갖다 놓는다.

❷ 아이스 버켓 안에 있는 샴페인 레이블은 고객이 볼 수 있도록 하고, 샴페인을 똑바로 세운 다음 아이스 버켓 안에서 오픈하거나 아니면 샴페인을 아이스 버켓에서 꺼내어 흰색 클로스 냅킨으로 샴페인 병의 물기를 닦은 후 오픈하기도 한다.

❸ 왼손 엄지로 병마개를 꽉 누르고 오른손으로 샴페인 병목을 감싼 포장지 윗부분을 조심스럽게 벗긴다.

❹ 왼손 엄지는 계속 병마개를 꽉 누르면서 병목 부문의 띠를 잡아당겨 감겨진 와이어 네트 잠금쇠를 조심스럽게 푼다. 가능하면 병이 흔들리지 않도록 한다.

❺ 왼손 엄지로 코르크의 윗부분을 누르면서 와이어 네트를 안전히 벗겨낸다.

❻ 왼손으로 샴페인 병을 꽉 잡고 오른손으로 코르크를 조심스럽게 약간씩 좌우로 비틀면서 빼낸다. 샴페인은 병 안에 압력이 가득하기 때문에 코르크가 순간적으로 튀어나가지 않도록 오른손으로 코르크를 견고하게 잡고 서서히 마개를 뽑는다. 이때도 소리가 나지 않도록 매우 주의해야 한다. 만약 흔들려서 샴페인이 병 입구로 넘칠 경우 병을 경사지도록 하는 것 이 좋다. 그러면 샴페

인이 공기와 최대한 넓은 면적으로 접촉하기 때문에 개봉하는 순간 압력 차이를 더 빨리 회복할 수 있어 더 이상 샴페인이 넘치지 않는다.

7. 샴페인 코르크를 제거한 후 흰색 크로스 냅킨으로 병 입구 주위를 깨끗이 닦는다. 코르크는 사이드 접시 위에 올려 고객에게 확인시킨다.

(4) 서비스 준비

1. 샴페인 병의 물기를 냅킨으로 닦은 다음 오른손 엄지를 병 밑쪽 파인 곳(펀트)에 넣고 나머지 손가락으로 병 바디(중간)부분을 받친다. 그리고 왼손 엄지로 샴페인 병목 부분을 잡고 서비스할 준비를 한다.
2. 고객에게 서비스할 때 오른손 엄지를 병 밑쪽 파인 곳(펀트)에 넣고 나머지 손가락으로 병 바디(중간)부분을 받친다. 그리고 왼손은 등 뒤로 향하는데 이때 레이블은 고객이 볼 수 있도록 위로 향하게 한다.
3. 만약 샴페인 서비스에 자신이 없을 때는 샴페인 병의 레이블을 고객이 볼 수 있도록 위로 향하게 하고 오른손으로 샴페인 바디를 조심스럽게 잡고 서비스할 준비를 한다.

(5) 테이스팅(Tasting)

1. 테이스팅을 하는 목적은 샴페인이 변질되었는지 확인하는 것이기 때문에 샴페인의 맛이 좋고 나쁨과는 아무 상관이 없다.
2. 샴페인을 주문한 고객에게 테이스팅을 하는 것이 일반적이지만 샴페인에 대해 자기보다 많은 지식을 가지고 있는 고객이 동석을 하였을 경우 주문한 고객이 그분에게 테이스팅을 하도록 권유를 한다면 그 고객에게 테이스팅을 한다. 테이스팅을 할 때는 샴페인을 튤립 모양의 글라스나 플루트 모양의 글라스에 1/10 정도의 샴페인을 따른다. 단, 여성 고객에게 테이스팅을 권하는 것은 실례가 될 수 있다.

❸ 호스트 오른쪽에서 서비스하며 호스트가 테이스팅한 후에 좋다는 신호가 떨어지면 감사하다는 인사(목례)를 한다.

(6) 서비스(Service)

❶ 숙녀 먼저 서비스한 후 신사에게 서비스하고 상석에 앉은 고객들 순으로 서비스를 하며, 항상 와인 레이블을 고객에게 보여준 후에 서비스한다.

❷ 왼손은 등 뒤로 살짝 붙이고 오른손으로 고객의 오른쪽에서 서비스하며 시계 방향으로 서비스하는 것이 일반적이다.

❸ 샴페인을 따르는데 샴페인 글라스에 7~8부 정도가 되도록 따르고 샴페인 물방울이 떨어지지 않도록 샴페인 병을 가볍게 돌리면서 마무리 서비스를 한다. 이때 샴페인 병이 글라스에 부딪치지 않도록 주의해야 한다. 글라스와 병의 높이는 약 3~5cm 정도가 적당하다.

❹ 샴페인은 탄산이 함유되어 있어 일반 와인과 달리 거품이 많이 나기 때문에 두세 번에 걸쳐 채워주게 되는데 한번은 거품을 따라서 글라스 위까지 올라오면 멈추고 거품이 없어지면 마저 두 번 세 번 채워 준다.

(7) 보관(Keeping)

❶ 샴페인 서비스가 끝난 후 온도 유지를 위해서 아이스 버킷에 보관하게 되는데 레이블을 고객이 볼 수 있도록 샴페인 병을 조심스럽게 놓아두고 흰색 클로스 냅킨을 병목에 걸어둔다.

❷ 이때 클로스 냅킨이 샴페인 병 입구를 막은 채 와인 버킷에 놓아두면 안 된다. 왜냐하면 병 입구가 막혀 있으면 샴페인 서비스 시 적정온도를 유지하는 데 어려움이 있기 때문이다.

❸ 샴페인을 모두 마셔서 빈 병이라고 하더라도 절대로 와인 병을 거꾸로 아이스 버킷에 꽂아두면 안 된다.

(8) 리필 서비스(Refill Service)

❶ 고객 잔에 샴페인이 비어 있거나 조금 남아 있을 시 아이스 버킷 안에 있는 와인을 끄집어낸 후에 흰색 클로스 냅킨을 사용하여 물기를 닦아내고 필요한 만큼 샴페인을 고객에게 서비스한다.

❷ 고객에게 리필 서비스를 할 때 고객이 원하지 않을 경우는 샴페인 리필 서비스를 중단해야 한다.

❸ 고객이 같은 샴페인을 추가 주문할 경우에는 빈티지를 확인하고 같은 샴페인을 제공하여야 하며, 이때는 호스트의 테스트용 샴페인 글라스만 세팅하여 테이스팅할 수 있도록 하며 다른 고객은 같은 글라스에 서비스 한다. 만약 다른 종류의 샴페인을 추가 주문할 경우는 다시 세팅을 해서 와인을 서비스한다.

5. 디캔팅(Decanting)

디캔팅을 하는 주목적은 병 바닥에 고인 침전물 즉, 찌꺼기를 제거함과 동시에 와인을 산소와 접촉하게 하여 와인의 부케를 증진시키고, 와인의 맛을 한 층 더 부드럽게 하는 것이다. 디캔팅을 할 때 촛불에 비추는 이유는 병목을 통해 와인 찌꺼기가 들어가는지 정확히 살펴서 침전물이 디캔터 안으로 들어가는 것을 막기 위함이다. 주로 디캔팅은 오래된 와인이나 아주 영 와인일 경우 행하는 경우가 많다. 일반적으로 레드 와인에서 많이 디캔팅을 하고 있지만 훌륭한 구조를 가진 화이트 와인도 디캔팅을 하는 경우가 있다. 화이트 와인을 디캔팅하는 경우는 너무 어린 와인, 산도 및 오크통 냄새가 강하거나 와인의 특성, 무기질 성분, 구조, 향기 등을 발전시키기 위해서 산소 접촉이 필요하기 때문에 디캔팅이 필요하다.

영(young) 와인이라도 동물향이나 강한 탄닌과 맛이 느껴지면 산소를 접촉시켜

와인의 숙성을 돕고 더욱 원만한 와인으로 특성을 살릴 수 있게 된다. 만약 디캔팅을 하지 않고 마시면 꺼끌꺼끌하고 쓴맛을 느낄 수 있을 것이다.

일반적으로 오래된 와인의 침전물을 없애기 위해서 디캔팅을 많이 행해 왔지만 너무 숙성된 와인은 디캔팅이 필요한지 신중하게 생각해야 한다. 왜냐하면, 오히려 와인의 산화작용을 가속화시켜 와인의 바디를 밋밋하게 하여 그 와인의 특성을 살리지 못하는 경우가 있기 때문이다.

요약하면, 너무 오래된 와인이나 숙성된 와인 색상이 너무 부드러운 구조를 가진 와인은 디캔팅을 하지 않는 것이 좋고, 반대로 와인의 부케가 닫혀 있거나 마셨을 때 강한 탄닌 맛이 느껴지거나 바디가 너무 강한 와인일 경우는 디캔팅을 하게 되면 와인의 향과 특성을 잘 살릴 수 있기 때문에 디캔팅이 필요하다.

■디캔팅 절차

1. 디캔팅(Decanting)할 준비물을 고객 앞에 준비한다.
   게리동(Gueridon) 또는 보조 테이블 위에 성냥, 초, 디캔터, 글라스(소믈리에용), 코르크 스크루, 작은 접시 3개, 냅킨 등을 준비한다.

2. 주문한 와인을 바스켓을 이용하여 고객에게 보인다.

3. 촛불을 켠다.

4. 와인 캡슐을 제거한다.

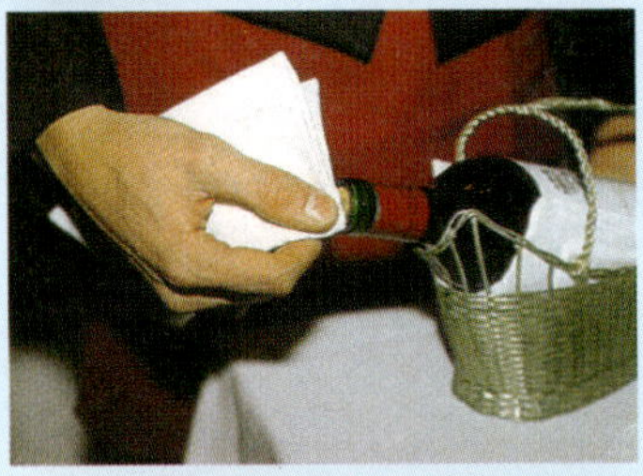

5. 캡슐 제거 후 와인 병목을 닦아준다.

6. 코르크를 뽑아낸다.

7. 코르크 마개를 뽑은 후 향을 맡고 코르크의 이상 유무를 확인한다.

8. 오픈한 코르크를 고객에게 확인시킨다.

9. 와인 병목을 닦아준다.

10. 디캔팅할 와인을 조금(2oz 정도) 넣고 헹구어서 와인 향이 배게 한 후 시음한다.

11. 시음한 와인에 대해서 고객에게 설명한다.

12. 디캔팅을 시작한다.

13. 디캔팅이 끝나면, 고객에게 테이스팅한 후 고객만족 시 시계방향으로 서브한다.

14. 촛불을 끄고 디캔팅한 기물을 정리한 후 퇴장한다.

자료 : 이순주 · 고재윤 역, 와인 · 소믈리에 경영실무, pp,82~95

Wine Encyclopedia

제15장

와인 시음

와인을 마시는 것과 시음하는 것은 차이가 많이 있다. 와인을 마실 때는 자기 자신의 즐거움을 위해서 마시고, 와인을 시음한다는 것은 와인의 품질을 알고 그 특징을 찾아내기 위해 사람의 감각기관을 통해 와인을 인지하고 분석하여 평가하는 것이다.

프랑스 메독 지방의 그랑 크뤼 끌라세(1855년)의 등급 역시 와인 시음에 의한 맛에 기초를 두고 정해진 가격을 기준으로 이루어진 만큼 상업적인 가격을 책정하는 데서 시작된 것이다. 시음은 와인 산업에 종사하는 전문가로서 정확하고 엄격한 기술적인 시음과 평가를 통해 와인을 알리는 것과 단순히 소비자로서 와인을 시음하고 느낌을 나타내고, 좋은 품질의 와인을 구입하거나 음식과 함께 마시기 위해 또는 단지 시음을 목적으로 하는 경우로 나눌 수 있다.

와인의 시음은 와인을 마시는 동기와 목적과 의도가 달라도 와인을 마시는 방법은 동일하며, 개인의 취향이 아닌 객관적이고 공정한 시음으로 어느 정도 공감할 수 있는 다수의 평가에 의한 자신의 느낌과 생각 등의 선별 기준이 필요하다.

와인 시음 단계는 사람의 감각기관 중에서 시각 · 후각 · 미각을 이용하여 그 와인에 대해 지각(Perception)하게 하고 와인의 색과 이물질의 유무, 향, 맛 등을 분석(Analysis)해서 그 와인에 대해 해석(Interpretation)하고 자신의 생각을 표현(Expression)하여 판단하고 평가하는 단계를 통해 이루어진다.

1. 시각적 검사

와인 테이스팅은 시각에서부터 시작한다. 우선 눈에 보이는 색상, 빛깔, 혼탁한 정도, 농담 등을 통해 와인의 스타일이나 나이를 짐작할 수 있다.

먼저 와인의 시각적 특징을 파악하기 위해서 다음과 같은 기술적인 방법이 요구된다.

- 먼저 잔의 다리 혹은 받침대를 잡는다. 단, 손 지문으로 색상을 방해하지 않도록 주의한다.
- 와인의 색상, 색조, 밀도, 투명도와 광택을 파악하기 위해 와인 잔의 목을 잡고 빛이 들어오는 쪽으로 비춰봐야 한다. 잔을 약간 기울이면 정면에서 들어오는 빛을 받은 와인은 포도품종의 특성과 숙성 그리고 와인의 맑기와 색깔에 대한 정보를 알 수 있다.
- 하얀 냅킨이 깔린 바닥이나 하얀 종이 위에 잔을 올려놓고 잔을 비스듬히 기울여 와인의 색상과 투명도, 광택을 본다. 이때 와인의 빈티지, 생산된 지역의 기후 즉, 깊고 짙은 풍부한 색깔이 자줏빛 위로 흐르면 신세계국가 특히 아르헨티나의 말벡으로 추정할 수 있고, 반대로 루비 색이 엷고 약간 청명한 와인으로 느껴지면 부르고뉴의 피노누아 쪽으로 추정할 수 있다.
- 그 다음 동작으로 부드럽게 잔을 돌려 와인 잔의 내벽을 타고 흘러내리게 하여 와인의 눈물 또는 다리 수, 굵기, 흐르는 속도를 통해 알코올과 글리세롤의 함량, 점도를 알아본다.

1) 색상

와인 색상은 레드 와인과 화이트 와인, 로제 와인 모두 다양한 색상으로 와인의 나이와 숙성 정도를 나타내는 중요한 정보이다. 레드 와인은 숙성에 따라 자주색부터 루비색, 석류색, 적벽돌색, 황적색의 다양한 색조가 변한다. 반면 화이트 와인은 녹색이 감도는 노란색에서 시작하여 밀짚색, 금색, 호박색, 토파즈색까지 시간의 경과에 따라 다양한 색깔로 변한다. 로제 와인은 연한 분홍색에서 시작하여 담홍색, 연어색, 체리색, 짙은 분홍색까지 색상을 보인다.

이러한 색깔은 시간에 따른 숙성 상태로 생산 지역에 따라 다르게 나타날 수 있지만 와인 저장고에서의 보관 상태에 따라 해를 거듭할수록 산화되어 자연적으로 변화되어가는 현상이라고 할 수 있다.

(1) 레드 와인 색상

레드 와인은 숙성에 따라 자주색부터 루비색, 석류색, 적벽돌색, 황적색의 다양한 색조로 변한다. 이러한 색조로 와인의 숙성 정도를 알게 해 준다. 적포도주는 초기에 보랏빛이 감도는 자주색은 와인이 너무 어리고, 루비와 석류색은 마시기 좋은 정도로 숙성이 되었고, 적 벽돌색과 황적색은 너무 오래 숙성이 되어 와인이 쇠퇴기에 도달되었음을 알 수 있다.

자료 : 엔리코 베르나르도, How Wine, p.22　레드 와인은 자주색부터 루비, 석류, 적별돌, 황적색을 띤다.

(2) 화이트 와인 색상

자료 : 엔리코 베르나르도, How Wine, p.23

화이트 와인은 녹색이 감도는 노란색에서 시작하여 밀짚색, 금색, 호박색, 토파즈색까지 시간의 경과에 따라 다양한 색깔로 변한다. 백포도주는 초기에 흔히 녹색이 감도는 노란색조를 띠는데 이런 와인은 오크통 숙성을 거치지 않고 양조를 마친지 얼마 되지 않아 신선한 상태임을 알 수 있고 주로 여름철에 마시면 신선함을 더욱더 느낄 수 있다.

이러한 색상이 오크통 저장 기간에 따라 녹색을 잃고 밀짚색과 금색을 띠는데, 이런 색상은 와인을 시음할 때가 되었고 마시기 좋은 정도로 숙성되었다는 표시이다. 만약 호박색이나 토파즈색을 띤다면 숙성기간이 오래되었다는 의미이다.

(3) 로제 와인 색상

로제 와인은 연한 분홍색에서 시작하여 담홍색, 연어색, 체리색, 짙은 분홍색까지 색상을 보인다. 색상의 농도는 양조과정에서 배합 여부에 따라 다르게 나타나기 때문에 로제 와인은 색상의 차이에 따라 품질이 결정되는 것이 아닌 점을 잊지 말아야 한다. 일반적으로, 로제 와인의 색상은 연한 분홍에서 담홍색 사이에서 많이 형성돼 있다.

자료 : 엔리코 베르나르도, How Wine, p.24

와인 숙성기간에 따른 색깔 분류는 자연숙성뿐만 아니라 산화작용과 오크통이나 병에서 산소의 영향을 받아 생긴 자연스러운 현상이기 때문에 초기의 보랏빛이 감도는 자주색 적포도주와 녹색이 감도는 노란색 백포도주는 강한 산도를 나타내는 것을 파악할 수 있다. 또한 5년 이내의 적포도주가 갈색을 나타낸다면 보관상태가 좋지 않아 이미 조숙했다는 것을 의미한다.

2) 농도

와인색상의 강도와 농도는 양조 방법과 관련된 와인 구조를 나타낸다. 특히 와인의 농도는 색깔이 진하고 옅음을 의미한다. 색상의 강도는 와인의 미각적인 농도를 예측하고 그 생명을 추론할 수 있다. 특히 적포도주는 농도가 중요하다.

- **색상이 연하고 농도가 낮은 경우** 색소의 추출이 충분히 우러나지 않았을 경우이다. 이것은 어린 수령의 포도나무, 충분히 익지 않고 덜 익은 포도수확, 비가 많이 온 해에 수확했을 것으로 추정할 수 있다. 이러한 특성을 가진 와인은 신선할 때 가볍게 마실 수 있으며 장기 숙성용으로는 적합하지 않다.
- **색상이 진하고 농도가 강한 경우** 잘 익은 포도를 수확하여 만들었을 뿐만 아니라 양조 과정을 통해 탄닌과 안토시안 및 폴리페놀 등이 아주 잘 추출되어 색의 균형이 잘 이루어져 있기 때문에 와인의 골격은 물론이고 짜임새와 구조가 잘 형성돼 장기 숙성이 가능하며 숙성되면서 풍부한 향과 훌륭한 맛을 제공한다.
- **백포도주의 경우** 색상이 연하거나 농도가 옅으면 수확연도가 좋지 않거나 덜 익은 포도수확으로 포도 자체에서 충분히 우러나올 수 있는 플라본 및 와인의 구조를 형성할 수 있는 성분이 낮다고 볼 수 있다.

3) 점도(Viscosity)

와인의 점도를 파악하기 위해서는 와인 잔을 가볍게 흔들어 주면 와인이 흐르는

자료 : http://blog.naver.com.PostView.nhn?blogId=kh914028&logNo=30121943635

정도를 보고 알코올 도수와 잔여 당분을 가늠할 수 있다.

와인 잔을 흔들면 잔의 안쪽 옆면에 '와인의 눈물' 이 잔을 따라 내려오는데 이 속도로 점도를 알 수 있다. 이때 와인 잔 벽을 타고 흘러내리는 와인의 속도가 느리고 천천히 흘러내리고 균일할수록 그 와인은 알코올이 강하고 글리세롤이 많이 함유하고 있다는 것을 의미한다. 이러한 성분의 함량에 따라 유질이 있는(Oily), 진한(Heavy), 보통의(Normal), 묽은(Watery) 등으로 점도를 표현하거나 주정강화 와인과 증류주처럼 와인의 눈물이 잔의 벽을 따라 느리게 흘러내리면 끈적끈적하다고 평가한다. 강한 응집력과 풍부한 눈물, 가늘고 촘촘한 선이 특징이면 점도가 아주 진하다고 구분한다.

신세계국가처럼 햇볕이 풍부한 토양에서 생산되는 와인은 알코올이 강하고 드라이한 경우는 진하다고 판단하고, 와인 잔 벽을 따라 쉽게 내려오는 와인은 약간 유동성(점도)이 있다고 평가한다. 와인 잔을 따라 급속히 흘러내리는 와인은 유동성(점도)이 크다고 평가한다. 이런 경우 와인은 알코올 도수가 아주 낮고 잔여 당분이 적은 와인으로 주로 추운 나라에서 생산되는 경우가 많다.

와인 잔 벽을 타고 흘러내리는 구조가 가벼운 백포도주는 눈물이 길고 아주 섬세하게 흘러내리는 반면 골격이 있는 적포도주나 스위트 화이트 와인의 경우 많은 알코올과 글리세린의 함유로 시각으로 쉽게 구분 가능한 굵고 넓은 눈물이 흘러내린다.

4) 투명도(Limpidity)

혼탁한 정도를 보면 와인의 나이를 가늠할 수 있다. 보통 영 와인은 반짝이고 투명한 반면, 숙성이 충분히 된 와인은 불투명한 편이다. 와인의 투명한 정도를 쉽게 판단하려면 와인 잔을 글씨가 적혀 있는 종이 위에 올려보면 쉽게 알 수 있다. 와인을 통해 종이에 적힌 글씨가 보여 읽을 수 있으면 투명도가 높고 농담이 옅은 것을 의미한다. 투명한 것은 와인에 이물질일 없다는 것이다. 일반적으로 뛰어난 양조기술로 인하여 와인은 거의 투명하지만 숙성과정이나 보관 상태로 인해 와인에 입자가 생기는 경우가 있다. 만약, 잔 바닥에 침전물이나 수석산염, 찌꺼기가 있는 경우는 디캔팅이 필요하다.

투명도와 관련된 표현은 맑고 투명한, 깨끗한, 맑은, 불투명한, 흐릿한, 탁한, 찌꺼기가 많은 등으로 표현을 하고 있다.

자료 : 엔리코 베르나르도, How Wine, p.36

5) 발포성

발포성은 2차 발효를 거친 샴페인이나 스파클링 와인에서만 나타난다. 기포는 샴페인에 있어서 매우 중요한 요소이기 때문에 판단 기준도 매우 어렵다. 기포의 품질을 판단할 때에는 기포의 수와 지속성 그리고 기포 방울의 크기를 기준으로 한다.

기포의 부드러움은 발포의 첫 번째 평가로 섬세함이 가장 중요하다. 섬세함이라고 하면 기포가 끊어지지 않고 연속적으로 기포 위에 다른 기포가 촘촘히 형성될 때 표현하는 말로서 지속적인, 아주 지속적인, 약간 지속적인이란 표현은 기포가 얼마만큼 지속되는지의 정도를 말한다. 반면에 기포가 빨리 형성되면 거칠다는 표현을 한다.

기포의 양을 평가할 때는 거품이 곱고 많으면 품질이 좋은 반면 글라스에 따르자마자 거품이 빨리 사라진다면 좋지 못한 샴페인이다.

2. 후각적 검사

후각을 이용한 와인시음은 중요한 단계이다. 후각을 통해서 포도품종, 와인의 산지 및 토양, 생산 국가, 와인의 숙성정도를 파악할 수 있다.

와인의 향은 수많은 복합적인 향이 들어 있기 때문에 와인 애호가들에게 많은 놀라움과 기쁨을 제공해 주고 있다. 이렇게 많은 향을 처음부터 찾아내기란 무척 어렵고 힘들다. 그렇지만 사람의 후각은 매우 민감하고 뛰어난 능력을 가지고 있기 때문에 지속적인 훈련과 경험을 통해 후각을 발달시킨다면 와인에서 풍겨 나오는 아로마와 부케를 정확하게 표현할 수 있을 것이다.

후각을 통한 분석은 두 부분으로 나누는데 첫 번째는 와인 향만 맡는다. 이때는 잔을 흔들지 않고 포도품종이 가진 원래 향인 아로마(Aroma) 향의 잠재성을 알기 위한 단계이다. 두 번째로는 와인 잔을 천천히 돌려 와인의 숨겨진 향이 풍겨 나오도록 한 후 코를 잔 깊숙이 넣은 후 향의 존재와 강도를 파악해야 한다. 이 단계에서는 와인의 복합적인 부케의 변화, 강렬함, 지속성, 과일의 숙성 정도, 오크통의 사용 여부 등을 판단할 수 있다. 와인 잔을 천천히 돌림으로써 와인이 공기와 접촉하게 되면서 와인이 깨어나기 시작하여 향을 열게 한다. 시간이 경과하면서 과일, 꽃, 식물 등 모든 복합적인 향이 펼쳐지게 된다.

이때에 향이 거의 없다면 와인에 이상이 있거나 잘 익지 않은 포도로 양조한 경우이다. 반면에 향기의 강도가 강하거나 균형적이고 풍부하며 우아하고 기분 좋은 향을 느낀다면 잘 익은 포도로 완벽하게 양조한 것이다. 향의 강약에 따라 강도를 표현하는데 강한, 중간, 약한, 좋은, 은은한, 불충분한 등으로 나타낸다. 이러한 향의 강도를 파악한 후에는 향의 품질을 결정해야 한다.

후각에 있어서 강도는 코에 처음 맡아 느낌을 단순화했을 때 인식해서 느끼는 향을 말한다. 즉 문이 활짝 열려 향이 강하게 전달될 때 강도가 강한 와인이라고 하고,

반대로 코끝을 스치는 향이 전혀 느껴지지 않을 때 와인 향의 강도가 불충분하다고 한다. 그리고 중간단계는 좋은, 은은한, 약한 정도로 표현하고 평가한다.

후각에 있어서 지속성은 탁자 위에 놓인 와인 잔에서 아로마가 지속되는 정도를 지속성이라고 한다. 지속성은 부케의 복잡성과 관련이 있다. 긴, 좋은, 은은한, 짧은, 불충분한으로 구분한다. 다양하고 풍부한 향이 입안 가득 느껴질 때 지속성이 길고 좋다는 표현을 하고, 은은한 단계까지는 지속성이 뛰어나다고 평가한다.

향에 대한 몇 가지 품질 표현

- **기분 나쁜** 신선함과 복합성, 개성이 없고 주지되는 결점을 가지고 있는 향을 느낄 때
- **거친** 섬세함과 매력이 없고, 양조자체에 문제가 있어 지나치게 잠재성을 가진 향일 때
- **일반적인** 생기가 없고, 평범하며, 약한 품질의 향을 느낄 때
- **기분 좋고 섬세한** 매력은 있지만 복합적이거나 기품이 떨어지는 향을 느낄 때
- **우아한** 기분 좋은 향을 가진, 분명하게 다른 와인과 구별되는 향을 느낄 때
- **기품 있는** 독창적인 향이 잘 드러나며, 지역 전통성이 함유된 향을 느낄 때
- **전형적인** 포도품종을 잘 나타내고, 쉽게 떼루아를 인식할 수 있는 향을 느낄 때
- **균형적이고 풍부한** 잘 표현되고, 안정되며, 매우 복합적인 향을 느낄 때

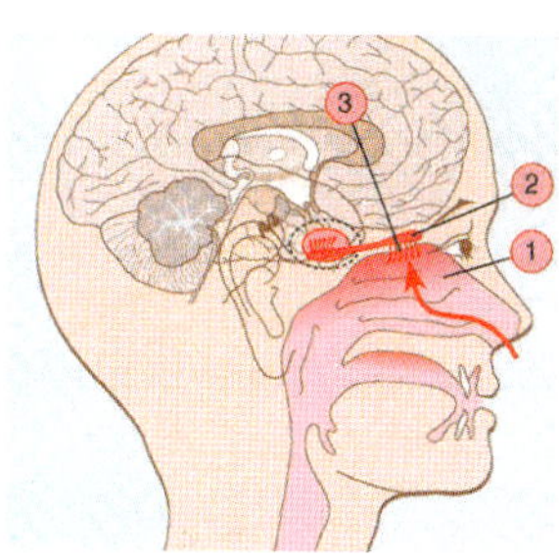

후각에 대한 자극

코(1) 속 비강개(2)를 지나 점막(3)에 전달되는 냄새가 화학적 자극으로 변해 전자 신호로 뇌 속으로 전달된다.

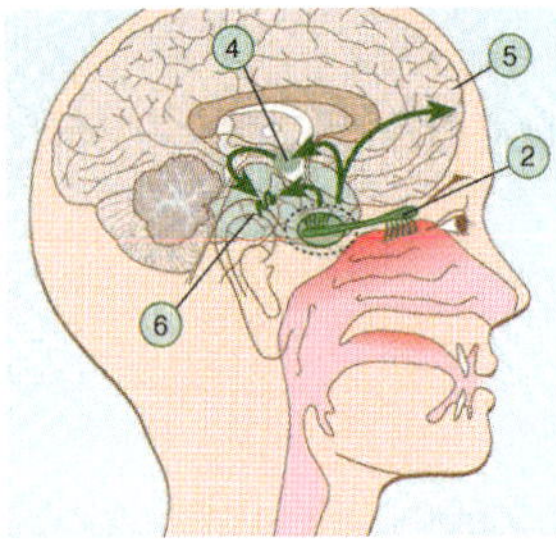

후각의 인지
비강개(2)에서 대뇌로 전달되는 냄새는 우선 시상하부(4)에 전달되어 흥분계를 자극한다. 그런 다음 냄새가 대뇌피질(5)에 감지된다. 해마(6)에는 후각 이미지가 저장된다.

자료 : 이순주 역, 와인입문교실, p.79

1) 아로마(Aromas)와 부케(Bouquet)

와인의 향은 아로마 향과 부케 향으로 설명된다. 아로마 향은 포도품종이 가지고 있는 원래의 향을 의미하고, 부케는 와인이 숙성되면서 생기는 향이나 숙성된 이후에 발생하는 향을 의미한다. 특히 잔의 와인을 잘 흔든 단계에서 산소와 접촉하여 와인이 깨어나면서 자신이 가지고 있는 향을 잘 발산하고 표현한다.

- **아로마** 와인의 재료인 포도의 품종이 가진 원래의 향을 말한다. 잔을 흔들지 않은 상태에서 향을 맡으면 포도품종에 따라 다양한 향을 느낄 수 있다.
- **1차 부케** 포도품종의 특성에 따라 신선한 포도, 민트, 레몬류, 라임, 감귤, 키위 등의 과일 향이나 완전히 숙성되지 않은 풋 사과 향이 나면서 바디가 강한 경우에는 부케가 1차 단계라고 평가하여 어린 단계라고 한다.
- **2차 부케** 일반적으로 우리가 마시는 와인 대부분이 이 단계에 속하는 모든 향이 복합적으로 형성될 뿐만 아니라 숙성되고 있는 와인의 변화를 나타낸다. 복숭아, 살구, 딸기, 후추, 이스트, 버터 냄새, 버섯, 파인애플 또는 아카시아 향이 난다. 보통 2~7년 정도 숙성된 와인의 특징이라고 할 수 있다. 그래서 숙성단계라고 한다.
- **3차 부케** 오크통이나 병 속에서 와인이 숙성되면서 복합적인 작용을 통해 모든 향이 결합되어 새로운 조화와 복합적인 향으로 형성된 것을 의미한다. 와인의 절정단계로 원만하고 매끄러우며 완성된 맛을 느낀다. 주로 향신료, 계피,

정향, 커피, 초콜릿, 야생동물 냄새, 가죽, 송로버섯, 과일잼 등의 향을 느낄 수 있다. 특히, 보르도와 바롤로 그랑크뤼를 비롯해 알자스의 리슬링 그랑크뤼는 시간이 지남에 따라 이 단계에서 강렬하고 지속되는 복합적인 향과 완벽한 균형을 드러내기 때문에 좋은 와인일수록 오랜 기간 숙성되면서 더욱 명백하고 훌륭하게 나타나게 된다.

■ **부케의 품질은 크게 다섯 가지로 구분할 수 있다. 정의는 다음과 같다.**

첫째, 훌륭한

고급 와인은 해가 거듭할수록 훌륭함을 거침없이 발산한다. 주로 지속성, 강도, 과일의 숙성 등이 구성을 잘 갖추었을 때 쓰는 표현이다.

둘째, 섬세한

우아하고, 복잡하고, 미묘함으로 와인의 특성이 아주 지속적이고 과일 향을 그대로 전달하는 경우이다.

셋째, 은은한

아직 어린 와인으로 숙성된 맛이 확실히 나타나지 않는 와인을 말한다.

넷째, 조악한

오크 향이 아직 과하게 나고, 덜 익은 풋내가 많이 나거나 너무 많이 익어 농익은 포도로 만든 와인을 말한다.

마지막으로, 불량한 등급

부패한 냄새가 나거나 코르크 냄새와 식초 같은 휘발성 냄새, 산이나 산화된 냄새 등 여러 가지 결점이 있는 와인을 말한다.

■ **가장 흔하게 나타나는 와인의 결점**

• **부케의 감소**

향기와 맛 땀 냄새, 곰팡이 냄새, 비누 냄새, 마구간 냄새, 약국 향

원인 발효과정 중에서 형성되는 전형적인 현상으로(포도액을 제거하거나) 이스

트를 제거한 후 통풍을 시킬 때 대부분 사라진다. 그러나 일부는 와인에 그대로 남아 병에 같이 들어가게 되면 이러한 냄새가 난다.

• 신선하지 않음

향기와 맛 신선하지 않음, 상한 사과 향

원인 병입하는 과정에서 산소와 너무 많이 접촉했을 경우 나타나는 현상으로 볼 수 있다. 특히 소비자가 와인 병을 밀봉하지 않고 약 이틀간 방치했을 때 흔히 느낄 수 있다.

• 산화

향기와 맛 매우 신선하지 않다, 밋밋하다, 오래된 맛, 느끼한 맛

원인 황산 작용이 불충분해서 특정 아로마 및 알코올 등 와인의 성분이 산화한 경우이다.

• 오크통 맛

향기와 맛 많은 습기로 눅눅함, 지저분함, 젖은 흙내음, 곰팡냄새 등

원인 사용한 빈 오크통을 새로 사용하기 전에 뜨거운 물과 소금으로 깨끗하게 세척하지 않았을 경우 오크통 자체 틈 사이에 곰팡이가 서식하게 되어 생기는 경우이다.

• 증발성 산

향기와 맛 아세톤 향, 셀락, 용해제, 접착제

원인 발효온도가 높아 발효시간이 너무 빠르면 효모가 서식하지 못하거나 초산이 증가한다. 초산은 와인의 증발성 산 중 가장 중요하다. 와인이 개봉 후 산소와 접촉하게 되면 바로 증발하게 된다.

• **신우유 맛**

향기와 맛 분유 냄새, 유젖 냄새, 절인 양배추 향

원인 황산 작용이 충분하지 않아 유산균이 계속 활성화되어 유산 이외에도 디아세틸이라는 성분을 만들어낸 경우이다.

• **황산**

향기와 맛 성냥 탄 냄새, 약간 코를 찌르는 듯한 이산화황 냄새

원인 와인의 산화방지, 잡균오염 방지 등을 위해 아황산을 너무 많이 첨가하여 황산작용이 과다하게 일어났을 경우이다.

• **메르캅탄**

향기와 맛 썩은 달걀 냄새, 스컹크 냄새, 양파 냄새, 마늘 냄새, 약간 오래된 양배추 냄새

원인 원인은 다양하다. 보통 발효온도가 너무 높았을 때 질소 부족으로 인하여 일어날 수 있다. 또는 특정 균류를 사용할 때에도 일어날 수가 있다. 황화수소는 발효과정 후 제거되어야 하는데, 그렇지 않을 경우 알코올과 반응하여 에틸메르캅탄을 형성하여 이상한 냄새를 유발하게 된다.

• **코르크 맛**

향기와 맛 곰팡이 냄새, 텁텁함, 나무 젖은 냄새, 퀴퀴한 냄새

원인 코르크가 변질되었거나 코르크 껍질을 깨끗하게 살균하지 않아 살아남은 곰팡이 균이 생산하는 대사 물질에 의해 일어나는 경우이다.

• **나무 맛**

향기와 맛 강한 스위트 바닐라 향, 살짝 태운 나무, 신선한 톱가루

원인 와인을 작은 새 오크통에 너무 오랫동안 보관할 경우 또는 오크통을 너무 강하게 열처리했을 경우 일어나는 현상

2) 와인 아로마 힐(Aroma Wheel)

아로마 힐은 와인의 향을 체계적으로 정리한 것으로 원형의 바퀴 모양으로 구성돼 있다. 아로마 힐의 안쪽은 일반적인 향을 나타내고 바깥쪽으로 나갈수록 섬세하고 구체적인 향을 제시하고 있다.

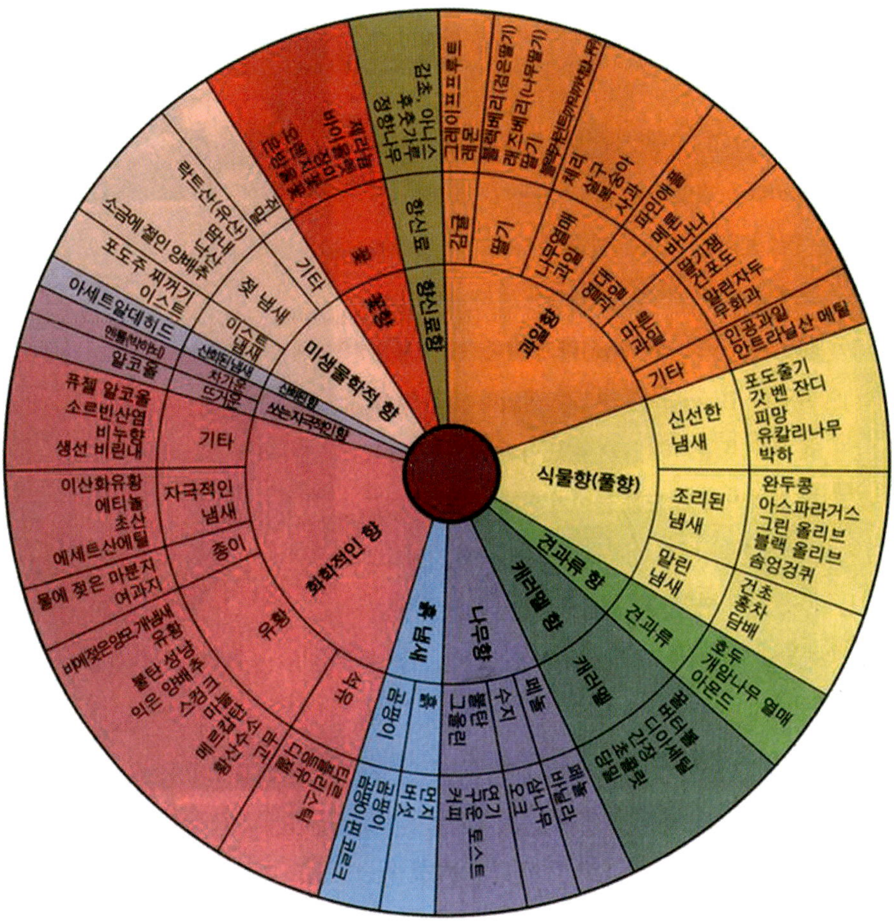

아로마 향을 크게 비슷한 종류의 향들로 12개 그룹으로 구분하고 어떤 향은 기분 좋은 향 또는 그렇지 못한 향으로 나누어져 와인의 유형에 따라 그 와인에 특성을 나타낸다. 12개의 기본 아로마는 꽃 향, 향신료 향, 과일 향, 식물 향, 견과류 향, 캐러

멜 향, 나무 향, 흙냄새 향, 화학적인 향, 쏘는 자극적인 향, 산화된 향, 미생물학적 향으로 구분한다.

아로마 향(Aromas)의 종류

- **꽃향기** 붉은 꽃보다는 흰색이나 노란 꽃에서 나는 향이 많이 느껴지는 경우 영 와인에 가깝다고 할 수 있다. 주로 신선한 꽃향기와 말린 꽃 향 그리고 우려낸 꽃 향으로 구분을 하는데, 구체적인 향은 장미, 제비꽃, 오렌지꽃, 체리꽃, 바이올렛, 제라늄, 아카시아, 자스민, 목련, 라벤더, 라일락, 백합, 해바라기 등의 많은 꽃이 있다.

- **향신료 계열** 모든 숙성된 와인에서 발견되는 향으로 영 와인일 때는 흑후추, 커리, 파프리카 등의 향이 나고, 숙성이 된 와인에서는 정향, 요리용 향신료 향이 난다. 구체적인 향으로는 계피, 감초, 바닐라, 사프란, 생강, 정향, 흑후추, 서양고추냉이 등이 있다.

- **과일 향기** 과장 흔히 나타나는 향으로서 신선한 과일 향은 영 와인을 의미하고, 익힌 과일 냄새와 과일 잼 향이 나면 더운 해에 잘 익은 포도로 만들었고, 아몬드, 헤이즐럿, 호두 같은 견과류 향은 숙성된 와인(화이트 와인 포함)을, 감귤류, 풋사과, 키위, 산딸기 등의 신맛이 나는 과일 향은 새콤한 포도로 만든 와인임을 알 수 있다. 반면, 열대과일인 파파야, 망고, 파인애플과 달콤한 과일 냄새는 잘 익은 포도로 만든 달콤한 와인으로 추정할 수 있다. 구체적인 향은 복숭아, 바나나, 멜론, 체리, 서양배, 수박, 딸기, 산딸기, 포도, 자두, 카시스, 파인애플, 오렌지, 레몬, 자몽, 밀감, 시트러스 등이 있다.

- **나무 계열** 오크통에서 숙성한 와인에서 많이 난다. 구체적인 향으로는 토스트 향, 구운 빵, 오크 향, 볶은 향, 탄 향, 훈제 향, 바닐라 향, 코코넛 향, 커피 향, 담배 향, 카카오 향, 나무껍질 향 등이 있다.

- **허브 계열** 신선한 허브 향은 오크통에서 숙성되지 않은 어리고 상큼한 화이트 와인에서 많이 느낄 수 있는 향이다. 허브를 우려낸 향은 오크통이나 병에서 오랫동

안 숙성되었고, 말린 허브는 더운 기후의 포도밭에서 생산한 숙성된 레드 와인을 말한다. 구체적인 향은 민트, 로즈마리, 보리수, 마편초, 타임, 바질, 월계수, 파슬리, 유칼리나무, 딜 등의 허브 향이 있다.

■ **동물 계열** 와인을 오랫동안 숙성시켜서 나오는 향을 말하는데, 구체적인 향은 가죽, 모피, 야생동물 고기, 여우, 돼지고기, 사슴, 멧돼지 등이 있다.

■ **풀 내음** 이 향은 완전히 익지 않은 포도를 수확해서 만든 와인이나 쌀쌀하고 추운 해 또는 기후가 혹독한 지역에서 포도를 생산해 만들면 이 계열의 향이 난다. 구체적인 향은 청 피망, 다진 허브, 시금치, 아스파라거스, 아티초크, 치커리, 파, 어린 오이, 건초, 샐러리, 토마토 잎 등이 있다.

■ **덤불 계열** 병 안에서 오랫동안 숙성된 와인에서 주로 나타나는 향으로 향신료, 동물 냄새, 견과류 냄새 등과 같이 난다. 구체적인 향은 버섯종류, 송로버섯, 젖은 흙, 나뭇잎, 부식토, 고사리, 이끼 등이 있다

3) 와인 아로마 키트(Aroma Kit)

아로마 키트는 와인의 향을 잘 표현하고 설명할 수 있도록 훈련을 통해 와인 향을 감각적으로 구별하고 해석하고 평가하는 기본 능력을 향상시키기 위한 도구이다. 와인의 맛을 분석하고 파악하는 것은 와인 전문가들에게 가장 중요하고 기본적인 만큼 아로마 키트로 꾸준하게 반복적으로 연습을 한다면 여러분도 와인 전문가가 될 수 있을 것이다.

■ 아로마 키트의 주요 와인 향 소개

1. Lemon(레몬)

레몬은 모든 화이트 와인의 백그라운드가 되는 향이다. 레몬은 신선하면서 거품이 약간 일며, 뉴질랜드산 그레이트 소비뇽이나 모젤산 그레이트 라이즐링에서 두드러진다.

2. Grapefruit(그레이프프루트)

이 강렬한 과일 향은 모든 지역에서 나오는 그레이트 소비뇽 빈티지의 독특한 특징이다. 그레이트프루트는 그레이트 스위트 와인에서뿐 아니라 엑셀런트 드라이 화이트 와인 속에서도 감지해내기가 쉽다. 특히 소테른 와인과 오스트리아 및 독일 산 트로켄베렌아우스레제(Trockenbeerenauslese) 와인에서 두드러진다.

3. Orange(오렌지)

오렌지 향은 향기로운 뉴 스위트 와인에서 감지되는데, 이것은 얼마 동안 병 속에 숙성되도록 저장해둔 것이다. 소테른 와인이 이런 풍부하고 활기찬 맛을 내게 하는데 보통 10년이 걸린다.

4. Pineapple(파인애플)

일반적으로 그레이트 이어(great year)에 숙성된 포도로 만든 화이트 와인에서 파인애플 향을 감지할 수 있다. 당화한 파인애플 향이 나는 것이 스위트 화이트 와인의 특징인데, 이것은 우수한 두 번째 향(secondary aroma)이다.

5. Banana(바나나)

숙성된 바나나의 두드러진 향은 신 캔디(acid drop : 설탕에 주석산을 섞은 신 캔디)와 견줄만한데, 아주 쉽게 감지해 낼 수 있다. 이 향은 뛰어난(primeur) 화이트, 레드 와인 둘 다에서 나타나며, 낮은 온도에서

발포시키고 침용시킴으로써 이 향을 얻어낼 수 있다. 이 향은 가메이 포도산 뉴 와인에서 주로 찾아볼 수 있으며, 오래된 베리 향으로 대체되어 본래 향은 옅어지게 된다.

6. Lychee(리치)

리치 향은 알사스 포도품종인 게부르츠트라미너(Gewurztraminer)와 밀접한 관계가 있다. 이것이 가장 좋을 때 로제 향으로 완성된다.

7. Melon(멜론)

멜론 향은 대부분 호주산 샤르도네와 오스트리아산 스위트 와인에서 발견되는데, 이는 Welschriesling이나 Bouvier, 때로는 샤르도네 포도를 기반으로 한다.

8. Muscat(머스캣)

머스캣은 독특하고 훌륭한 과일향이다. 머스캣 와인의 냄새를 맡거나 맛을 보게 되면 신선한 포도가 머릿속에 떠오르게 된다. linalool은 머스캣의 주요 성분이 되는 향인데, 이것은 고수씨(coriander seeds), 로즈우드, 프리지아를 은은하게 떠오르게끔 한다.

9. Apple(사과)

사과 향은 대부분의 화이트 와인, 특히 뛰어난(primeur) 와인의 기본적인 특징이다. 사과 향은 레몬 향과 조화를 이루어 신선한 느낌을 강화시킨다. 두 향이 섞여 다른 모든 향의 기본 성분이 된다.

10. Pear(배)

이 사랑스럽고 달콤하며 맛있는 배 향은 와인 속에서 언제나 뚜렷이 구별된다. 배 향은 전 세계적으로 뛰어난(superb) 샤르도네의 전형적 특징이다.

11. Quince(모과)

마르멜로 향은 건조하고(dry) 향기로운(mellow) 스위트 화이트 와인에서 주로 나타나는데, 대부분 Chenin산 포도로 만든다. 이런 이중적인(dual) 향은 드라이 화이트 와인의 신선한 마르멜로로 나타나며, 그레이트 스위트 와인의 마르멜로 젤리로도 나타날 수 있다.

12. Strawberry(딸기)

와인에는 두 가지 서로 다른 딸기 향이 있다. 그 중 하나가 주로 로제 와인과 뉴 와인에서 발견되는 갓 따낸 딸기 향이고, 다른 하나가 그레이트 Pinot Noir 와인의 질을 높여주는 따뜻한 향, 아주 잘 익은 딸기나 잼이다.

13. Raspberry(나무딸기)

두드러지게 좋은 나무딸기 향은 어떤 하나의 포도품종만이 갖고 있는 특권이라기보다는 훌륭한 토양(terroirs : 땅, 흙)임을 기품 있게 보여주는 것이라 할 수 있다. 이런 훌륭한 땅을 예로 들면 Château Margaux, Romanee Conti, La Mouline in Cote Rotie이 있다.

14. Redcurrant(레드컬런트)

이것은 신맛이 나는 우수한 향으로 냄새를 맡아보면 마치 베리와 야채를 혼합한 것 같다. 이것은 쉽게 감지하기 매우 어려운, 미묘하고 종잡을 수 없는 향이다.

15. Blackcurrant(까막까치밥나무)

이 깊고 강한 과일 향은 격조 있는 품종인 Cabernet Sauvignon과 Pinot Noir 와인에서 그 우아한 향을 뽐낸다. 복잡다단한 향을 가진 레드 와인 중에서 이 까막까치밥나무 향과 나무딸기(raspberry) 향이 선두자리를 다툰다.

16. Bilberry(월귤나무 열매)

결코 두드러진 특징을 보이지 않는 월귤나무 향은 와인의 출처에 따라 블랙베리, 까막까치밥나무(blackcurrant) 향과 아름다운 조화를 이룬다. 이 월귤나무는 볕이 좋은 토지에서 잘 자란다.

17. Blackberry(검은딸기)

이 따뜻한 검은 딸기 향은 첫 번째 향에서는 그레이트 빈야드(vineyard : 포도밭)에서 재배한 깊고 풍부한 와인 향이 난다. 베스트 Côtes du Rhône Syrahs와 Australian Shiraz에서 두드러지게 나타나며, 향신료 냄새와도 아름답게 조화를 이룬다.

18. Cherry(버찌)

버찌 향은 그레이트 빈티지 Ports, 매우 향기로운 Chateauneuf-du-Pape Grenaches, Merlot을 기본으로 한 Saint-Estephes에서 뿐 아니라, Burgundy Pinot Noir 와인에서 버찌 향이 가장 잘 나타난다.

19. Apricot(살구)

두드러진 살구 향은 그레이트 와인의 특징이다. Viognier 포도로 만든 베스트 Condrieu 빈티지에서 정기적으로 나타난다. 포도가 송이송이 매달려있을 때 수확하여 만든 스위트 와인에서 잘 나타난다.

20. Peach(복숭아)

이 고품질 과일 향은 매우 순수한 향을 내며, 포도가 완전히 익었을 때 수확해야 최고의 향을 낼 수 있다. 이것은 드라이 화이트 와인에서 특유의 격조 있는 향을 뽐내는데, 이 와인들은 바로 Pessac-Leognan의 part 소비뇽이나 그레이트 Hermitages 같은 part Marsanne이다.

21. Almond(아몬드)

아몬드 향은 대부분의 와인에서 나타나지만, 레드 와인에서는 구별해내기가 어렵다. 반면, 화이트 와인에서는 이 향을 구별하기가 훨씬 쉬운데, 예를 들어 샤블리와 Côte de Beaune 산 샤르도네, 맛있고 풍부한 빈티지의 호주와 아르헨티나 산이 이에 해당된다.

22. Prune(서양자두)

특히 더운 여름을 지냈거나(hot year) 숙성을 오래 하면, 알코올 도수가 높은 와인이나 탄닌이 들어있는 와인에 이 향을 활용할 수 있다. 서양자두 향은 대부분의 고품질 알코올 와인에 이용된다.

23. Walnut(호두)

강한 인상을 주는 호두 향은 어떤 끈기나 지속성(persistence)을 보인다는 점에서 특징적이다. Jura 옐로우 와인이 호두 향의 이 같은 두드러진 특징을 가장 잘 보여주는 예이고, 특히 Château-Chalon이 그렇다. 호두 향은 발효를 시키기 위해 통(barrel)에 담가 숙성을 시킨 후에 얻어낼 수 있다.

24. Hawthorn(산사나무)

가장 뛰어난 샤르도네 포도에서만 이 부드럽고 미묘한 산사나무 향이 나타난다. 이 향은 종종 아몬드, 배, 때론 꿀 향기와 조화를 이루어 나타난다.

25. Acacia(아카시아)

버건디의 그레이트 샤르도네는 Puligny-Montrachet 최고의 꿀 향기와 섞인 아카시아 향을 보인다. 아카시아 향은 특정 샤블리와 최고의 Maconnais 화이트 와인에서 우아한 향을 뽐내며, 또한 우수한 캘리포니아와 호주 샤르도네에서도 발견된다. 아카시아는 Vouvray에서 만개하며 때론 고급 Sauternes에서도 아카시아 꽃을 피운다.

26. Linden(린덴 : 보리스 · 참피나무 무리)

섬세하면서도 매우 특징적인 린덴 향은 Chenin 포도에서 만든 화이트 와인에서 잘 나타나며, 건조하고 향기로우며 달콤하다. 이 향은 소비뇽(Sauvignon)을 기본으로 한 빈티지에서 약간 나타나며, 몇몇 알사스 리즐링(Alsatian Rieslings)에서는 야채 향과 조화를 이룬다. 또 그레이트 뉴질랜드 샤르도네(Chardonnays)와 아주 중요한 헝가리의 유명한 Harslevelii에 나타난다.

27. Honey(꿀)

벌꿀 향은 고급 화이트 와인을 화려하게 장식한다. 꿀 향이 난다는 것은 곧 그레이트 빈티지 해(great vintage year)에 수확하였음을 의미한다. 이 향은 매우 격조 높은 버건디 샤르도네(Burgundy Chardonnays)를 장식하며, noble rot(귀부현상)이나 늦은 수확기에서 유래한 스위트 와인의 범위 내에서 기본적인 향을 나타낸다.

28. Rose(장미)

장미 향은 화이트 와인에서 나타난다. 알사스와 오스트리아 Gewurztraminers에서 특히 강하며 쉽게 감지해 낼 수 있다. 잘 익은 훌륭한 포도산지에서 수확된 레드 와인에서만 장미향이 난다.

29. Violet(제비꽃)

제비꽃 향은 세계 최고의 레드 와인을 자랑하는 더할 나위없는 영광의 향이며, 신성한 땅에서만 예비되는 명예로운 향이다. Romanee Conti, Lafite Rothschild, Mouton Rothschild, Diamond Creek, Musigny, La Mouline와 같은 와인들이 세계에서 가장 인기 있는 와인으로 손꼽히게 되는 이유가 바로 제비꽃 향 때문이다.

30. Green pepper(피망)

사람의 코는 피망의 냄새에 아주 민감하다. 피망 향은 최고의 카베르네 소비뇽(Cabernet Sauvignons)의 향을 이루는 주요 성분이지만, 숙성이 불충분하면 피망 향이 너무 짙게 된다.

31. Mushroom(버섯)

어떤 오래된 빈티지의 화이트와 레드 와인을 공기 중에 산화시키면 고리모양의 버섯이 갖고 있는 신선함을 느낄 수 있다. 이 순간적인 향은 절대로 두드러져 나타나지 않으며, 와인의 교체를 감지해내는 집요하고 불쾌한 곰팡내와 혼동해서는 안 된다.

32. Truffle(송로의 일종 : 조미료, 진미 중 하나)

제비꽃 향처럼 송로 향도 다소 드문 향이다. 인내심과 약간의 운이 따라준다면, 대부분 그레이트 Bordeaux Merlots의 오래된 빈티지에서 골라낼 수 있다. 절정에 달한 좋은 해에 거둬들인 Petrus나 Trotanoy를 가진 행복한 농장주라면 이 독특한 송로 향을 구분해 낼 수 있을 것이다.

33. Lees(술 찌꺼기)

와인 lee는 향을 내기 위한 자연적 성분으로써 중요한 역할을 한다. 샤르도네(Chardonnay) 포도는 가장 흥미로운 lee 향을 낸다.

34. Cedar(삼나무)

삼나무 향은 최고의 빈야드에서 나는 그레이트 카베르네 소비뇽 쿠베(Cabernet Sauvignon cuvee)의 향이며, 흔치않은 향기이다. 일반적으로 베리 향이 나기 때문에 그 미묘한 차이를 구별하는데 있어서 매우 유의해야 할 것이다.

35. Pine(소나무)

훌륭한 맛을 가진 소나무 향은 Bandol Mourvedre와 Corsican 와인에서 뿐 아니라 다양한 출처의 Cabernet Savignon에서 나타난다.

36. Liquorice(감초)

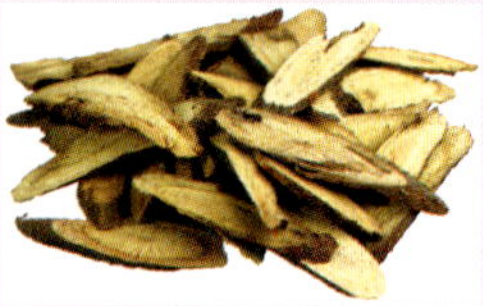

감초 향은 세계에서 가장 기품 있는 레드 와인에서 나타나는 주요한 향기 중의 하나이다. 그레이트 Burgundy Pinot Noirs(특히 Gevery Chambertine), 풍부할 때 나온 카베르네 소비뇽Cabernet Sauvignon이 이에 속한다. Pomerol에서 Vieux-Chateau-Certan과 Petrus의 특징이기도 하다.

37. Blackcurrant bud(회양목 : boxwood로도 불림)

회양목 향은 소비뇽(Sauvignon) 포도품종의 뚜렷한 특징이다. 그레이트 소비뇽 쿠베(Sauvignon cuvee)에서 나는 이 회양목 향은 그레이프프루트나 레몬 같은 과일 향과 함께 난다.

38. Cut hay(건초)

이 미묘한 향은 병 속에서 몇 년간 숙성되어 얻을 수 있는 그레이트 Cabernet Franc이나 Merlot 와인에서 자주 나타난다.

39. Thyme(백리향)

백리향은 쿠베(cuvee)에서 절대 두드러지게 나타나는 향이 아니다. 지중해 토양에서 나는 향기와 서로 앙상블을 이루며 복잡한 향을 이루는 것이 바로 백리향이다.

40. Vanilla(바닐라)

바닐라 향은 뉴 오크통에서 숙성된 와인의 특징이다. 바닐라 향이 바탕에 깔려 있는 가운데 포도 향과 섞인 향이 나는데, 바닐라 향이 포도 향을 압도하지는 못한다.

41. Cinnamon(계피)

이 훌륭하고 달콤하며 향긋한 계피 향은 대부분 병 속에서 몇 년을 보낸 잘 익은 Merlot 포도로 만든 와인에서 나타난다. 계피 향은 매우 오래된 소테른(Sauternes), Gewurztraminer, Pinot Gris에서 그 우아한 향을 뽐낸다.

42. Clove(정향나무)

이 뛰어난 향신료 향은 그레이트 카베르네 소비뇽(Cabernet Sauvignons)에서 과일 향과 조화를 이룬다. 이 향은 뉴 오크 배럴에서 숙성된 쿠베(cuvee)의 특징이다.

43. Pepper(후추)

다양한 포도품종에서 난 감칠맛 있는 와인 속에서 송진 맛이 가미된 따뜻하고 향긋한 후추 향을 발견할 수 있을 것이다. Barolo, Chateauneuf-du-Pape, 때로는 Syrah, Australian Shiraz에서 이 같은 후추 향이 난다.

44. Saffron(사프란)

사프란 향은 송이송이 매달린 포도를 수확할 수 있는 알사스 쿠베(cuvee)뿐 아니라 소테른(Sauternes)과 Hungarytks 최고의 스위트 화이트 와인에서 자주 찾아볼 수 있다.

45. Leather(가죽)

가죽 향은 Cahors의 Cot(즉 Malbec이나 Auxerrois), Bandol의 Mourvedre, Madiran과 카베르네 소비뇽(Cabernet Sauvignon)의 Tannat 같은 탄닌 맛나는 포도로 만든 와인에서 항상 나타난다. 옅은 가죽 향은 고상한 향을 더하지만, 너무 강한 가죽 향은 페놀이나 동물에서 나는 안 좋은 냄새가 될 수 있다.

46. Musk(사향)

사향노루의 분비물 냄새로 강한 향을 가지고 있어 높은 비율로 희석될 때에만 좋은 향이 난다. 와인에서 이 향은 오래 숙성된 레드 와인에서 접할 수 있는데 특히 보르드 메를로 품종에서 잘 나타난다.

47. Fresh butter(신선한 버터)

신선한 버터 향은 샤르도네(Chardonnay)에서 자주 발견된다. 이 향은 부드럽고 꽉 찬 뉴 와인에서 나타나며, 오랜 세월 지속되면 헤이즐넛, 아몬드, 토스트 향이 더해져 향이 매우 화려해진다. 이것은 최고의 베스트 버건디(Burgundy) 화이트 와인의 탁월한 특징이다.

48. Toast(토스트)

토스트는 강한 향인데, 버건디, 미국, 호주에서 나는 최고의 샤르도네(Chardonnay)에서 버터 향과 함께 섞임으로써 맛이 좋아진다.

49. Roasted almond(구운 아몬드)

구운 아몬드 향은 완전히 익은 포도로 만든 샤르도네(Chardonnay)에서 나타나고, 뉴 오크 배럴에서 숙성되면 그 향이 훨씬 더 확실히 드러난다.

50. Roasted hazelnut(구운 개암)

이 향은 가장 좋은 땅에서 난 베스트 샤르도네(Chardonnay)의 자긍심이자 특권이다. 가장 완벽한 예는 바로 Sublime Meursaults이다.

51. Caramel(캐러멜)

달콤하고 맛있는 캐러멜 향은 뉴 우드에서 숙성시켜서 생긴 향이다. 캐러멜 향은 맛있는 버터 향과 궁합이 가장 잘 맞는다.

52. Coffee(커피)

이 훌륭하고도 복잡한 향은 뉴 오크 배럴에서 숙성된 풍부한 향을 가진 몇몇 그레이트 와인의 조합으로부터 생기는 것이라고 할 수 있다. 커피 향은 아주 오래된 Ports, Madeiras, Montilla-Moriles에서 그 미세한 특징을 나타낸다.

53. Dark Chocolate(진한 초콜릿)

이 향은 타닌이 아주 강하고 알코올 도수가 높은 값비싼 레드 와인 쿠베(cuvee)의 성숙한 빈티지에서 나타나는데, 이는 얼마 동안 병 속에서 숙성시킨 것이다. 진한 초콜릿 향은 Grenaches와 양지바른 빈야드에서 가장 잘 자란다.

54. Smoke(연기)

토양, 와인재배 지역, 포도품종, 폴리페놀이 모두 제각기 역할을 하기 때문에 연기향이 나게 되는 것이다. 강한 열기가 있는 뉴 배럴이나 나무에서 숙성시키면 연기향이 악화된다.

3. 미각적 검사

와인을 입에 한 모금 마시면 느껴지는 와인의 구조는 유연성과 견고성이다. 유연성은 당분과 알코올, 폴리알코올(Polyalcohol)로 구성돼 있어 와인의 살이라고 할 수 있다. 견고성은 산도와 탄닌, 풍미, 무기질 등이 구성돼 있어 와인의 척주로 비교하고 있다.

당분은 효모가 포도즙 안에 있는 당분을 먹고 이산화탄소와 알코올을 만들어내는 과정에서 발효 후에도 알코올로 변하지 않고 남아 있는 것을 말하는데, 이때 혀끝에서 감지되는 것을 말한다. 이러한 과정이 아니라도 당분이 남는 원인은 포도수확 시기를 늦추거나 귀부포도를 선별해 수확한 경우, 아이스 와인처럼 언 포도를 수획하거나, 뱅드파이유 같이 밀짚 위에서 건조시킨 경우 등 여러 가지가 있다.

당분은 크게 드라이한, 약간 드라이한, 약간 당도(단)가 있는, 당도가 있는, 아주 당도가 많은 정도의 다섯 단계로 이루어져 있다.

알코올은 물 다음으로 와인에서 많은 비율을 차지하고 있다. 이러한 알코올은 와인의 힘, 강한 맛, 열기 등의 기본이 되어 부드러운 느낌을 높이고 단맛을 강하게 하여 지속성보다는 강도에 영향을 미치고 강하면서도 우아하고 균형 잡힌 맛을 내려면 신맛과 탄닌이 적절해야 한다. 알코올은 와인의 균형을 이루지는 않는다.

알코올이 감지되는 강도는 풍부한, 따듯한, 은은한, 가벼운, 약한으로 다섯 가지로 표현한다. 기후는 와인의 알코올 함량에 많은 영향을 끼치는데, 일조량이 좋은 국가나 지역에서 생산되는 와인은 알코올이 풍부하거나 따뜻한 표현을 많이 하는 반면에 일조량이 충분하지 않는 국가나 지역에서 생산되는 와인은 가벼운 즉, 알코올이 밋밋함을 말한다. 그리고 수확할 때 당도가 충분하지 않아 알코올 성분을 제대로 느끼지 못할 때는 약한이라고 표현하면 된다.

폴리알코올의 특징은 유연함이라고 할 수 있고, 와인을 머금는 첫 순간에 감지된다. 주로 숙성된 와인에서 두드러지며, 영 와인은 원만함보다는 견고성과 텁텁한 느낌을 더 많이 받을 수 있다.

폴리알코올은 아주 유연한, 유연한, 원만한, 조금 원만한, 거친 등으로 다섯 단계로 구분한다.

쇠퇴한 단계의 와인, 즉 오래된 와인을 '아주 유연한' 으로 표현하며, 완벽한 숙성상태의 와인을 '유연한' 으로, 견고성과 유연성이 균형이 잘 잡힌 와인을 '원만한' 으로, 영 와인처럼 유연성보다 견고성이 강한 경우를 '조금 원만한' 으로 표현하며, 충분히 익지 않은 포도를 수확한 경우 또는 아주 영 와인일 때 '거친' 이라고 표현을 한다.

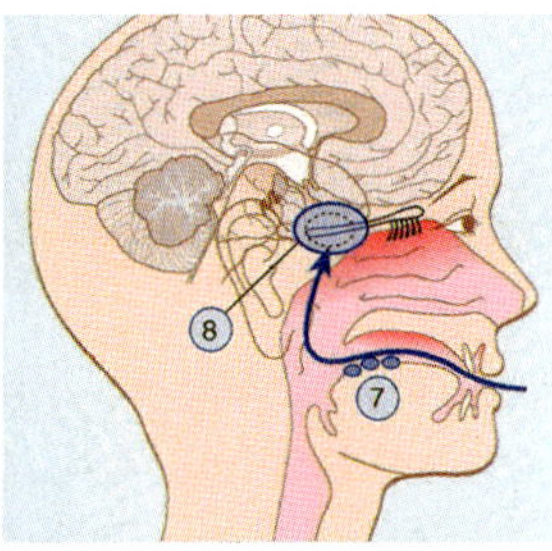

맛에 대한 자극

혀 위에 있는 와인은 미각기관(8)과 대뇌질(5)이 연결된 미각세포(7)를 자극한다.
맛이 전달되면서 흥분계가 자극되며 동시에 삼차신경에서 감촉이 감지된다.

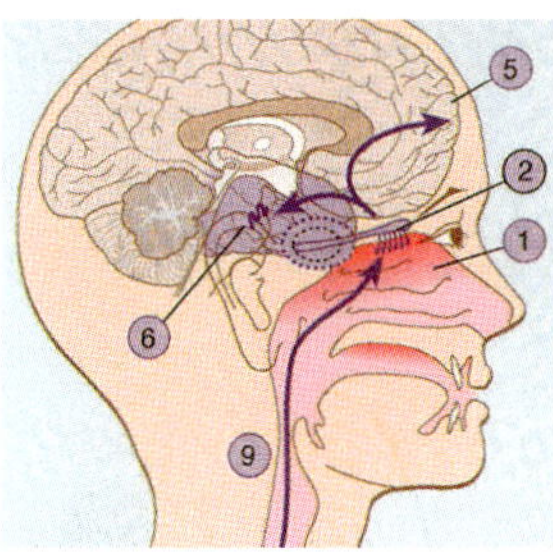

식도로 냄새 맡기

와인은 삼키게 되면 와인 향이 식도(9)로 다시 올라오게 되며 비강(1)으로 들어오게 된다. 비강개(2)를 지나 자극은 대뇌피질(5)에 전달되어 해마(6)에 있는 후각 이미지를 활성화한다.

자료 : 이순주 역, 와인입문교실, p.79

신선함과 가벼움을 주는 산도는 곧 와인의 생명이다. 산도의 범위는 여러 단계로 나눌 수 있다.

설익은 와인에서 제일 시큼한 맛이 나는데, 와인의 산도가 높을수록 와인의 나이는 어리다고 볼 수 있다. 와인이 숙성되면서 산도는 점차 감소를 하는데, 너무 오래된 와인은 산도를 느낄 수 없을 정도로 사라지는 경우가 많다. 산도는 레드 와인보다 화이트 와인에서 더 많이 찾을 수 있고, 서늘한 지역에서 자란 포도가 더운 지방에서 자란 포도보다 산도가 훨씬 높다. 만약 산도가 부족한 경우 인위적으로 주석산을 첨가해 부족한 산도를 보충하기도 한다.

산도를 표현할 때는 덜 익은 포도로 만든 와인은 '설익은'으로 표현을 한다. 풋포도로 만들었기 때문에 강한 신맛을 느끼고 산도와 다른 요소와 균형이 맞지 않는 경우가 많다. '아주 신선한' 맛은 산도와 다른 요소와 균형이 잘 맞는 경우인데, 포도재배 지역이나 포도품종에서 신선한 향을 발산한다. 주로 신선한 향을 주는 포도는 쇼비뇽, 뮈스카떼, 리슬링, 가메 등의 품종이다. 한편 '신선한' 와인은 적절한 산도와 가벼운 맛으로 균형이 잘 잡혀 완전한 숙성단계에 있어 바로 마실 수 있다. 특히 입천장에서 신선한 느낌을 바로 느낄 수 있다. 숙성단계가 절정기를 지나면 와인의 산도도 떨어지기 때문에 이때는 산도가 '약하다'는 표현을 한다. 그리고 쇠퇴기 단계에는 새콤한 산도를 찾아볼 수가 없기 때문에 '밋밋한' 와인이라고 표현한다.

탄닌은 레드 와인에 많이 함유되어 있는데, 주로 새 오크통과 포도껍질, 씨, 포도자루에 포함되어 있는 떫은맛을 가진 성분을 말한다. 탄닌의 표현은 떫은 감을 입에 넣었을 때 꺼끌꺼끌한 맛을 연상하면 가장 좋을 듯하다. 탄닌 성분이 많이 함유하고 있는지 적게 함유하고 있는지는 혀의 끝부분 또는 가운데 부분을 입천장에 문질렀을 때 제일 잘 알 수 있다. 이러한 탄닌은 시간이 지나면서 부드러워진다. 탄닌의 표현은 떫은, 텁텁한, 쌉싸래한, 부드러운, 여린으로 표현한다.

풍미와 무기질은 화이트 와인을 설명할 때 많이 사용되는 용어로 와인의 수명을 결정하는 중추적 역할을 한다. 풍미는 와인의 감칠맛을 의미하고, 무기질은 토양이나 포도품종의 특성을 말한다. 산도는 시간이 지날수록 없어지는 반면, 풍미와 무기질은 숙성이 될수록 강하게 나타나 와인의 구조와 향을 지배하게 된다. 풍미와 무기질은 크게 세 단계로 평가하는데 '풍미와 무기질이 풍부한', '풍미와 무기질이 느껴지는', '풍미와 무기질이 적은'으로 표현한다.

입 안에서도 여러 가지 평가를 할 수 있다.

와인의 바디는 당분, 알코올, 산도, 탄닌, 풍미와 무기질로 구성된 와인의 구조라고도 한다. 그래서 와인의 바디가 지속성이 오래 갈수록 와인에 힘이 있다고 표현하고, 반대로 섬세할수록 와인이 가볍다고 한다.

바디에 대한 표현은 크게 다섯 가지로 구분한다. '무거운'은 뻑뻑하고 끈적끈적하여 좋은 와인의 의미가 아닌 조금 부정적인 의미가 강하다. '강한'은 일조량이 많은 지역에서 햇빛을 듬뿍 받은 와인으로 충만하고 따뜻한 와인을 의미한다. 이때는 긍정적이고 좋은 표현을 의미한다. '조직적인'은 개성이 넘치는 와인으로 와인을 마시면 기분이 좋은 느낌을 주는 와인을 의미한다. '가벼운'은 쉽게 마실 수 있는 와인으로 섬세하고 미묘한 느낌을 주는 좋은 와인은 아니지만 가볍고 우아한 구조를 가진 와인을 의미한다. '약한'은 무엇인가 부족하면서 별다른 특징이 없는 단순한 와인을 의미한다.

균형은 유연성과 견고성 사이에 이루어지는데, 주로 당분, 알코올, 산도, 탄닌, 풍미와 무기질 등의 적절한 비율에 따라 평가된다.

균형에 대한 기준은 크게 세 가지로 구분한다.

균형이 맞는 와인은 유연성과 견고성이 조화를 잘 이루어 마시기 최적의 와인을 의미한다. 균형이 맞지 않는 와인은 산도와 탄닌이 너무 강해서 조화가 잘 맞지 않고 알코올이나 당분의 맛을 더 느낄 수 있는 와인을 말한다. 반면, 균형이 잘 맞지 않는 와인은 부족한 부분이 있는 와인으로 시간이 지날수록 불균형을 증폭시킨다.

지속성은 와인을 마신 뒤 얼마나 오래 맛을 느낄 수 있는지 여운의 길이를 분석한다. 여운이 오래 남는 와인은 그랑 떼루아에서 나온 좋은 와인이라고 할 수 있다. 지속성의 판단기준은 긴, 좋은, 은은한, 짧은, 불충분한으로 구분한다.

피니시는 와인시음의 최종 단계로 조화와 숙성 정도의 기준을 의미한다. 피니시를 판단하는 기준은 깔끔한, 탄닌으로 꺼칠꺼칠한, 알코올 열기로 뜨거운, 균형이 맞는, 감칠맛이 도는, 부드러운, 숙성된, 상큼한, 단, 설익은, 짧은, 오크향이 너무 느껴지는 경우 쓴 등으로 표현한다.

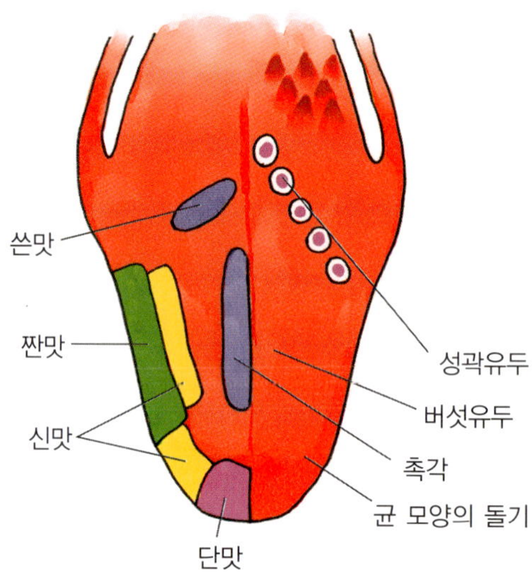

와인의 시음은 사람의 혀의 어떤 부분에서 와인의 복잡한 맛을 감지하는지를 살펴보자.

그림에서도 설명돼 있듯이 혀의 위치에 따라 기본적인 4가지 맛의 구성요소가 단맛, 신맛, 쓴맛, 짠맛이 다르게 느껴진다.

첫째, 혀끝은 단맛을 감지한다. 농익은 포도로 만든 달콤한 와인이나 귀부포도로 만든 와인은 물론이고 아주 드라이한 와인을 제외하고는 대부분의 화이트 와인이나 특히 레드 와인에서 단맛을 느낄 수 있다.

둘째, 혀의 앞쪽 양 옆으로 신맛을 감지한다. 이런 경우는 주로 화이트 와인이나 어린 와인에서 많이 느낄 수 있다. 신맛을 느끼게 하는 산도는 와인에 생기는 청량감을 제공하므로 산 성분이 부족하면 특징이 없는 밋밋하거나 싱거운 와인이 되어 버린다.

셋째, 쓴맛은 혀의 제일 안쪽에서 느낄 수 있는데, 탄닌이 지나치게 많거나, 새 오크통에서 너무 오래 보관하거나, 포도가 너무 농축되어 생기기도 한다. 쓴맛은 주로 포도의 껍질, 씨, 푸른 줄기를 압착하거나 포도가 덜 익거나 줄기와 씨를 너무 강하게 압착해서 나오는 경우가 많이 있다. 쓴맛의 좋은 예로 진한 초콜릿이나 탄 음식을 먹었을 때와 비슷하게 혀 안에서 느낄 수 있다.

마지막으로 혀의 가장자리는 짠맛을 느끼는데, 와인에서는 좀처럼 느끼기 어렵지만, 짠맛은 바다근처에 있는 토양에 함유된 무기질 소금으로 인해 생긴다. 그리고 탄닌이 알코올과 균형을 이루는지 여부가 중요하다. 흔히 탄닌의 유무를 파악하기 위해서는 와인을 한 모금 마시고 혀를 입천장에 문지르면 떫은맛이 강하게 느껴진다.

4. 테스팅

1) 색에 의한 테스팅

색 상(숙성도와 관련)		투명도	와인의 농도	점도
레드 와인	화이트 와인	산도, 탁도와 관련	양조와 관련	당도, 알코올 관련
자주색	녹색이 도는 노란색	탁한	묽은	끈적끈적한
루비색	밀짚색	조금 탁한	엷은	묽음
석류색	금색	흐린	중간	보통
적벽돌색	호박색	맑음	진한	진한
황적색	토파즈색	아주 맑음	아주 진한	유질이 큰

2) 후각에 의한 테스팅

■ 1단계

부케의 변화	강 도	지속성	과일의 숙성	오크통의 영향	부케의 품질
어린 단계	강한	긴	너무 익은	고상한	훌륭한
	좋은	조은	잘 익은		섬세한
숙성단계	은은한	은은한	설익은	두드러지는	은은한
	약한	짧은	곰팡이 슨		조악한
노화단계	불충분한	불충분한		저급한	불량한

■ 2단계

향의 성격	향의 유형	구체적인 향
풍부한, 담백한, 향기로운, 구운, 오크향, 다조로운, 충실한, 열린, 닫힌, 순수한, 복잡한, 무기질, 훈제 등	향신료, 동물, 나무, 불쾌한, 꽃, 허브, 풀, 과일, 덤불 등	산딸기, 송로버섯, 아카시아, 배, 후추, 청피망, 커피, 허브 등

3) 미각에 의한 테스팅

유연성			견고성		
단맛	알코올	폴리알코올	산도	탄닌	풍미 · 무기질
드라이 한 약간 드라이한 약간 단 단 아주 단	약한 가벼운 은은한 따뜻한 풍부한	거친 원만하지 못한 원만한 유연한 아주 유연한	밋밋한 약한 신선한 아주 신선한 설익은	여린 부드러운 씁싸래한 텁텁한 떫은	적은 느껴지는 풍부한

입안에서의 느낌				
바 디	균 형	강 도	지속성	품질
약한 가벼운 조직적인 강한 무거운	균형이 맞는 균형이 잘 맞는 균형이 맞지 않는	불충분한 약한 은은한 좋은 강한	불충분한 짧은 은은한 좋은 긴	나쁜 조악한 좋은 섬세한 훌륭한

최종 평가		
피니시	조 화	숙성도
짧은, 쓴, 상큼한, 단, 설익은, 부드러운, 여운이 긴, 숙성된, 균형이 잘 맞는, 감칠맛이 도는, 깔끔한, 꺼끌꺼끌한, 뜨거운	조화롭지 않은 꽤 조화로운 조화로운	오래된, 숙성된 준비된, 어린, 숙성되지 않은

5. 와인 시음의 조건

전문가가 와인 시음을 할 경우에는 와인 레이블은 물론 와인 이름을 밝히지 않고 서비스해야 한다. 그러나 보통의 사교적인 와인 시음에서는 그럴 필요는 없다.

■ **와인** 시음하고자 하는 와인의 온도가 적정해야 한다. 백포도주는 시원하게 제공되어야 한다. 드라이 화이트 와인은 10~12℃, 스위트 와인은 7~8℃가 적당하다. 적포도주는 16~18℃가 적당하다. 실내 온도에서 시음하기 1~2 시간 전에 병을 오픈해야 한다.

■ **시간대 및 주의사항** 와인시음은 인체의 감각기관을 이용하기 때문에 감각기관이 가장 좋을 때 하는 것이 좋다.

- 식사시간대는 피하는 것이 좋다. 왜냐하면, 음식냄새 등이 시음에 방해가 될 수 있기 때문이다. 그래서 점심 직전인 오전과 식사 전인 오후이다. 시음은 사람의 감각기관을 집중시킬 수 있는 오전 11시경에 이루어지는 것이 좋다.
- 감기기운이 있을 때도 피하는 것이 좋다. 왜냐하면, 감기기운이 있으면 와인의 향은 물론 와인의 특성을 정확하게 파악할 수 없기 때문이다. 그리고 운동을 마친 직후나 피곤할 때는 시음을 삼가야 한다.
- 시음을 앞두고 담배, 커피, 사탕, 초콜릿 등 강한 향기나 음식은 먹는 것을 피해야 한다. 시음에 방해가 된다.

■ **장소** 시음장소의 조명의 종류와 조도가 시음에 미치는 영향은 크다.

- 밝고 환한 곳이 좋다. 그리고 와인 색상을 관찰하는데 용이한 흰색의 냅킨이나 테이블 클로스가 필요하다.
- 실내온도는 춥지도 않고 덥지도 않은 18℃가 적당하다.
- 가능하면 지하실이나 창고 등에서 시음은 피해야 한다.
- 최대한 집중할 수 있도록 하기 위해서는 소음이 없는 곳이 좋다.

■ **와인 잔** 시음 글라스는 와인 시음에 있어서 빠른 시간 내에 와인의 품질을 파악하는데 아주 중요한 역할을 한다.

- 글라스는 색의 관찰이 용이한 맑고 투명해야 하며 무늬 및 장식이 없어야 한다.
- 글라스를 잘 관리해서 냄새가 나지 않아야 한다.
- 체온전달 방지를 위해서 가능하면 스템(Stem)부분이 있어야 한다.

• 글라스는 가운데가 볼록하고 위로 올라갈수록 좁아져야 한다. 왜냐하면, 향기가 발산되었을 때 가두어 두거나 글라스를 돌릴 때 매우 용이하기 때문이다.

■ 시음의 순서

• 백포도주 – 적포도주

• 가벼운 와인 – 무거운 와인

• 단순한 와인 – 복잡 미묘한 와인

• 영 와인 – 숙성된 와인

• 무감미 와인 – 감미 와인

와인 시음의 구분

수평적 시음	서로 다른 포도밭과 품종에서 나온 와인이지만 같은 생산연도의 와인을 시음하는 것이다. 예를 들어, 1996년산 와인을 지역별 뽀이약, 쌩줄리앙, 마르고, 그라브, 쌩떼밀리옹, 뽀므롤 등의 와인들을 시음함으로써 같은 기후라도 지역별 토양의 질, 서로 다른 종류의 포도를 어떻게 블렌딩하느냐에 따라 전혀 다른 와인의 특성을 파악할 수 있다.
수직적 시음	생산연도가 다른 동일한 종류의 와인을 시음하는 것이다. 예를 들어, 샤토 마르고 와인을 1986년, 1990년, 1995년, 2000년, 2003년, 2006년도 와인을 시음함으로써 매년 달라지는 자연적인 요소와 시간이 지남에 따라 숙성 정도를 알 수 있다.

6. 와인의 균형과 조화

와인 미각의 특징은 신맛, 단맛, 탄닌의 쓴 맛이 균형을 이루어야 조화롭고 복합적인 새로운 맛을 느낄 수 있다. 시음하는 사람은 이러한 맛의 느낌에서 조화로운 균형을 판단하여 그 와인에 대한 평가를 하면 된다. 어느 한 쪽으로 너무 강한 경우 와인은 밋밋하여 맛을 느끼지 못하거나 반대로 너무 강한 경우 지나치게 풍부하여 거부감을 주게 된다.

1) 레드 와인의 경우

탄닌, 산도, 부드러운 단맛의 3개의 축으로 하는 구도에서 농도의 크기를 표현한다. 삼각형 중앙에 산도는 약하고, 당도는 적당하며 탄닌이 아주 부드러운 위치를 나타낼 때 와인은 균형이 있다.

- **탄닌** 거칠고 텁텁한 탄닌에 의해 나타나며 지나치면 와인 구조의 균형을 깨며 쓴맛을 낸다. 숙성된 탄닌은 유연하며 부드럽고, 풍부하며 육감적인 구조를 가지게 된다.

- **부드러운 단맛** 비단처럼 부드러우며 진한 맛으로 표현한다. 이 맛은 매우 중요하지만 너무 지나치지 않아야 한다.

- **산도** 적포도주인 경우 산도가 제한적이고 적당하게 있으면 신선한 느낌을 준다. 그러나 지나치면 날카로운 신맛을 느끼게 된다.

레드 와인의 산도 · 탄닌 · 감미로움의 조화

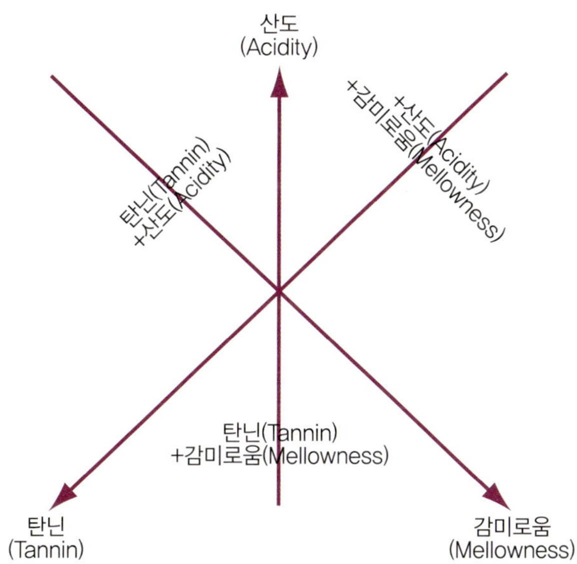

레드 와인의 기본맛에는 탄닌이 산도 · 감미로움과 함께
조화를 이루며 균형에 기여한다.

자료 : 와인바이블, 서진우, p.227

레드 와인을 평가할 때는 산도 · 탄닌 · 감미로움으로 평가를 한다. 위 그래프에서 잘 설명되어 있듯이 좌측 중간에서처럼 산도와 탄닌이 잘 어울리면 서로 조화를 이룬다고 볼 수 있다. 레드 와인은 상대적으로 화이트 와인만큼 신맛이 강하지 않기 때문에 탄닌 성분이 산도와 감미로움과 함께 와인의 균형을 이루어 좋은 와인이라 할 수 있다. 탄닌은 수렴성과 질감으로 와인에 힘을 주며, 레드 와인의 구조를 형성하여 맛을 조화롭게 한다.

2) 화이트 와인의 경우

화이트 와인에서 탄닌은 거의 느낄 수 없지만 산도와 알코올 또는 감미로움은 매우 중요하다. 그렇기 때문에 화이트 와인에서는 산도와 알코올 또는 감미로움으로 2개의 축을 형성하고 있다. 화이트 와인은 영 와인에서는 유연하고 생동감 있으며 풍부한 꽃 향, 흰색 과일 향이 나타난다. 반면, 기품이 있고 숙성된 백포도주는 적은 신맛과 부드러운 미각을 느끼게 한다.

적당량의 감미로운 단맛과 알코올은 구조 있는 스위트 화이트 와인을 만드는데 매우 중요하다. 그러나 반대로 너무 많은 단맛과 지나친 알코올은 역효과를 낳는다. 화이트 와인에서의 산도는 삼각형 구도에 중요한 위치를 차지하며 지나치지 않으면 와인에 활기를 넣어준다. 또한 이 맛들은 서로 도와주기도 하고 감추어 주기도 한다.

화이트 와인의 산도 · 감미로움의 조화

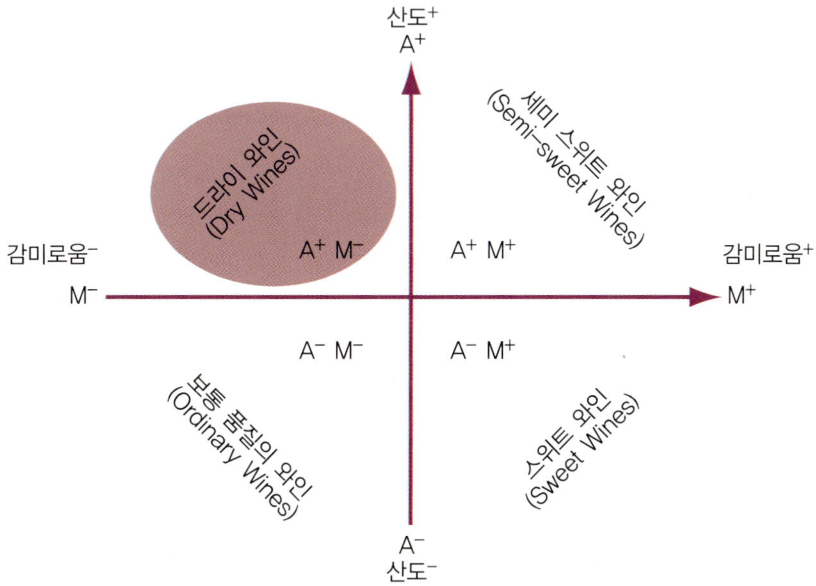

화이트 와인의 기본맛인 산도와 감미로움에 대한 균형 상태를 나타내고 있다.

자료 : 와인바이블, 서진우, p.227

■ 화이트 와인 맛의 균형

화이트 와인을 평가할 때는 산도(Acidity)와 감미로움(Mellowness)의 균형 상태를 잘 확인해야 한다. 수직축은 신맛의 강도를 나타내며, 수평축은 감미롭거나 부드러운 정도를 나타낸다.

- A+와 M+의 와인은 감미로운 맛이나 단맛이 우세한 균형이 잘 맞는 와인이다.
- A+와 M−의 와인은 원형 안의 범위가 가장 큰 화이트 와인으로 그윽한 맛을 낸다.
- A−와 M+의 와인은 스위트 와인 같은 감미로운 와인이다.
- A−와 M−의 와인은 맛이 밋밋한 일반적인 와인이다.

THE WINE DRINKERS(와인 테스팅 노트)

Red □	White □	Rose □	Sparkling □
NAME(와인 명)			
YEAR(빈티지)			
REGION(지역)			
DATE & PLACE TASTED(시음날짜 및 장소)			
BOTTLED BY(병입자 또는 회사)			
OBTAINABLE & PRICE(가격 대)			

이 기록은 와인 테이스팅의 기초 자료가 될 것이다.

	1 – Defective	2-Poor	3-Average	4-Good	5-Excellent
	1	2	3	4	5
Appearance (색상)	□	□	□	□	□
Nose (향)	□	□	□	□	□
Taste (맛)	□	□	□	□	□
Quality Balance (균형)	□	□	□	□	□

Total out of 20 :

OBSERVATIONS(의견)

제16장

국가별 와인 레이블

1. 프랑스 와인 레이블

❶ 로고 ❷ 빈티지

❸ 상표(브랜드) : 포도원의 명칭이나 회사 소유자, 생산자 이름이 주로 사용된다.

❹ 등급 : 보르도 지방의 와인으로 크뤼 부르주아급 와인이다. 2007년 등급이 폐지되었다.

❺ 알코올 함유량

❻ 용량 : 750ml로 표기되기도 한다.

❼ 병입지 : 생산지역의 포도원에서 병입되었음을 나타낸다. Mis en bouteille au château라고 인쇄되어 있으면 와인이 샤토에서 병입되었음을 나타내는 것으로 고급 와인에 해당된다.

2. 이탈리아 와인 레이블

❶ 상표(브랜드) : 생산자 이름이나 포도원 명칭이 주로 사용된다.

❷ 회사 로고

❸ 와인 이름

❹ 등급 : 이탈리아 와인 등급 중 DOC급임을 나타내는 표현이다. 대중적인 와인은 비노 타볼라(Vino da Tavola)이며, DOC급보다는 DOCG급이 더 고급이다.

❺ 빈티지

❻ 병입지 : 현지에서 생산자가 직접 병입했다는 표시

❼ 알코올 함유량

❽ 용량

3. 독일 와인 레이블

자료 : 이주호, 이제는 와인이 좋다. p, 241

❶ 포도 생산지역 : 독일에는 13개 와인생산 지역이 있다.

❷ 빈티지　　　❸ 포도재배자 또는 와인생산업자　　　❹ 포도품종

❺ 와인의 타입 : Trocken은 영어의 dry와 같은 의미로 단맛이 전혀 감지되지 않을 때 사용되는 용어다. 이 와인의 경우처럼 Halbtrocken은 아주 적은 양의 단맛이 감지될 때(영어로는 semidry) 표기된다. Halbtrocken은 독일의 경우 1t에 18g 이하의 잔당을 가져야 한다 (Trocken은 잔당이 1t에 9g을 넘지 않아야 한다).

❻ 등급 : 독일에서는 타펠바인(Tafelwein), 란트바인(Landwein)이 가장 대중적인 와인이며, 이보다 한 단계 높은 품질등급이 QbA급이다. 독일와인의 65%가 이 등급에 해당된다. QbA보다 한 단계 높은 품질 등급은 QmP급으로 최고급 와인이다.

❼ 공식 품질관리 번호 : 타펠바인이나 란트 바인에는 붙이지 않는다.

❽ 에르제우게라프풀룽(Erzeugerabfullung)은 영어로 estate bottled란 뜻으로, 이는 한 재배자나 재배자조합에 의해 와인이 일관되게 생산되었다는 것을 의미한다. 즉, 재배자 혹은 재배자조합이 와인의 품질을 보증한다고 보면 된다.

4. 스페인 와인 레이블

❶ 상품(브랜드)

❷ 빈티지(Vintage) : 포도의 수확연도는 1998년

❸ 품질등급 : DO 스페인 와인 등급

❹ 생산국가 : 스페인

❺ 알코올 함유량

5. 미국 와인 레이블

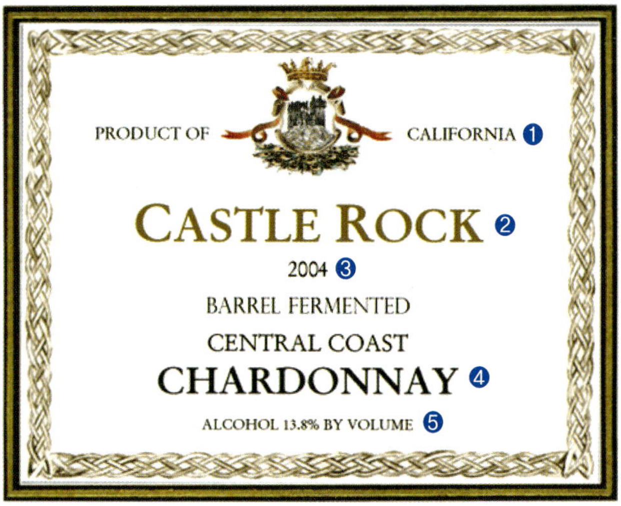

❶ 생산지 : 캘리포니아

❷ 상표(브랜드)

❸ 빈티지(Vintage) : 2004년

❹ 포도품종 : CHARDONNAY

❺ 알코올 함유량

6. 호주 와인 레이블

❶ 와인 회사명 : GRANT BURGE

❷ 로고

❸ 생산지역

❹ 포도품종

❺ 생산국가 : 호주

7. 칠레 와인 레이블

❶ 상표명 : MONTES

❷ 포도품종 : CABERNET SAUVIGNON

❸ 빈티지(Vintage) : 2005년

❹ 생산지 : Colchagua Valley

❺ 생산국가 : 칠레

8. 남아프리카공화국 와인 레이블

❶ 생산지 : 남아프리카공화국의 와인

❷ Vintage : 2003년 수확한 포도로 만든 와인

❸ 상표명 : LAIBACH

❹ 생산지역 : STELLENBOSCH

❺ 알코올 도수 : 13%

제17장

음식과 와인

일반적으로 한국음식에는 국이나 탕, 찌개류가 있어 식사를 맛있게 하는 요인이 된다. 그러나 서양에서는 국이나 탕 종류의 메뉴가 없다보니 점심이나 저녁식사 때 와인을 곁들여서 식사를 하는 것이 보편화되어 있다. 와인과 음식이 잘 조화가 되면 음식의 맛을 한 차원 높게 끌어올려 식욕을 북돋우고 분위기를 조성해 식사시간을 즐겁게 할 수 있다. 와인과 요리의 조화는 뚜렷한 법칙이 있는 것이 아니고 개인의 취향에 맞게 와인을 결정해도 상관없다. 와인의 향과 맛이 요리와 균형을 이루어야 조화를 이룰 수 있을 뿐만 아니라 와인과 요리는 어느 한 쪽으로 치우친 선택은 피해야 한다.

특히 와인을 마실 때 피해야 하는 음식은 식초를 곁들인 음식이다. 왜냐하면, 산이 포함된 소스와 함께 와인을 마시면 와인의 맛을 제대로 느낄 수가 없기 때문이다.

1. 식사별 와인

우리가 식사를 할 때 일반적으로 육류는 레드 와인, 생선요리는 화이트 와인을 주문하는 경우가 많다. 그 이유는 화이트 와인의 산미가 생선의 비린내를 제거하고, 레드 와인에는 육류가 잘 어울리는 것은 레드 와인의 탄닌이 육류의 기름기와 짙은 맛을 조화를 잘 이루기 때문이다. 그렇지만 모든 생선에는 화이트 와인이, 육류에는 레드 와인이 잘 어울리는 것은 아니다. 음식에 사용하는 와인 소스에 따라 와인의 선택도 달라진다.

1) 전채요리

식전에 식욕을 돋우기 위해 마시는 술로 샴페인, 스페인의 셰리, 가벼운 화이트 와인이 잘 어울린다.

- **달팽이(Escargoe)** 론의 가벼운 레드, 버건디 화이트, 알자스의 삐노블랑, 뮈스까 등이 잘 어울린다.
- **캐비어(Caviar)** 샴페인, 얼음으로 차게 한 보드카가 잘 어울린다.
- **시저 샐러드(Caesar salad)** 캘리포니아 샤르도네, 캘리포니아 슈냉 블랑 등이 잘 어울린다.

2) 육류요리

육류요리는 탄닌 성분이 많은 레드 와인을 마시는 것이 좋다. 탄닌이 많고 숙성이 잘 된 풀 바디(Full body) 레드 와인과 맛이 진한 붉은 육류요리와 함께 먹으면 요리의 진한 맛과 풍부한 지방과 육즙이 와인의 촉감과 맛을 한층 북돋우어 주어 더욱 맛있게 할 것이다.

육류요리별 잘 어울릴 수 있는 와인을 살펴보면 일반적으로 맛이 담백한 쇠고기인 Roast Beef와 Steak경우는 드라이하고 탄닌이 풍부하여 우아하고 맛이 강한 카베르네 소비뇽과 메를로, 시라, 템프라뇨 등의 포도 품종의 와인 또는 프랑스 보르도 레드 와인과 프랑스 론 벨리 북부 지역 와인, 이탈리아 피에몬테 지역의 바롤로(Barolo), 바르바레스코(Barbaresco)나 토스카나의 끼안티(Chianti), 브르넬로(Brunello), 스페인의 리오하(Rioja) 지역 와인도 잘 어울린다.

비프 스튜(Beef Stew)는 포므롤(Pomerol)과 생테밀리옹(Saint Emiliom) 지역의 레드 와인 혹은 Cabernet Sauvignons 포도품종 와인이 적격이며, Pepper Steak는 론(Rhone) 지역의 레드 와인이나 카베르네 소비뇽 포도품종 역시 육류요리와 잘 어울린다.

3) 양고기요리

양고기는 특유의 비린내 때문에 따뜻할 때 먹어야 제 맛이 나며, 식으면 맛이 없고, 양고기 특유의 냄새도 진해진다. 그렇기 때문에 양고기 특유의 냄새를 없애기 위해서 마늘 · 파 · 생강 · 후추 등의 향신료와 청주나 와인, 된장 등을 사용하고 있다. 그러면 양고기를 먹을 때 어떤 와인이 가장 어울릴까?

양고기는 소고기와 마찬가지로 탄닌 성분이 많은 레드 와인이 잘 어울린다. 특히 향이 아주 강한 레드 와인인 에르미타주나 샤토뇌프 뒤 파프, 포므롤 지역을 비롯한 양질의 보르도 레드 와인과 신세계 와인의 카베르네 소비뇽, 리오하 리제르바, 이탈리아의 바롤로(Barolo), 부르넬로(Brunello), 끼안티(Chianti) 지역 등의 와인이 좋다. 포도품종으로는 카베르네 소비뇽과 템프라뇨 그리고 메를로 등의 고급 레드 와인과 잘 어울린다.

4) 해물요리

갑각류의 요리에는 주로 드라이 리슬링이나 부르고뉴 화이트 와인이 잘 어울린다. 그러나 요리하는 과정에서 쓰는 양념과 방법에 따라 화이트, 로제 그리고 레드 와인을 선택해도 무방하다.

굴요리에는 샤블리, 샤르도네, 소비뇽 블랑이 잘 어울리고, 새우요리에는 가벼운 드라이 화이트 와인이 좋다.

5) 생선요리

생선은 일반적으로 드라이하거나 상쾌한 맛의 화이트 와인이 잘 어울린다. 화이트 와인 속에 들어 있는 산은 식욕을 돋우고 생선의 향을 잘 살려 더욱 맛있게 해주고 생선요리의 짠맛은 와인의 포도 향을 더욱 강하게 해준다.

생선요리에 화이트 와인 대신 레드 와인을 마신다면 생선의 살이 연하고 담백한 맛이 특징인 요리에 타닌이 많고 강한 레드 와인과 함께 먹는다면 타닌으로 인해 생선요리의 특유한 맛이 사라져 버린다. 하지만 생선의 조리방법에 따라 와인도 달라진다. 잘 익혀진 생선요리나 구운 생선요리에는 가벼운 화이트 와인이 좋고, 소스를 곁들인 생선요리에는 소스를 만드는데 들어간 와인을 선택하는 것이 좋다.

비린내가 강한(고등어, 정어리, 꽁치 등) 생선요리에는 강한 향미를 가진 화이트 와인이 좋고, 약한 냄새를 가진 생선요리(감성 돔 생선회)에는 약한 향미를 가진 화이트 와인이 좋고, 중성 또는 복합 미묘한 냄새를 가진 요리에는 화이트나 로제 와인을 곁들이는 것이 좋을 것이다. 하지만 일반적으로 가볍고 신선한 화이트 와인을 선택할 때에는 보르도의 그라브, 부르고뉴의 샤블리, 독일의 모젤, 이탈리아의 소아베 등이 무난하고 좋다.

일반적으로 요리별 와인을 선택을 한다면,

- **조개구이** 드라이 혹은 미디엄 화이트 와인으로 소비뇽 블랑, 샤르도네 등이 좋다.

■ **훈제요리** 강건한 드라이 화이트 와인으로 소비뇽 블랑, 알자스 리슬링, 소비뇽 블랑, 로제 와인 등이 좋다.

■ **연어요리** 뜨겁게 제공될 때에는 영 뻬노 누아르, 보졸레, 보르도 레드, 차갑게 제공될 때 샤사뉴 몽라셰, 뫼르소, 샤블리 등 상급 버건디 화이트가 좋다.

■ **생선튀김** 약간 감미로운 독일 와인이나 알자스 와인이 잘 어울린다.

■ **생선회** 소비뇽 블랑, 샤르도네, 샤블리, 리슬링, 발포성 와인 등이 좋다.

6) 흰 살 육류요리

닭, 오리, 칠면조 및 야생조류 요리에는 주로 화이트 와인을 곁들이지만 요리하는 과정에서 쓰는 양념과 방법에 따라 와인 선택도 달라진다.

만약 닭이나 오리를 찜을 했을 때에는 화이트를, 반대로 그릴에 구웠다면 화이트보다는 레드 와인이 더 좋은 훌륭한 맛의 조화를 만들어 낸다고 할 수 있다.

닭고기는 연하고 맛과 풍미가 담백하며 조리하기 쉽고 영양가도 높아 전 세계적으로 폭넓게 요리에 사용되고 있다. 닭고기의 섬세하고도 풍부한 맛을 보기 위해서는 프랑스 보졸레 지역의 상큼하고 라이트한 가메 품종의 영 레드 와인과 미국 캘리포니아에서 생산되는 화이트 진판델 포도품종 와인도 좋은 조화를 이루고 특히 모든 사르도네 품종과 조화를 잘 이룬다.

닭고기 가슴살구이는 아주 드라이한 화이트 와인이 잘 어울린다. 뮈스카데(Muscadet), 샤블리(Chablis), 피노 그리지오(Point Grigio) 등의 품종으로 만든 화이트 와인을 추천한다.

7) 파스타요리

파스타는 이탈리아를 대표하는 음식이다. 파스타의 종류는 파스타 면의 종류, 파스타의 모양, 색깔 등에 따라 그 종류가 수백 종에 이른다.

흔히 와인은 육류나 생선요리, 해산물에 잘 어울리는 음식이라고 인식하는 경우가 많다. 그렇지만 파스타도 와인과 조화를 아주 잘 이루고 있다. 특히 파스타의 고장인 이탈리아 와인과 잘 어울리지만, 파스타의 조리 방법에 따라 레드 와인과 화이트 와인의 선택의 폭도 다양하다. 파스타요리를 먹을 때 와인은 무겁고 중후하지 않은 신선하고 가벼운 맛의 와인인 키안티, 발폴리첼라, 소아베, 프라스카티, 올리비에토, 피노그리조 등의 와인이 아주 잘 어울린다.

8) 매운맛의 음식

식초를 곁들인 음식과 마찬가지로 매운 음식과 와인도 잘 어울리지는 않는다. 왜냐하면 매운맛이 와인 속의 알코올을 자극해서 입안이 타는 느낌을 주기 때문이다. 매운 음식과 와인을 마신다면 포도 향이 강하고 탄닌 및 산도가 강하지 않는 와인을 선택하는 것이 좋다. 보졸레 지역의 가메, 미국의 진판델, 호주의 쉬라즈 품종 등이 좋다.

9) 디저트 음식

식사를 마치고 소화촉진으로 단 음식을 많이 먹는다. 디저트 와인은 일반적으로 달콤한 와인이 좋다.

포트, 마데이라, 아이스와인, 소테른, 베렌아우스레제, 아스티 스푸만테 등의 와인을 선택한다면 좋다.

참·고·문·헌

1. 국내문헌

강영욱 · 최인섭(2010), 와인입문, 대왕사.

고종원 · 김경한 · 김기환 · 김종규 · 박정완 · 왕도열 · 이정훈 · 조재근 · 허정봉(2001), 세계의 와인, 기문사.

김기재(2005), 성공비즈니스를 위한 와인 가이드, 넥서스북.

김대철(2009), 와인과 음식, 한올출판사.

김준철(2009), 와인, 백산출판사.

김진국(2004), 김진국과 같이 배우는 와인의 세계, 가림출판사.

방진식(2006), 포도재배 환경에 대한 이해, 경희대 마스터 소믈리에 컨설턴터 전문과정 수업자료

서진우(2009), 와인 바이블, 대왕사.

서한정(2005), 서한정의 와인가이드, 그랑벵코리아.

손진호(2003), 와인, 대원사.

안대희 · 고종원 · 구경원 · 박종철 · 이기국(2011), 와인의 이해, 백산출판사.

엔리코 베르나르도(2007), How Wine, (고정아 옮김), 나비장책.

이석현 · 김종규 · 임형선(2002), 현대 칵테일과 음료 이론, 백산출판사.

이순주(2004), 와인입문교실, 백산출판사.

이순주 · 고재윤(2001), 와인 · 소믈리에 경영실무, 백산출판사.

이주호(2005), 이제는 와인이 좋다, 바다출판사.

이준재 · 안성근(2012), 와인의 세계와 소믈리에, 대왕사.

최성도(2006), 스페인 와인의 이해, 경희대 마스터 소믈리에 컨설턴터 전문과정 수업자료

한관규(2002), 보르도 와인, 그랑벵코리아.

The Wine Guide(2003), 와인나라.

2. 국외문헌

Bleu, LeCordon(2001), Professional Secrests to buying, Storing, Serving and Drinking Wine, John Wiley & Son, Inc.

Debuigne, Ferard(1992), Dictionnaire des Vins, Larousse.

Degen, Jobst & Kessler(1993), Getraenkeservice fuer Hotelbar, Buffet and Restaruant, Carl Gerber Verleg Muenchen.

Dussert-Gerber, P.(1992), Guide des Vins d' Europe, Alain Michel.

Flaceliere, Christian(1999), 100 Menu autour d' un Vin, Solar.

Kidd, I.(1999), The power of packaging, the australian and new zealand wine industry, Journal of Oenology, Viticulture, Finance and Marketing.

Lockshin, L., Quester, P., & Spawton, T.(2001), Segmentation by involvement or nationality for global retailing: A cross-national comparative study of wine shopping behaviours. Journal of Wine Research.

Lockshin, L., Rasmussen, M., & Cleary, F.(2000), The nature and roles of a wine brand, Australia and NewZealand Wine Industry Journal.

Mitchell, V. W. & Greateorex, M.(1988), Consumer risk perception in the uk wine market, European Journal of Marketing.

Moulton, K., Spawton, A. L., & Bourqui, M.(2001), Consumer behavior and marketing strategies: Successful wine marketing, New York: Aspen Publishers.

Phillips, R.(2002), 도도한 알코올 와인의 역사 (이은선, 역), 시공사. (원서출판 1997).

Ricard, Groupe Pernod(1996), Wind & Spirits.

Robinson, J.(2006), The Oxford Companion to Wine, Oxford University Press.

Seven, S. & D. Michel,(1983), Academie du vin Wine Course, Century Huntchinson.

Stuart Walton & Braian Glover(1999), The Ultimate Encylopedia of Wine, Beer, Spirits & Liqueurs, Lorenz Books.

Thomas, A. & Pickering, G.(2003), Behavioural segmentation: A new zealand wine market application, Journal of Wine Research.

Zraly, Kevin(2009), Windows on the World Complete Wine Course, Distributed in Canada by Ster-ling Publishing.

3. 사이트

hppt://cafe.nave.com/hwtgs/24.

http://tiotiti.blog.me/90098665565

http://blog.naver.com/bluewitch?Redirect=Log&logNo=140045903496

http://blog.naver.com/vini1855

http://blog.naver.com/dowoong2?Redirect=Log&logNo=70030367516

http://blog.naver.com/alexcho53?Redirect=Log&logNo=130096548378

http://blog.naver.com/dowoong2?Redirect=Log&logNo=70014241733

http://blog.naver.com/jihee1209

http://cafe.naver.com/sommelier17/30

http://blog.naver.com/wlsdnrghd?Redirect=Log&logNo=120161541210

http://blog.naver.com/drvin?Redirect=Log&logNo=120153240571

http://cafe.naver.com/winecafepodonamu/538

http://blog.naver.com/vini1855

http://kumkangice.com/20137284862

http://blog.naver.com/suziewang?Redirect=Log&logNo=80106727722

http://navercast.naver.com/contents.nhn?contents_id=4908

http://blog.naver.com/helionne?Redirect=Log&logNo=70091779747?

http://blog.naver.com/PostView.nhn?blogId=leehg105&logNo=20012619101

저·자·소·개

■강 찬 호(姜贊鎬)

- 계명대학교 대학원 관광경영학과 졸업(경영학 박사)
- Swiss School of Hotel and Tourism Management(SSH)과정 수료
- 경주현대호텔 근무
- 구미센추리호텔 근무
- 경희대 관광대학원 마스터 소믈리에 · 와인 컨설턴트 전문과정 수료
- 와인나라 소믈리에 과정 수료

현) 서정대학교 호텔경영과 교수

사)한국능력교육개발원(음료자격검정원)와인소믈리에, 커피바리스타 전형 심사위원

[연구실적]

- 와인의 국가별 브랜드 포지셔닝에 관한 연구
- 와인의 국가별 브랜드 선택속성과 중요도 및 만족도 분석
- 자기효능감, 직무몰입, 직무만족, 고객지향성 간의 구조적 관계 : 소믈리에를 중심으로
- 와인동호회활동 유무에 따른 구매동기, 선호도, 음용성향의 차이분석
- 국가브랜드를 중심으로 한 국내수입와인의 포지셔닝
- 서비스품질이 고객 만족과 충성도에 미치는 영향 -커피전문점을 중심으로- 외 다수

세계대회 챔피언
주세페 바카리나와 함께

미쉘롤랑과 함께

와인백과

2013년 1월 20일 초　판 발행
2019년 7월 31일 2판 1쇄 발행
2022년 8월 31일 2판 2쇄 발행

저　자 강 찬 호
발행인 한 인 환
발행처 도서출판 **기 문 사**
등　록 1978. 8. 9. NO. 6-0637
주　소 서울시 동대문구 용두2동 730-4번지 홍신빌딩 3층
전　화 02) 2265-7214 / 922-8662~8663
팩　스 02) 922-8772

homepage : www.kimoonsa.co.kr
e-mail : book@kimoonsa.co.kr

ISBN : 978-89-7723-834-3 93590

정가 : 22,000원